PREPARADOS PARA O RISCO

Gerd Gigerenzer

PREPARADOS PARA O RISCO

Como tomar boas decisões

TRADUÇÃO
Cássio de Arantes Leite

Copyright © 2014 by Gerd Gigerenzer. Todos os direitos reservados.

A Portfolio-Penguin é uma divisão da Editora Schwarcz s.a.

Grafia atualizada segundo o Acordo Ortográfico da Língua Portuguesa de 1990, que entrou em vigor no Brasil em 2009.

PORTFOLIO and the pictorial representation of the javelin thrower are trademarks of Penguin Group (USA) Inc. and are used under license. PENGUIN is a trademark of Penguin Books Limited and is used under license.

TÍTULO ORIGINAL Risk Savvy: How to Make Good Decisions
CAPA E ILUSTRAÇÃO Helena Hennemann/ Foresti Design
REVISÃO TÉCNICA Guido Luz Percú
PREPARAÇÃO Alexandre Boide
ÍNDICE REMISSIVO Probo Poletti
REVISÃO Huendel Viana, Ana Maria Barbosa, Carmen S. da Costa e Gabriele Fernandes

Dados Internacionais de Catalogação na Publicação (CIP)
(Câmara Brasileira do Livro, SP, Brasil)

Gigerenzer, Gerd
Preparados para o risco : Como tomar boas decisões / Gerd
Gigerenzer ; tradução Cássio de Arantes Leite. — 1ª ed. — São Paulo :
Portfolio-Penguin, 2022.

Título original: Risk Savvy : How to Make Good Decisions
Bibliografia.
ISBN 978-85-8285-242-2

1. Administração 2. Liderança 3. Motivação (Psicologia) 4. Solução de
problemas 5. Tomada de decisão I. Leite, Cássio de Arantes. II. Título.

22-97910	CDD-153.83

Índice para catálogo sistemático:
1. Tomada de decisões : Psicologia   153.83

Eliete Marques da Silva – Bibliotecária – CRB-8/9380

[2022]
Todos os direitos desta edição reservados à
EDITORA SCHWARCZ S.A.
Rua Bandeira Paulista, 702, cj. 32
04532-002 — São Paulo — SP
Telefone (11) 3707-3500
www.portfolio-penguin.com.br
atendimentoaoleitor@portfoliopenguin.com.br

Para Raine e Thalia

SUMÁRIO

I. A psicologia do risco

1. As pessoas são burras?   11
2. A certeza é uma ilusão   29
3. Tomada de decisão defensiva   57
4. Por que temos medo de morrer de causas improváveis?   83

II. Como estar preparado para o risco

5. Cuide do seu dinheiro   103
6. Liderança e intuição   126
7. Lazeres e prazeres   146
8. No coração do romance   164
9. O que os médicos precisam saber   182
10. Quem decide sobre sua saúde é você   213
11. Bancos, vacas e outras coisas perigosas   253

III. Comece cedo

12. Revolucione a escola 275

Agradecimentos 295
Glossário 299
Notas 317
Referências bibliográficas 335
Créditos das imagens 351
Índice remissivo 353

I
A psicologia do risco

A criatividade exige a coragem de abrir mão das certezas.
Erich Fromm

Apenas viver já é um risco.
Harold Macmillan

1
As pessoas são burras?

O conhecimento é o antídoto do medo.

Ralph Waldo Emerson

LEMBRA A NUVEM DE CINZAS VULCÂNICAS sobre a Islândia? O desastre do subprime? E a doença da vaca louca? Cada nova crise nos enche de preocupação até ser esquecida e começarmos a nos preocupar com a próxima. Muitos de nós sabemos o que é a angústia de ficar preso em um aeroporto lotado, a apreensão de ver nossos fundos de pensão virarem pó ou a ânsia de devorar logo um suculento filé. Quando algo sai errado, ouvimos que a melhor maneira de prevenir futuras crises é com aprimoramento tecnológico, mais leis e maior burocracia. Como nos proteger da próxima crise financeira? Regulamentação mais rígida, consultores em maior número e mais competentes. Como nos proteger da ameaça do terrorismo? Segurança interna, revistas corporais com scanners, mais sacrifício da liberdade individual. Como combater a explosão de custos com o sistema de saúde? Aumento de impostos, racionalização, melhores marcadores genéticos.

Uma ideia está ausente dessas soluções: cidadãos preparados para o risco. E há um motivo para isso.

"Os seres humanos são falíveis: preguiçosos, burros, gananciosos e fracos", afirmou a *Economist* em um artigo.[1] Somos escravos irracionais de nossos caprichos e desejos, viciados em sexo, cigarros e dispositivos eletrônicos. Muitos jovens dirigem com o celular colado na orelha sem se dar conta de que isso retarda seu tempo de reação ao de um septuagenário. Um quinto dos norte-americanos acredita fazer parte do 1% mais rico, e a mesma fração acredita que em breve chegará lá. Os banqueiros mostram pouco respeito pela capacidade de decisão das pessoas em geral em relação a investimentos financeiros, e alguns médicos me dizem que a maioria dos seus pacientes carece da inteligência necessária para ser informado de algo que possivelmente nem conseguirá entender, para começo de conversa. O que nos leva à conclusão de que o *Homo sapiens* tem muito pouco de *sapiens*, afinal. Algo deu errado com nossos genes. A evolução parece ter nos empurrado um software mental de quinta categoria e bagunçado nossos circuitos cerebrais. O ser humano comum precisa ser orientado o tempo todo, como uma criança dependente dos pais. Mesmo em meio à sofisticação tecnológica do século xxi, o paternalismo em alguma de suas vertentes sempre parece a única estratégia viável: feche as portas, reúna os entendidos e diga ao público o que é melhor para ele.

Essa mensagem fatalista não é o que você vai ler neste livro.[2] O problema não é simplesmente a burrice individual, mas uma sociedade composta de *analfabetos para o risco*.

A alfabetização — a capacidade de ler e escrever — é a essência do cidadão informado numa democracia. Mas saber ler e escrever não basta. Ser *alfabetizado para o risco* é um conhecimento fundamental para sobreviver na sociedade moderna. A velocidade estonteante da inovação tecnológica fará da alfabetização para o risco algo tão indispensável no século xxi quanto ler e escrever o foram em séculos passados. Sem isso, sua saúde e seu dinheiro estão em apuros, ou podem ser manipulados para gerar medos e esperanças irreais. Seria de imaginar que o beabá do risco já estivesse sendo lecionado na maioria das escolas: no ensino médio, nas faculdades de direito e de medicina etc., mas uma pesquisa nesse sentido certamente revelará que não. Como resultado, o analfabetismo em risco impera.

Quando uso a expressão genérica "preparado para o risco", não me refiro apenas à alfabetização para o risco, como também, de forma mais ampla, a situações em que nem todos os riscos são conhecidos e calculáveis. Aprender a compreender o risco não é o mesmo que ter aversão a ele. Sem correr riscos, a inovação morreria, assim como a diversão, e a coragem seria coisa do passado. Estar preparado para o risco, no entanto, não significa se entregar a um comportamento temerário ou pular do penhasco num *wingsuit* sem levar em consideração suas chances de literalmente quebrar a cara. Sem um nível salutar de cautela, os humanos teriam deixado de existir há muito tempo.

Alguém poderia pensar: por que se dar ao trabalho, quando há especialistas para consultar? Mas não é tão simples assim. Sabemos por amarga experiência que os conselhos dos especialistas podem ser um perigo. Muitos médicos, consultores financeiros e outros entendidos são os primeiros a se equivocar na análise dos riscos ou se mostram incapazes de comunicá-los de forma compreensível. Para piorar, vários deles têm conflitos de interesse ou um pavor tão grande de ações na Justiça que recomendam a seus clientes coisas que jamais aconselhariam a alguém da própria família. Por isso não lhe resta outra opção a não ser aprender a pensar por si só.

Vamos pisar nesse terreno da incerteza e do risco começando por boletins climáticos e uma ameaça das mais prosaicas: ser surpreendido por um pé-d'água.

Chances de chuva

A previsão do tempo na TV certa vez anunciou:

> *A probabilidade de chuva no sábado é de 50%. As chances de chuva no domingo também são de 50%. Então, a probabilidade de chover no fim de semana é de 100%.*

A maioria dá risada ao se deparar com isso.[3] Mas você sabe o que significa o boletim meteorológico afirmar que a chance de chover amanhã é de 30%? Trinta por cento do quê? Moro em Berlim. A maioria dos berlinenses acredita que choverá no dia seguinte durante 30% *do tempo*; ou seja, por sete ou oito horas. Outros acham que choverá sobre 30% *da região*; ou seja, muito provavelmente não onde moram. A maioria dos nova-iorquinos não acha uma coisa nem outra. Acreditam que choverá em 30% *dos dias* aos quais o alerta se refere; ou seja, há uma enorme probabilidade de não cair uma gota de chuva no dia seguinte.[4]

Será que ninguém está entendendo nada? Não necessariamente. Parte do problema são os especialistas, que nunca aprenderam a explicar probabilidades para o público. Se explicassem com clareza a que se refere determinada chance de chuva, a confusão estaria resolvida. Tempo? Região? Dias? O que os meteorologistas querem dizer é que haverá chuva em 30% dos dias para os quais a previsão foi feita. E "chuva" se refere a qualquer quantidade acima de um parâmetro ínfimo, como 0,2 milímetro.[5] Quando tiram as próprias conclusões, de forma intuitiva, as pessoas pensam numa classe de referência que faça sentido para elas, como quantas horas, onde chove ou se chove pesado ou não. Algumas cabeças criam explicações ainda mais imaginativas. Segundo uma nova-iorquina: "Sei o que 30% quer dizer: três meteorologistas acham que vai chover, sete, não".

Eis aonde quero chegar. A nova tecnologia da previsão permitiu aos meteorologistas substituir simples afirmações verbais de confiança absoluta ("vai chover amanhã") ou acaso ("é provável") pela precisão dos números. Mas essa maior precisão *não* levou a uma maior compreensão de qual é de fato a mensagem. A confusão quanto às probabilidades de chuva na verdade persiste desde os primórdios dos informes meteorológicos para o público, em 1965, nos Estados Unidos. Essa má interpretação vai muito além da possibilidade de chuva e ocorre toda vez que a probabilidade está ligada a um evento isolado — como em "se você tomar antidepressivos, a chance de problemas sexuais é de 30%". Isso não quer dizer que 30% das pessoas terão um problema sexual ou que você terá um problema em 30% de suas transas. A solução para elucidar esse amplo e persistente equívoco é surpreendentemente simples:

Sempre pergunte qual é a classe de referência: porcentagem do quê?

Se a previsão do tempo soubesse se comunicar com o público, não precisaríamos nem perguntar.

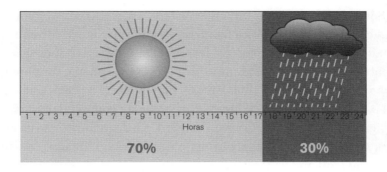
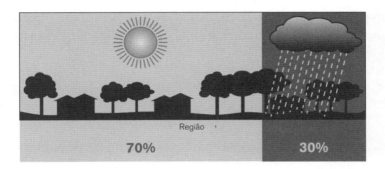
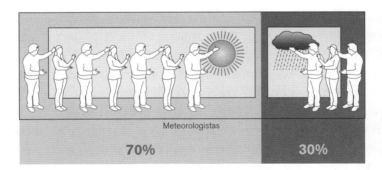

Figura 1.1. O que significa "a chance de chover amanhã é de 30%"? Alguns acham que choverá em 30% do tempo (ilustração mais acima). Outros acreditam que choverá em 30% da região (ilustração do meio). Por fim, há quem entenda que três meteorologistas afirmam que vai chover e sete não (ilustração de baixo). O que os meteorologistas estão afirmando na verdade é outra coisa: que choverá em 30% dos dias aos quais a previsão se refere. O problema não está apenas no raciocínio das pessoas, mas na incapacidade dos especialistas de explicar exatamente o que querem dizer.

Ser surpreendido por uma tempestade é um risco menor, embora, para alguns, do agricultor à Scuderia Ferrari, as chances de chuva fazem diferença. Antes de um GP de Fórmula 1, uma das questões mais debatidas é a previsão do tempo — a escolha do pneu é fundamental para vencer a corrida. O mesmo vale para a Nasa: a previsão é essencial para o lançamento de um ônibus espacial, como ilustra de forma trágica o desastre da *Challenger*. Contudo, para a maioria, não há muita coisa em jogo, exceto o cancelamento desnecessário de um passeio familiar ou o dilema de levar ou não o guarda-chuva ao sair. As pessoas talvez não se esforcem muito para compreender as chances de chuva simplesmente porque os riscos são modestos. No entanto, quando há alguma coisa de fato importante em jogo, por acaso nos mostramos mais preparados para o risco?

O pânico da pílula

Uma das inúmeras tradições britânicas são as ondas de pânico em relação à pílula anticoncepcional. Desde o início da década de 1960, de tempos em tempos as mulheres ficam alarmadas com a notícia de que a pílula pode causar trombose (coágulos sanguíneos, em geral nas pernas ou nos pulmões), às vezes fatal. No episódio mais famoso, o Comitê de Segurança dos Remédios do Reino Unido alertou que a terceira geração de anticoncepcionais orais dobrava o risco de trombose — ou seja, aumentava em 100%. Dá para ter mais certeza do que isso? Essa informação foi passada adiante em uma mala direta para 190 mil clínicos gerais, farmacêuticos e responsáveis pela saúde pública e em um anúncio de emergência divulgado na mídia. O alarme soou por todo o país. Mulheres aflitas pararam de tomar a pílula, o que em muitos casos resultou em gravidez indesejada e aborto.[6]

Qual o tamanho de 100%? Os estudos em que essa advertência se baseava mostravam que de cada 7 mil mulheres que tomaram a pílula anterior, de segunda geração, aproximadamente uma teve trombose; e que esse número aumentou para duas, com a terceira geração de pílulas. Ou seja, o *risco absoluto* era de apenas um em 7 mil, ao passo que o aumento do *risco relativo* de fato foi de 100%. Como vemos, ao contrário dos riscos absolutos, os relativos parecem ameaçadoramente grandes e podem criar um belo pandemônio. Se o comitê e a mídia houvessem informado sobre os riscos absolutos, poucas mulheres teriam se apavorado e parado com o anticoncepcional. O mais provável seria que ninguém tivesse sequer prestado muita atenção.

Estima-se que só essa onda de pânico tenha provocado 13 mil (!) abortos a mais no ano seguinte na Inglaterra e no País de Gales. Os efeitos perniciosos, no entanto, continuaram por mais tempo. Antes do alerta, as taxas declinavam aceleradamente, mas, depois disso, a tendência se reverteu, e no período subsequente o aborto voltou a aumentar. A confiança feminina nos anticoncepcionais orais foi minada, e a venda de pílulas caiu de forma abrupta. Nem toda gravidez indesejada terminava em aborto; para cada interrupção de gestação, também houve um nascimento extra. O aumento tanto dos abortos como dos nascimentos foi acentuado, em especial entre menores de dezesseis anos, com cerca de oitocentas concepções adicionais.

Ironicamente, tanto a gravidez como o aborto estão associados a um risco de trombose maior que o da pílula de terceira geração. O pânico da pílula atingiu as mulheres, o Serviço Nacional de Saúde e chegou a derrubar as ações ligadas ao setor farmacêutico na Bolsa de Valores. Calcula-se que o Serviço Nacional de Saúde tenha gastado entre 4 milhões e 6 milhões de libras para atender o maior número de abortos. Entre os poucos que lucraram com isso estavam os jornalistas que publicaram a notícia na primeira página.

Gravidez indesejada e aborto não são questões que devem ser tratadas com leviandade. Como conta uma mulher:

> Quando descobri sobre a gravidez, estava numa relação de dois anos. A reação do meu parceiro foi: "Cuida disso, depois volta aqui". Dei um pé na bunda dele e fui procurar uma solução. Eu estava louca para começar a faculdade. Tentei muito construir um futuro para nós, mas comecei a perceber que não tínhamos futuro nenhum. A última coisa que eu queria era depender do governo ou — pior ainda — de um homem. Por isso, decidi no último minuto fazer o aborto. Foi há dois dias e desde então tenho sofrido

um colapso nervoso atrás do outro. Na minha cabeça, foi a melhor decisão, mas, no fundo, estou arrasada.

As habituais ondas de pânico em relação à pílula seguem firmes e fortes até hoje, sempre com as mesmas consequências. A solução não são pílulas melhores ou uma tecnologia de aborto mais sofisticada, mas uma juventude preparada para o risco. Não seria tão complicado explicar para adolescentes a simples distinção entre um risco relativo ("100%") e um absoluto ("um em 7 mil"). Afinal, as médias de rebatidas no beisebol e outras estatísticas esportivas são de interesse geral em qualquer faixa etária. No entanto, até hoje os jornalistas continuam sendo bem-sucedidos em seus objetivos quando apelam ao sensacionalismo, fornecendo números CHAMATIVOS e, ano após ano, o público previsivelmente entra em pânico.

Mais uma vez, a solução é uma regra simples:

Sempre pergunte: quanto aumentou o risco absoluto?

Os jornalistas não são os únicos a manipular nossas emoções com ajuda dos números. Revistas médicas respeitáveis, folhetos explicativos e a internet também informam ao público apenas as mudanças relativas, pois números chamativos rendem manchetes melhores. Em 2009, o prestigioso *British Medical Journal* publicou dois artigos sobre contraceptivos orais e trombose: um deles deixava os números absolutos bem claros logo no *abstract*, enquanto o outro mais uma vez se concentrava nos riscos relativos, afirmando que "os contraceptivos orais quintuplicaram o risco de trombose venosa".[7] Esse aumento de "cinco vezes" dava manchetes mais espetaculosas, e alguns jornais, como o *London Evening Standard*, nem sequer se deram ao trabalho de mencionar os números absolutos. A despeito de nossa medicina ultramoderna, o fornecimento de informações em formato compreensível para pacientes e médicos continua sendo uma exceção à regra.

Deveria ser responsabilidade profissional de todo editor, bem como uma prioridade de todo comitê de ética e departamento de saúde, garantir a transparência das informações. Mas não. Após a publicação de meu livro *Calculated Risks* [Riscos calculados], que explica como ajudar tanto o público como os profissionais de medicina a compreender os números, fui procurado pelo neurocientista Mike Gazzaniga, decano do corpo docente do Dartmouth College. Ultrajado por ver a população sendo lograda dessa forma com o uso de riscos relativos e outros artifícios, ele disse que levaria o problema ao Conselho de Bioética do Presidente, do qual faz parte. Afinal, considerou, desinformar o público por meio dos números acontece com tanta frequência nos Estados Unidos quanto no Reino Unido, e é um dos poucos problemas éticos para o qual se conhece uma solução. Outras questões mais controversas — como aborto, células-tronco e testes genéticos — tendem a monopolizar o conselho em infindáveis discussões. Sou grato a Gazzaniga por tentar. Contudo, o comitê de ética não entendeu que a desinformação do público fosse uma questão importante e nunca se ocupou do assunto.

Se os comitês de ética não protegem a população, por que os médicos não se encarregam disso? A surpreendente resposta é que muitos também não sabem comunicar riscos, uma habilidade que raramente é ensinada na faculdade. O efeito nocivo da mala direta ilustra como foram tapeados pelos riscos relativos. Repito, os especialistas precisam de treinamento. De outro modo, quando a próxima onda de pânico da pílula chegar, eles e os demais afetados estarão mal preparados como sempre estiveram.

Expliquei a diferença entre riscos relativos e absolutos para centenas de jornalistas e muitos pararam de alarmar o público e passaram a informar os riscos absolutos — mas, infelizmente, seus editores muitas vezes mandaram que voltassem a usar os números mais CHAMATIVOS. Nem sempre somos capazes de impedir aqueles que tentam manipular nossos medos, mas podemos aprender a desmascarar sua embromação.

Nosso cérebro a serviço dos terroristas

A maioria ainda se lembra do lugar exato onde estava quando ocorreu o atentado de 11 de setembro de 2001. As imagens dos aviões colidindo contra as torres gêmeas do World Trade Center ficaram marcadas na memória coletiva. Entretanto, parece que tudo o que havia a ser dito sobre o trágico evento já o fora. O *Relatório da Comissão do Onze de Setembro*, divulgado três anos depois, concentrava-se na evolução do terrorismo da al-Qaeda e em estratégias diplomáticas, reforma legal e medidas tecnológicas. Mas uma medida que o relatório de 636 páginas ignorou é a formação de cidadãos preparados para o risco.

Voltemos o relógio para dezembro de 2001. Imagine que você vive em Nova York e queira viajar para Washington. Iria de avião ou de carro?

Sabemos que, após o ataque, muitos norte-americanos deixaram de voar. Mas ficaram em casa ou usaram o carro? Procurei a resposta nas estatísticas do transporte. Nos meses seguintes ao atentado, a quilometragem percorrida nas estradas aumentou substancialmente. O crescimento foi intenso sobretudo nas rodovias interestaduais rurais, onde ocorrem viagens de longa distância, crescendo em até 5% nos três meses subsequentes.[8] Em comparação, nos meses anteriores ao ataque (janeiro a agosto), a rodagem mensal de veículos individuais não cresceu mais do que 1% em relação a 2000, refletindo o aumento normal de um ano para outro. A essa altura, as imagens das torres em chamas haviam deixado de aparecer todos os dias na mídia.

As consequências dessa intensificação do uso do carro deram o que pensar. Antes do ataque, a quantidade de acidentes de trânsito fatais permaneceu próxima à média dos cinco anos precedentes (a linha zero na figura 1.2). No entanto, em cada um dos doze meses após o Onze de Setembro, o número de colisões fatais foi superior à média e, na maior parte do tempo, ficou acima até de qualquer coisa ocorrida nos cinco anos precedentes. Tudo considerado, estima-se que 1600 norte-americanos tenham perdido a vida nas estradas ao decidir não correr o risco de viajar de avião.

Esse número de fatalidades é seis vezes maior do que a quantidade total de passageiros (256) mortos nos quatro voos fatídicos. Assim, embora se diga que os atentados do Onze de Setembro custaram a vida de cerca de 3 mil norte-americanos, a quantidade foi pelo menos 50% acima disso.

Vamos dar um rosto humano às estatísticas, mas o de um afortunado — o de alguém que escapou por muito pouco da morte.

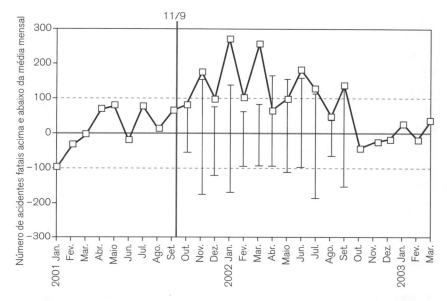

Figura 1.2. O segundo ataque terrorista. Após o Onze de Setembro, a quantidade de acidentes automobilísticos fatais aumentou nos Estados Unidos por um período de doze meses, resultando em 1600 norte-americanos mortos nas estradas por tentarem fugir do risco de voar. Os números são expressos como desvios da linha-base de cinco anos de 1996 a 2000 (a linha zero). Antes de setembro de 2001, os acidentes fatais mensais ficavam próximos da linha zero. Nos doze meses seguintes ao ataque, o número de acidentes fatais ficou acima da linha zero em todos os meses e, na maioria dos casos, excedeu a cifra máxima dos anos anteriores (as barras verticais mostram o máximo e o mínimo). Os picos após o Onze de Setembro correspondem a alertas de terrorismo.

FONTE: Gigerenzer (2004, 2006).

Justin Klabin, de 26 anos, jogador de rúgbi e bombeiro voluntário, observou as torres gêmeas desabarem da outra margem do Hudson. Com sua equipe do corpo de bombeiros, correu para o Ground Zero. Após a experiência emocional perturbadora, resolveu nunca mais voar. Um mês depois, ele e sua namorada viajaram para a Flórida — de carro. Tudo correu bem com a picape nos 1600 quilômetros da ida. Mas, na volta, ao final de um longo dia, o casal escutou um forte barulho. Os dois pneus da frente viraram para dentro, como um par de esquis. A barra de direção havia estourado, e era o fim da linha para o veículo. Eles deram sorte: o carro quebrou quando se aproximavam de uma parada à beira da estrada, na Carolina do Sul. Se o acidente tivesse ocorrido alguns instantes antes, quando andavam na rodovia a 110 quilômetros por hora, provavelmente Klabin e sua namorada teriam se unido ao desafortunado grupo dos que perderam a vida tentando evitar o risco de viajar de avião.

O impacto do terrorismo sempre é duplo. Primeiro, somos fisicamente agredidos, e depois, atormentados com ajuda de nosso próprio cérebro. O primeiro ataque catalisa toda a atenção. Bilhões de dólares foram disponibilizados para o desenvolvimento de burocracias gigantescas, incluindo o Departamento de Segurança Interna, e de novas tecnologias, como scanners corporais que permitem ver a pele nua sob a roupa. O segundo golpe, por outro lado, praticamente não recebeu atenção. Na verdade, quando eu dava palestras sobre gestão de risco para serviços de inteligência e agências antiterrorismo do mundo todo, de Cingapura a Wiesbaden, sempre era recebido com expressões admiradas de quem nunca pensara sequer por um segundo a respeito do assunto. Osama bin Laden certa vez comentou com orgulho como tamanha destruição custara tão pouco. "A al-Qaeda gastou 500 mil dólares, enquanto os Estados Unidos, no atentado e depois, perderam — segundo a estimativa mais modesta — mais de 500 bilhões de dólares, ou seja, cada dólar gasto pela al-Qaeda derrotou 1 milhão de dólares americanos."[9] Não é fácil se prevenir contra uma missão suicida, mas não deveria ser tão difícil dar um basta às perigosas reações baseadas no medo que os ataques terroristas despertam em nós após o acontecimento em si.

O que exatamente os terroristas exploram na psicologia de nosso cérebro? Eventos de baixa probabilidade, em que muitas pessoas são mortas de forma abrupta, os chamados *riscos catastróficos*,[10] acionam um princípio psicológico inconsciente:

> *Se muita gente morre ao mesmo tempo em um dado momento, reaja com medo e evite essa situação.*

Perceba que o medo não é o de morrer em si. É morrer de uma maneira específica, a saber, junto com várias outras pessoas *em um dado momento* (ou com um breve intervalo). Quando muitos morrem de maneira espetacularizada e simultânea, como no Onze de Setembro, somos levados pela evolução a reagir com grande preocupação e medo. No entanto, quando mortes também numerosas, ou ainda mais, são *distribuídas ao longo do tempo*, como em acidentes rodoviários, tendemos a mostrar menos temor. Só nos Estados Unidos, onde 35 mil cidadãos perdem a vida nas estradas todos os anos, poucos se preocupam em morrer ao volante. Em termos psicológicos, a diferença não é, como às vezes se alega, que uma pessoa dirigindo tem controle, ao passo que voando, não. O passageiro do banco ao lado, para não mencionar quem vai atrás, tampouco exerce algum controle, e mesmo assim sente pouco medo. Na verdade, não tememos a morte no curso regular dos acontecimentos cotidianos; nosso medo é o de morrer de forma súbita junto com um monte de gente. Tememos o raro incidente nuclear, não a mortalidade constante provocada pela poluição das usinas a carvão. Tememos a gripe suína após ouvir o prognóstico de dezenas de milhares de possíveis mortos — fato que nunca se consumou —, ao passo que quase ninguém perde o sono por figurar entre os milhares de vítimas anuais da gripe comum.

De onde vem essa tendência a temer riscos catastróficos? Na história humana, muito provavelmente foi uma reação racional. Durante a maior parte da nossa evolução, os humanos viveram em pequenos bandos de caçadores-coletores cujo número variava entre vinte a cinquenta indivíduos e raramente excediam cem pessoas, como as tribos desse tipo existentes ainda hoje. Em um grupo pequeno, a perda súbita de muitas vidas pode aumentar o risco de predadores e fome e desse modo ameaçar a sobrevivência de todos.[11] Mas o que foi racional no passado hoje deixou de ser. Nas sociedades modernas, a sobrevivência do indivíduo não depende mais do apoio e da proteção de um pequeno bando ou de uma tribo. Contudo, a mesma reação psicológica ainda pode ser facilmente provocada. Até hoje, desastres reais ou imaginados podem deixar as pessoas em polvorosa.

O medo de riscos catastróficos entranhado no "cérebro ancestral" pode suprimir todo lampejo de pensamento em nossas novas partes cerebrais. Como um professor da Universidade Loyola em Chicago me contou: "Depois do Onze de Setembro, expliquei para minha mulher que seria mais arriscado viajar de carro do que de avião; não adiantou". O argumento racional nem sempre supera o medo ancestral, particularmente numa discussão de marido e mulher. Mas uma regrinha simples teria ajudado o professor:

Se a razão entra em conflito com uma forte emoção, não tente argumentar. Recorra a uma emoção conflitante mais forte.

Uma dessas emoções conflitantes com o medo catastrófico é o amor de mãe. O professor poderia ter enfatizado para a mulher que viagens longas de carro são um risco para a vida de seus filhos — para não mencionar seu marido. Os sentimentos de um pai ou mãe têm mais chances de superar o medo entranhado de voar. Um "cérebro novo" hábil pode usar um medo contra o outro, ambos frutos do processo evolucionário, para sobreviver com mais aptidão em um mundo moderno. Evolução não é destino.

O segundo impacto do terrorismo vai além do que apontamos aqui. Resulta numa erosão das liberdades civis: antes do Onze de Setembro, um procedimento de revista pessoal sem uma justificativa plausível era considerado uma violação dos direitos humanos; hoje, nada mais é que um dever do cidadão. O medo do risco catastrófico nos leva a tolerar as longas filas nos aeroportos, guardar os líquidos em sacos plásticos, tirar os sapatos, cintos, jaquetas, permitir que estranhos toquem nosso corpo. O aumento dos gastos com segurança, por sua vez, anda de mãos dadas com a redução dos serviços de bordo e com os assentos cada vez mais apertados, como se as companhias aéreas estivessem competindo para ver quem presta o pior atendimento ao consumidor. Todo mundo hoje parece menos informal e mais marcado pelo medo. E não podemos nos esquecer de que as guerras no Afeganistão e no Iraque, somadas, custaram mais de 1 trilhão de dólares, sem contar a vida de milhares de soldados e uma quantidade ainda maior de civis. Essa pressão econômica também teve participação na crise financeira de 2008.[12]

Se um ataque similar se repetisse, não deveríamos permitir que o mau uso de nosso cérebro provocasse um segundo impacto. Somente nos tornando preparados para o risco podemos resistir à manipulação terrorista e criar uma sociedade mais segura e resiliente. Para chegar lá, três ferramentas são essenciais: compreender a natureza do medo de risco catastrófico, controlá-lo recrutando emoções conflitantes, caso a razão não surta efeito, e entender os verdadeiros riscos de viajar de avião.

Voltemos à questão que propus anteriormente: é melhor ir de avião ou de carro? Vamos presumir mais uma vez que você vai de Nova York para Washington. Seu único objetivo é chegar vivo. Quantos quilômetros precisaria percorrer de carro para que o risco de morrer seja o mesmo de um voo sem escalas? Perguntei isso para dezenas de plateias compostas por especialistas. As respostas não podiam ser mais variadas: mil quilômetros, 10 mil quilômetros, três voltas ao redor do mundo. Mas a melhor estimativa é vinte quilômetros. Isso mesmo, só vinte. Se o seu carro chegar em segurança ao aeroporto, a parte mais perigosa da viagem provavelmente já ficou para trás.

Algum dia aprenderemos a lidar com o risco?

Como tanta gente não percebe que não compreendeu a probabilidade de chover? Ou acaba com uma gravidez indesejada e um aborto por não saber a diferença entre riscos relativos e absolutos? Afinal, as probabilidades de chuva e de pânicos em relação à pílula existem desde meados da década de 1960, e o temor de riscos catastróficos se repete a cada nova ameaça, seja a doença da vaca louca, a SARS (síndrome respiratória aguda grave) ou a gripe aviária, em um círculo aparentemente infinito. Por que as pessoas nunca aprendem?

Muitos especialistas acham que as pessoas na prática são incapazes de compreender tais coisas. Afirmam que as tentativas de educar a população para não incorrer nesse tipo de erro quase sempre fracassaram. Com base nessa visão pouco animadora do público em geral, uma publicação do Deutsche Bank traz uma lista dos erros que nós, os "Homer Simpsons", cometemos em relação à racionalidade.[13] Os livros populares escritos pelos poucos sãos da Terra repetem essa mensagem, retratando o *Homo sapiens* como "previsivelmente irracional", uma espécie que necessita de "cutucadas" para aprender a ter mais bom senso.[14]

Este livro é diferente. A meu ver, as pessoas não são burras. O problema é que nosso sistema educacional tem um espantoso ponto cego na alfabetização para o risco. Ensinamos aos nossos filhos a matemática da certeza — geometria e trigonometria —, mas não a da incerteza, o pensamento estatístico. E ensinamos biologia, mas não a psicologia que molda seus medos e desejos. Nem mesmo os especialistas, por mais chocante que isso seja, aprendem a comunicar os riscos ao público de maneira compreensível. E talvez haja um interesse deliberado em atemorizar as pessoas: para conseguir um lugar na primeira página, convencer a população a abrir mão dos direitos civis ou vender um produto. Todas essas causas externas contribuem para o problema.

A boa notícia é que há solução. Quem teria imaginado há cem anos que tanta gente no planeta saberia um dia ler e escrever? Podemos levar a alfabetização para o risco a quem quiser aprender. Com base em minha pesquisa e na de meus colegas, afirmo que:

1. *Todo mundo pode aprender a lidar com o risco e a incerteza.* Neste livro, explicarei princípios facilmente compreensíveis por qualquer um *que ouse saber.*

2. *Os especialistas são parte do problema, não a solução.* Muitos deles não conseguem compreender riscos, são incapazes de comunicá-los e têm interesses que vão na contramão dos nossos. Bancos gigantescos já quebraram pelos mesmos motivos. Pouco temos a ganhar quando autoridades analfabetas estão incumbidas de guiar o público.

3. *Menos é mais.* Ao enfrentar um problema complexo, procuramos uma solução complexa. E, quando ela não funciona, buscamos outra ainda mais complexa. Em um mundo incerto, isso é um tremendo erro. Problemas complexos nem sempre exigem soluções complexas. Sistemas excessivamente complicados, dos derivativos financeiros aos sistemas tributários, são difíceis de entender, fáceis de explorar e muitas vezes perigosos. E não aumentam a confiança das pessoas. Regras simples, por outro lado, podem nos fazer agir com mais inteligência e criar um mundo mais seguro.

Estar preparado para o risco é mais do que ser bem informado. Requer *coragem* tanto para encarar um futuro incerto como para confrontar as autoridades e fazer questionamentos críticos. Podemos tirar das mãos delas o controle remoto que dispara nossas emoções. Usar a mente sem se deixar guiar pelos outros exige uma revolução psicológica interior. Esse tipo de revolta torna a vida mais iluminada e menos pautada pela ansiedade. Escrevi este livro para incentivar a formação de cidadãos preparados para o risco.

Aprendendo a estar preparado para o risco

O ensaio "O que é Iluminismo?", do filósofo Immanuel Kant, começa da seguinte forma:

> Iluminismo é a saída do homem à menoridade autoimposta. Menoridade significa ser incapaz de usar o próprio entendimento sem orientação alheia. A menoridade é autoimposta se sua causa reside não na falta de entendimento, mas na falta de determinação e de coragem para pensar por si e não pelos outros. Ouse saber![15]

A liberdade de expressão, o direito ao voto e a preservação da integridade física e moral estão entre as conquistas mais importantes desde o Iluminismo. Essas liberdades são um tesouro. Referem-se a quais portas se abrem para você, a suas oportunidades. Hoje qualquer usuário da internet tem acesso livre a uma quantidade de informações nunca disponível na história da humanidade. Porém a ideia de portas abertas é um conceito passivo, ou "negativo", de liberdade. *Liberdade positiva*, por outro lado, envolve mais do que livre acesso. A questão é se você consegue atravessar essas portas, se consegue controlar sua vida sem a orientação constante de outros.[16] Agora que as pessoas nas sociedades democráticas ampliaram enormemente suas oportunidades, a liberdade positiva passou a ser o próximo desafio.

Cidadãos preparados para o risco são os pilares indispensáveis de uma sociedade preparada para a liberdade positiva. Seja qual for o contexto — previsão do tempo, diagnóstico médico, desastre em larga escala —, estar preparado para o risco exige um conhecimento básico de nossa psicologia intuitiva, bem como uma compreensão de informações estatísticas. Só dispondo de ambas as habilidades, e de uma boa dose de curiosidade e coragem, seremos capazes de assumir o controle de nossa própria vida.

2
A certeza é uma ilusão

Nada vai nos separar. Provavelmente continuaremos
casados por mais dez anos.
Elizabeth Taylor, em 1974, cinco dias antes de
anunciar seu divórcio de Richard Burton

PENSAMOS NO INCERTO como algo a ser evitado. No melhor dos mundos, tudo tem de ser uma certeza. Assim, fazemos apólices de seguros, acompanhamos o horóscopo e rezamos para Deus. Juntamos terabytes de informação para transformar os computadores em bolas de cristal. Mas pense no que aconteceria se nossos desejos fossem atendidos. Se soubéssemos o que o futuro traria com certeza absoluta, não haveria emoção em nossa vida. Nenhuma surpresa ou prazer, nada de alegria ou entusiasmo — já estaríamos informados sobre tudo de antemão. O primeiro beijo, seu futuro par, o nascimento de um filho saudável não seriam mais empolgantes que o boletim meteorológico do ano passado. Se nosso mundo se transformasse numa certeza, viver seria um tédio mortal.

A ilusão de certeza

Mesmo assim, muita gente espera certezas de banqueiros, médicos e políticos. Eles nos retribuem com a *ilusão* de certeza, a crença de que algo é seguro quando não é. Todo ano sustentamos uma indústria multibilionária de prognósticos (quase sempre equivocados), de dicas de mercado a pandemias mundiais de gripe. Muitos riem da antiquada figura da cartomante. Mas quando o adivinho trabalha com algoritmos de computador, não cartas de tarô, levamos suas previsões a sério e estamos dispostos a pagar por elas. O mais impressionante é nossa amnésia coletiva: a maioria continua ansiosa por acompanhar as previsões da Bolsa, ainda que constantemente erradas, entra ano, sai ano.

Ao longo da história, os humanos criaram sistemas de crenças que prometem a certeza, como a astrologia e a adivinhação. Basta uma fuçada na internet para perceber que tais sistemas seguem com alta demanda. A tecnologia moderna acrescentou novos veículos da aparente certeza, como testes genéticos, medicina personalizada e classificações de risco no sistema bancário.

FÉ CEGA EM TESTES

Se um teste genético mostra que o DNA do réu coincide com o encontrado na vítima, isso não prova quem cometeu o assassinato? Se uma mulher grávida faz um exame de HIV e o resultado é positivo, não constitui evidência indiscutível de que ela — e provavelmente o bebê — estão infectados? Numa palavra, não. Para descobrir até que ponto a ilusão de certeza é de fato difundida, pesquisei uma amostragem representativa de mil alemães adultos. A pergunta, apresentada de forma oral, era: "Quais dos seguintes testes são uma certeza absoluta?". O resultado aparece na figura 2.1.

Se um astrólogo profissional fizer seu mapa astral e lhe disser que você sofrerá de uma doença séria, e pode até morrer, aos 49 anos, quando o momento se aproximar você ficará preocupado? Cerca de 4% dos alemães, sim; eles acreditam piamente nas previsões astrológicas.[1] Porém não existe evidência de que o horóscopo se saia muito melhor do que um amigo qualquer a quem você pedisse para prever seu futuro. Mas, quando há tecnologia envolvida, a ilusão de certeza é ampliada. Entre as mulheres pesquisadas, 44% acreditam que resultados de mamografias são incontestáveis. Na verdade, o exame deixa de detectar

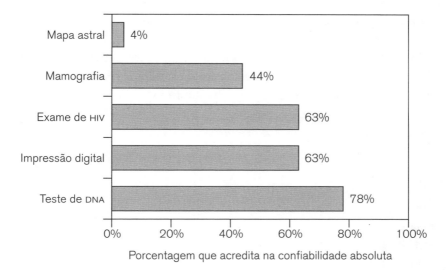

Figura 2.1. Qual teste constitui uma certeza absoluta? Entre uma amostra representativa de mil alemães, 4% acreditam que as previsões de um astrólogo profissional são absolutamente corretas. Quando a tecnologia moderna está envolvida, a ilusão de certeza se acentua. Todos esses testes são passíveis de erros.

cerca de 10% dos cânceres e, quanto mais jovem a mulher, maior a tendência a erro, porque os seios nessa fase são mais densos.

Por fim, quase dois terços dos alemães acreditam que exames de HIV e impressões digitais são certezas absolutas, e uma proporção ainda maior deposita fé cega nos testes de DNA. Esses exames de fato são bem mais precisos do que as mamografias, porém seus resultados nunca são 100% seguros. As digitais, por exemplo, são uma característica única do indivíduo, até entre gêmeos idênticos que partilham os mesmos genes. Se as impressões digitais de um suspeito fossem encontradas na cena do crime, que júri absolveria o réu? Mas nosso sistema de identificação por digitais é infalível? As impressões digitais foram consideradas à prova de falhas até 1998, quando o FBI enviou duas impressões encontradas em um carro de fuga para comparação com as digitais do criminoso condenado aos laboratórios de agências da lei de diferentes estados norte-americanos. Dos 35 laboratórios, oito não conseguiram encontrar correspondência para uma das impressões e seis não encontraram correspondência para a outra.[2] Claramente, isso está longe de ser a ciência exata que tantos imaginam.

Não compreender a nova tecnologia é uma coisa. Acreditar que produz certezas, outra. Para os que sofrem da ilusão de certeza, há um remédio simples. Lembrar-se do que Benjamin Franklin costumava dizer:

Nada é certo nesta vida, exceto a morte e os impostos.

MEU COBERTORZINHO GOSTOSO

Os humanos parecem sofrer de uma *necessidade de certezas*, uma motivação para se agarrar às coisas, mais do que questionar. Uma pessoa muito carente de certezas é mais propensa a estereótipos e menos inclinada a se lembrar de um fato que contradiga esses estereótipos.[3] Considera a ambiguidade desconcertante e deseja planejar racionalmente sua vida. Primeiro o diploma, em seguida um carro, depois vem a carreira, encontrar a cara-metade, comprar uma casa e ter belos bebês. Mas daí a economia vai para o brejo, ela fica desempregada, a cara-metade pula a cerca, e, quando a pessoa se dá conta, está guardando suas coisas em caixas de papelão para se mudar para um lugar mais barato. Em um mundo incerto, não podemos planejar tudo com antecedência. Só atravessamos a ponte quando chegamos a ela, não antes. O mero desejo de planejar e organizar tudo pode ser parte do problema, não a solução. Como diz a velha máxima judaica: "O homem faz planos e Deus dá risada".

As ilusões sem dúvida têm uma função. Crianças pequenas muitas vezes precisam de um cobertor ou paninho para aplacar seus medos. Mas em um adulto a necessidade de certezas pode ser perigosa. Ela nos impede de aprender a enfrentar a imprecisão que permeia nossa vida. Por mais que sonhemos, nunca vamos encontrar na vida uma situação que não implica risco, do modo como encontramos no supermercado um leite que não contém gordura.

Ao mesmo tempo, a carência psicológica não é a única culpada pela ilusão de certeza. Fabricantes de certezas desempenham um papel crucial em cultivar a ilusão. Eles dão a entender que o futuro é previsível, desde que a tecnologia adequada esteja ao nosso alcance. Mas o futuro pode ser uma maldita caixinha de surpresas. Então falsas certezas são difundidas por muitos especialistas, às vezes na maior cara de pau. "Encontrei o Santo Gral", anunciou o consultor financeiro para o ansioso cliente em um hotel chique de Zurique, num barítono tão estentóreo que não pude deixar de escutar. Após uma hora apregoando um investimento supostamente infalível, ele ganhou o homem — e seu dinheiro.

A busca pela certeza é uma aspiração humana antiga. Cultos mágicos, adivinhos e figuras de autoridade que afirmam saber o que é certo e errado são seus proponentes. Da mesma forma, durante séculos muitos filósofos se deixaram iludir, procurando certezas onde não existem, equiparando conhecimento a certeza e crença a incerteza, como John Dewey, o grande filósofo pragmático, observou.[4] Hoje, as tecnologias modernas, de modelos matemáticos de previsão do mercado de ações a aparelhos de exames médicos por imagem, competem pela confiança prometida pela religião e pelas figuras de autoridade.

Ansiar por certezas é o maior obstáculo para uma pessoa se preparar para o risco. Embora haja coisas que podemos saber, devemos também ser capazes de admitir quando *não é possível* saber algo. Estamos bastante seguros de que o cometa Halley vai voltar a passar em 2062, mas apenas em raríssimas ocasiões podemos prever desastres naturais e quebras da Bolsa. "Somente os tolos, mentirosos e charlatães preveem terremotos", segundo Charles Richter, a quem devemos a escala que mede sua magnitude.[5] Nesse sentido, uma análise de milhares de previsões feitas por especialistas em política e economia revelou que na maioria das vezes eles não se saíam melhor do que amadores ou chimpanzés atirando dardos.[6] Mas numa coisa os especialistas se mostraram extremamente bons: inventar desculpas para seus erros ("Quase acertei"). O problema da falsa certeza é o sofrimento que muitas vezes causa. Como veremos, a fé cega em testes e previsões financeiras pode não só pôr em perigo sua sanidade mental e física, mas também arruinar sua conta bancária e a economia como um todo. Precisamos aprender a conviver com a incerteza. É hora de encarar a questão sem subterfúgios. O primeiro passo para isso é compreender a diferença entre riscos conhecidos e desconhecidos.

Risco e incerteza

Duas mulheres em trajes majestosos estão sentadas em posturas impecáveis em suas cadeiras, uma de frente para a outra, embora alheias às respectivas presenças. A caprichosa Fortuna, deusa da sorte, vendada, à esquerda, segura a roda onde humanos lutam desesperadamente por se agarrar (figura 2.2). A Sabedoria, vã e calculista divindade da ciência, contempla um espelho de mão, admirando-se, distraída. Essas duas figuras alegóricas retratam uma antiga polarização: a Fortuna traz boa ou má sorte, a depender do seu humor do momento, mas a ciência promete certeza.

Essa xilogravura do século XVI foi produzida cem anos antes de uma das maiores revoluções no pensamento humano, a "revolução probabilística", mais informalmente conhecida como o momento em que o acaso foi domado. O processo de domesticação começou em meados do século XVII. Desde então, a oposição entre a Fortuna e a Sabedoria evoluiu para uma relação mais íntima, em que uma muitas vezes tentou se apossar das coisas da outra. A ciência quis nos libertar da roda da Fortuna, banir a crença no destino e substituir o acaso pelas causas. A Fortuna, por sua vez, reagiu permeando a ciência de acasos e criando o vasto reino da probabilidade e das estatísticas.[7] Nenhuma saiu ilesa desse confronto: a Fortuna foi amansada, e a ciência perdeu sua certeza.

Vivemos no mundo hipnotizante criado por essas duas figuras alegóricas. Nossa mente está povoada de números e probabilidades. O beisebol nasceu nos terrenos baldios e nas ruas da cidade, adotado por uma cultura de trabalhadores urbanos e jovens vindos do campo. Hoje é um esporte impensável sem as estatísticas: médias de rebatidas, médias de eliminações por *strikes*, decisões com base em porcentagens. Se tivessem de escolher, muitos fãs de beisebol prefeririam ver os números ao jogo. Os mercados devem sua existência a homens arrojados e vividos que percorreram impérios para fazer comércio, superando em riqueza a aristocracia dominante e iniciando uma revolução, para que outras pessoas sem título de nobreza pudessem conseguir levar uma vida melhor. Hoje, um homem de negócios não precisa mais pôr o pé na estrada para fazer fortuna, graças a computadores supervelozes

Figura 2.2. A Fortuna, com a roda do destino (à esq.), de frente para a Sabedoria, deusa da ciência (à dir.). Na gravura do século XVI, as duas são retratadas em sua tradicional oposição: os caprichos da Fortuna levam as pessoas a se agarrar à roda, enquanto a ciência promete a certeza. Cortesia da Bridgeman Art Library, Londres.

e modelos matemáticos concebidos para prever o mercado de ações. Enquanto isso, indiferente a tudo, a Fortuna segue girando a roda com toda a tranquilidade, tapeando os formuladores de previsões e levando à ruína os *hedge funds* de laureados com o Nobel.

O crepúsculo da incerteza vem em diferentes graus e matizes. Iniciada no século XVII, a revolução probabilística deu ao ser humano as habilidades do pensamento estatístico para triunfar sobre a Fortuna, mas essas habilidades foram projetadas para um matiz muito pálido de incerteza, um mundo de *risco conhecido* ou, simplesmente, *risco* (figura 2.3, centro). Uso esse termo para uma situação em que todas as alternativas, consequências e probabilidades são conhecidas. Loterias e jogos de azar são exemplos. Na maior parte do tempo, porém, vivemos em um mundo em transformação, em que parte delas são ignoradas e enfrentamos riscos desconhecidos ou *incerteza* (figura 2.3, direita). O mundo da incerteza é imenso, comparado ao do risco. Com quem se casar? Em quem confiar? O que fazer da vida? Em um mundo incerto, é impossível determinar um plano de ação ideal calculando os riscos exatos. Temos de lidar com os famosos "fatores desconhecidos". Surpresas acontecem. Mesmo quando os cálculos não oferecem uma resposta clara, porém, devemos tomar decisões. Felizmente, podemos fazer muito mais do que apenas nos segurar na roda da Fortuna. Junto com a probabilidade matemática, a Fortuna e a Sabedoria geraram outra ideia, com frequência subestimada: as regras do polegar,* conhecidas em linguagem científica como heurísticas.[8] Quando tomamos decisões, dois jogos de ferramentas mentais são necessários:

- RISCO: Se os riscos são conhecidos, boas decisões exigem lógica e pensamento estatístico.
- INCERTEZA: Se alguns riscos são ignorados, boas decisões também exigem intuição e regras do polegar inteligentes.

Na maior parte do tempo, é necessário usar uma combinação de ambas. Algumas coisas podem ser calculadas, outras, não, e o que pode ser calculado muitas vezes não passa de simples estimativa.

Risco conhecido

A domesticação do acaso criou a probabilidade matemática. Usarei o termo "risco conhecido", ou apenas "risco", para probabilidades que podem ser medidas de forma empírica, ao contrário das incertezas, que

---

* *Rule of thumb*: medição aproximativa baseada mais na prática do que na teoria (um cálculo feito "a olho", "por alto"). (N. T.)

A CERTEZA É UMA ILUSÃO

Figura 2.3. Certeza, risco e incerteza. Na linguagem cotidiana, fazemos uma distinção entre "certeza" e "risco", mas os termos "risco" e "incerteza" costumam ser com mais frequência usados como sinônimos. Porém não são a mesma coisa. Em um mundo de riscos conhecidos, tudo, incluindo as probabilidades, pode ser avaliado com segurança. Aqui, o pensamento estatístico e a lógica são suficientes para tomar boas decisões. Em um mundo de incerteza, nem tudo se sabe, e não podemos calcular a melhor opção. Nele, boas regras do polegar e intuição também se fazem necessárias.

não permitem isso.[9] Probabilidades de chuva, por exemplo, podem ser medidas com base em frequências observadas, assim como médias de rebatidas e o risco de trombose. Originalmente, a palavra "risco" não se referia apenas a perigos ou males, mas também às venturas e desditas sob os caprichos da Fortuna: assim, um risco pode representar ameaça ou esperança. Manterei o uso original da palavra. Afinal, sem correr riscos, haveria pouca inovação. E, em muitas situações, um resultado negativo pode ser visto como positivo a partir de outra perspectiva: uma probabilidade de chuva pode se referir a um evento perigoso, como um temporal causando acidentes automobilísticos, mas também a um efeito positivo, como a chuva acabando com a seca ou a fome numa região. O risco de perder tudo no cassino talvez seja uma calamidade para você, mas é muito bem-vinda pelos donos da banca.

AS TRÊS FACES DA PROBABILIDADE

Existe um fato importante que costuma ser negligenciado. A probabilidade não é singular, mas multifacetada, e varia segundo a frequência, o projeto e o grau de convicção.[10] Esses três aspectos persistem até hoje.

Frequência. Em sua primeira faceta, probabilidade diz respeito a contagem. Contar o número de dias chuvosos ou o número de rebatidas conseguidas por um jogador de beisebol e dividir isso pela quantidade total de dias ou rebatidas resulta em probabilidades que são frequências relativas. Sua origem histórica remonta às tabelas de mortalidade do século XVII, usadas pelos seguros de vida para calcular probabilidades de morte.

Projeto. Na segunda, a probabilidade tem a ver com a construção. Por exemplo, se um dado é fabricado para ser perfeitamente simétrico, a probabilidade de sair o seis é de uma em seis. Não precisamos contar. Da mesma forma, caça-níqueis são feitos para pagar, digamos, 80% do dinheiro inserido, e máquinas eletrônicas possuem softwares que determinam as probabilidades. As que estão embutidas no projeto original são chamadas de *propensões*. Historicamente, os jogos de azar foram o protótipo da propensão. Esses riscos são conhecidos porque as pessoas os criaram, e não porque efetuaram sua contagem.

Grau de convicção. Essa terceira faceta pode se basear em qualquer coisa, da experiência à impressão pessoal. Em sua origem histórica estão os depoimentos de testemunhas oculares nos tribunais e, de forma mais espetaculosa, o folclore de milagres judaico-cristãos.[11] Até hoje, a palavra de duas testemunhas independentes conta mais do que a de duas pessoas que tiveram contato prévio, e o mesmo vale para uma testemunha que não conhece o réu, cuja palavra vale mais do que a de um irmão da pessoa julgada. Mas como quantificar essas intuições? A pergunta deu origem a graus de convicção expressos como probabilidades.

Ao contrário de riscos conhecidos baseados nas frequências mensuráveis ou no projeto, o grau de convicção pode ser muito subjetivo e variável. As frequências e o projeto limitam a probabilidade em situações envolvendo grandes quantidades de dados ou um projeto que seja claramente compreendido. Os graus de convicção, por outro lado, são mais amplos, sugerindo que a probabilidade pode ser aplicada a qualquer problema. O perigo de estender a probabilidade a tudo é se deixar seduzir pelo pensamento de que uma ferramenta — o cálculo de probabilidades — possa ser suficiente para lidar com todo tipo de incerteza. Como resultado, outras ferramentas importantes, como as regras do polegar, ficam esquecidas.

A CERTEZA É UMA ILUSÃO

Essa multiplicidade de identidades importa? Não muito quando jogamos dados, mas sem dúvida quando se trata da tecnologia moderna. O risco de acidente numa usina nuclear pode ser estimado em função dos acidentes anteriores, do projeto de suas instalações ou do grau de convicção dos especialistas, ou qualquer combinação entre as três. As estimativas resultantes podem ser muito diferentes. Embora a contagem de acidentes nucleares seja inequívoca, é difícil determinar as tendências do projeto de uma usina, resultando em estimativas divergentes que podem depender da posição política de quem as calcula e da origem do dinheiro que financia a pesquisa. Por esse motivo, sempre é importante perguntar como o risco de um desastre nuclear, ou qualquer outro risco, foi realmente calculado.

A ARTE DE COMUNICAR O RISCO

Calcular o risco é uma coisa; comunicá-lo, bem outra. Saber transmitir o risco é uma habilidade importante tanto para leigos como para especialistas. Como as pessoas raramente são treinadas para isso, é comum fazerem uma leitura equivocada dos números. Os três tipos de probabilidade — frequência relativa, projeto ou grau de convicção — podem ser expressos de maneira confusa ou transparente. Até o momento, vimos duas ferramentas de comunicação para informar riscos:

- usar frequências em vez de probabilidades de evento único;
- usar os riscos absolutos em vez dos relativos.

Essas "ferramentas mentais" são razoavelmente fáceis de aprender e aplicar. A primeira ajuda a compreender a chance de um risco, como o de chuva. Conforme assinalado no capítulo 1, "uma chance de chuva de 30% amanhã" é uma probabilidade de evento único, enquanto "choverá em 30% dos dias aos quais este aviso se refere" é uma afirmação de frequência que esclarece a classe de referência (dias, e não região nem tempo). A segunda ferramenta mental ajuda a compreender a mudança em determinado risco, por exemplo, ao trocar de pílula anticoncepcional. Se um aumento de 100% das chances de trombose é um risco relativo que assusta muita gente, o aumento do risco absoluto, um em 7 mil, põe o risco real em perspectiva.

Você vai encontrar mais ferramentas úteis neste livro. Mas devo alertá-lo que nada funciona o tempo todo; elas podem exigir certa prática. Lorin Warnick, decano da Faculdade de Medicina Veterinária da Universidade de Cornell, escreveu-me sobre uma tentativa malsucedida de usar frequências transparentes, em vez de probabilidades de evento único.

Há alguns anos, realizei uma cirurgia para corrigir um abomaso deslocado ["estômago retorcido"] numa vaca leiteira de uma fazenda perto de Ithaca, NY. Sabemos por estudos prévios que aproximadamente 85% das vacas tratadas com essa técnica se recuperam e voltam à produção de leite normal. Ben, o dono da fazenda, perguntou qual a probabilidade de complicações após a cirurgia. Tentando explicar em termos que fizessem sentido para ele, disse: "Se fizéssemos o procedimento em cem vacas, calculo que cerca de 10% a 15% não se recuperariam por completo algumas semanas após a cirurgia". Ele pensou por um momento e falou: "Bom, isso é ótimo, porque só tenho 35 vacas".

Incerteza

Em um mundo incerto, só o pensamento estatístico e a comunicação do risco não bastam. Boas regras do polegar são essenciais para boas decisões.

MILAGRES ACONTECEM

Numa ensolarada tarde de janeiro de 2009, 150 passageiros embarcaram no voo 1549 da companhia US Airways. Três minutos após a decolagem do aeroporto LaGuardia, em Nova York, os problemas começaram. Tripulação e passageiros escutaram fortes pancadas do lado de fora. A menos de novecentos metros de altitude, um bando de gansos canadenses, voando em formação, colidira contra a aeronave. Turbinas de avião conseguem "engolir" pássaros pequenos, mas esses gansos podem pesar perto de cinco quilos. Se o animal é grande demais, o motor desliga, em vez de explodir. Na ocasião, o improvável aconteceu: os animais foram sugados não por um, mas ambos os motores, que pararam de funcionar. Quando os passageiros perceberam que estavam planando, um silêncio desceu sobre o avião. Não houve pânico, apenas preces silenciosas. O capitão Chesley Sullenberger chamou o controle de tráfego aéreo: "Colisão com pássaros. Perdemos potência nos dois motores. Vamos voltar para LaGuardia".

Mas, se tivessem de aterrissar antes de alcançar o aeroporto, as consequências seriam catastróficas para passageiros, tripulação e moradores da área. O capitão e o copiloto precisavam avaliar adequadamente a situação. O avião conseguiria chegar ao LaGuardia ou eles deveriam tentar uma manobra mais arriscada, como pousar no rio Hudson? Seria de supor que pilotos precisem medir a velocidade, o vento, a altitude, a distância e inserir os dados numa calculadora. Na verdade, simplesmente usaram uma regra do polegar:

Fique de olho na torre de controle: se ela sobe no seu para-brisa, não há como chegar à pista.

Nenhuma estimativa da trajetória da aeronave é necessária. Nenhum tempo é desperdiçado. E a regra do polegar é à prova de erros de cálculo. Nas palavras do copiloto Jeffrey Skiles: "O cálculo é menos matemático do que visual, pois voando no avião um ponto inalcançável na verdade sobe em seu para-brisa. Um ponto que será sobrevoado desce".[12] Nesse momento, o ponto que esperavam atingir não desceu, mas subiu. Optaram pelo Hudson.

Os passageiros não faziam ideia do que se passava na cabine. Apenas escutaram: "Aqui é o capitão, preparar para impacto". As comissárias de bordo gritaram: "Abaixem a cabeça! Fiquem abaixados!". Passageiros e tripulação depois recordaram que pensaram na morte e se angustiaram por seus filhos, maridos, esposas. Então veio a aterrissagem, e o avião parou. Quando as portas de emergência foram abertas, a luz do sol entrou. Todos se levantaram e correram para a saída. Só uma passageira tentou pegar sua mala no compartimento, mas foi logo dissuadida disso. As asas do avião flutuando lentamente se cobriram de pessoas em coletes salva--vidas à espera do resgate. Então a balsa chegou, e todos foram salvos.

Tudo isso aconteceu nos três minutos transcorridos entre a colisão com os gansos e o pouso no rio. Nesse intervalo, os dois pilotos revisaram o checklist de falhas em dois motores, três páginas feitas para ser utilizadas a 9 mil metros de altitude, não novecentos: acionar a ignição, reiniciar o computador de controle de voo e assim por diante. Mas não conseguiram chegar ao fim do procedimento. Tampouco tiveram tempo de iniciar o checklist do pouso forçado na água. Quando procediam à evacuação, Skiles permaneceu na cabine e repassou o checklist do procedimento, precavendo-se contra potenciais incêndios e outros perigos. Sullenberger vistoriou toda a aeronave para se certificar de que ninguém fora deixado para trás. Esse milagre só foi possível graças a uma combinação de trabalho em equipe, checklists e regras do polegar inteligentes.

O SEGREDO DA INTUIÇÃO: REGRAS DO POLEGAR INCONSCIENTES

Uma regra do polegar, ou *heurística*, capacita-nos a tomar uma decisão rapidamente, sem esperar por muitas informações, mas não obstante com grau elevado de precisão. O cálculo utilizado pelos pilotos para descobrir se o avião conseguiria chegar ao outro aeroporto é um desses casos. Os pilotos são treinados para usar conscientemente a regra. Outras pessoas, porém, a utilizam de forma intuitiva, ou seja, sem se dar conta. A regra é um caso especial de *heurística do olhar*, que nos ajuda a interceptar objetos no espaço tridimensional:

> *Olhe para o objeto e ajuste sua velocidade de modo que o ângulo da visada permaneça constante.*

Jogadores de beisebol profissionais usam essa regra, embora a maioria não faça ideia. Se uma rebatida vem alta, o jogador de defesa fixa o olhar nela, começa a correr e ajusta a velocidade de sua corrida de modo que o ângulo da mirada permaneça constante.[13] O defensor não precisa calcular a trajetória. Para selecionar a parábola correta, o cérebro teria de estimar a distância inicial, a velocidade e o ângulo da bola, tarefa nada fácil. E, para complicar ainda mais, bolas na vida real não caem numa parábola. O vento, a resistência do ar e a rotação afetam a trajetória. Nem mesmo robôs ou os computadores mais sofisticados conseguem estimar com precisão o ponto de aterrissagem durante os poucos segundos que a bola voa pelo ar. A heurística do olhar soluciona esse problema guiando o jogador na direção do ponto de contato sem recorrer a um cálculo matemático. Por isso os jogadores nunca sabem exatamente onde a bola vai cair e muitas vezes se chocam contra os muros ou acabam na arquibancada.

Até onde sei, todas as regras do polegar podem ser usadas de modo consciente e inconsciente. Se utilizadas da segunda maneira, chamamos o juízo resultante de intuitivo. Uma intuição, ou pressentimento, é um juízo que (1) *surge rapidamente na consciência*, de (2) *cujas razões subjacentes não estamos plenamente conscientes*, mas é (3) *forte o bastante para nos fazer agir.*

Pressentimentos não são fantasia nem sexto sentido, tampouco clarividência ou fruto de uma voz divina. São uma forma de inteligência inconsciente. Presumir que a inteligência seja necessariamente consciente e deliberada é um grande erro. A maior parte do nosso cérebro está inconsciente, e ficaríamos perdidos sem a vasta experiência armazenada ali. A inteligência calculada pode ser eficaz para os riscos conhecidos, mas, diante da incerteza, a intuição é indispensável. Nossa sociedade, porém, tem certa resistência em admitir a intuição como uma forma de inteligência, ao mesmo tempo que presume sem hesitar que cálculos lógicos são inteligentes. Da mesma maneira, alguns cientistas sociais viam a intuição com desconfiança e consideravam-na a principal fonte de erro humano. Alguns até postulam a existência de dois sistemas cognitivos, um consciente, lógico, calculista e racional, e o outro inconsciente, intuitivo, heurístico e propenso a erro, cada um operando segundo diferentes princípios.[14] O exemplo que acabo de dar contradiz isso. Uma heurística pode ser mais segura e mais precisa do que um cálculo, e a mesma heurística pode estar na raiz das decisões tanto conscientes como inconscientes.

Reconheço que uma única regra do polegar não tem condições de resolver todos os problemas; por esse motivo, nossa mente adquire uma "caixa de ferramentas" de regras. Assim como o martelo é mais indicado para pregos, enquanto a chave de fenda serve para parafusos, essas regras do polegar têm de ser empregadas de forma adaptável. Para tomar decisões inteligentes, precisamos saber que ferramenta utilizar para qual problema. A inteligência não é um número abstrato como um QI, e sim similar ao conhecimento tácito de um carpinteiro quanto às ferramentas mais indicadas. É por isso que a moderna ciência da inteligência estuda a "caixa de ferramentas adaptativa" que indivíduos, organizações e culturas têm a seu dispor; ou seja, as regras desenvolvidas e aprendidas que orientam nossas decisões deliberadas e intuitivas.[15]

De onde vêm essas regras do polegar? Algumas acompanham humanos e animais há muito tempo. Morcegos, cães e peixes executam a heurística do olhar para interceptar presas e parceiros. Os peixes caçam mantendo um ângulo constante entre sua linha de movimento e a da presa. Quando um cachorro persegue um Frisbee, orienta-se pela mesma regra, tentando manter o ângulo de visão constante enquanto corre. Encontraremos outras regras do polegar ao longo do livro.

SOLUÇÕES SIMPLES PARA PROBLEMAS COMPLEXOS

A heurística do olhar ilustra como a mente consegue encontrar soluções simples para problemas complexos. É considerada uma heurística porque se concentra em poucas informações mais importantes e ignora o resto. Especialistas muitas vezes não vão atrás de tanta informação como uma pessoa sem experiência, preferindo a heurística em vez disso. No caso dos pilotos da US Airways, eles ignoraram todas as informações necessárias para calcular a trajetória do avião planando e confiaram numa única: a imagem da torre no para-brisa. O ponto fundamental aqui é entender que ignorar informações pode levar a decisões melhores, mais rápidas e mais seguras.

A heurística do olhar funciona porque evoluiu com nosso cérebro. Por isso pilotos, jogadores de beisebol ou cães podem se valer dela, en-

A CERTEZA É UMA ILUSÃO

quanto para robôs e computadores seu uso é limitado. Eles não desenvolveram a capacidade de manter o olhar em um objeto em movimento num ambiente cheio de ruído. Em lugar dessa habilidade mental, precisam calcular trajetórias. O que é simples para um humano não é tão simples para um computador e vice-versa — a capacidade humana de decifrar letras e números distorcidos é utilizada como dispositivo de segurança contra programas robôs, enquanto um computador derrotaria qualquer gênio matemático no cálculo da raiz sétima de um número de dezessete dígitos.

Seria de pensar que o estudo de heurísticas inteligentes fosse uma atividade central em muitas áreas. Mas não é. Estranhamente, a maioria das teorias da tomada de decisão racional, da economia à filosofia, ainda presume que todo risco pode ser conhecido. Grande parte do potencial intelectual das ciências sociais foi investido em versões sofisticadas da lógica e da estatística. Quase nada foi dedicado ao pensamento heurístico e, quando isso aconteceu, na maior parte das vezes era com o intuito de argumentar que a heurística é o motivo para os erros e desastres humanos.

Após a revolução probabilística, precisamos de uma nova revolução, que leve a heurística a sério e ofereça à humanidade as habilidades necessárias para lidar com toda uma gama de incertezas. O polímata norte-americano Herbert Simon foi um dos primeiros a conclamá-la, e dediquei grande parte da minha pesquisa a contribuir para ela, elaborando modelos matemáticos para tomada de decisão sob incerteza. Esse passo seguinte é o que chamo de "revolução heurística".[16] Exige aprender a lidar com mundos incertos com a ajuda de regras do polegar inteligentes.

Não confunda risco com incerteza

Dadas as muitas incógnitas da vida, poucas situações nos permitem calcular os riscos com precisão. Na maioria dos casos, são uma mistura de riscos conhecidos em maior ou menor medida. Após o Onze de Setembro, por exemplo, o risco de dirigir continuou o mesmo de antes do ataque terrorista, mas o de voar se tornou bem mais incerto: outro avião podia ter sido sequestrado. Aqui ficava menos claro se o futuro era como o passado. Na esfera da saúde, outro mundo com alto grau de incerteza, um médico precisa do pensamento estatístico para compreender os resultados de pesquisas científicas, mas também de bons instintos para compreender o paciente. Da mesma forma, no mundo dos negócios, o cálculo estatístico não basta; para saber em quem confiar, precisamos de intuições acertadas sobre os outros. Como afirmou Jack Welch da General Electric, um dos executivos mais bem-sucedidos do mundo, boas decisões vêm "direto da intuição".[17]

A ilusão de certeza tem duas faces. Quando os riscos conhecidos são tomados como certeza absoluta, ocorre a ilusão de *risco zero* (figura 2.4, seta da esquerda). Tecnologias modernas que muitos de nós acreditam ser praticamente infalíveis, como testes de HIV, análises genéticas e exames diagnósticos por imagem, oferecem veículos de alta tecnologia para a certeza ilusória. A ilusão do *risco calculável* (ou ilusão do peru; ver abaixo) é diferente. Ela toma a incerteza por riscos conhecidos. Assim como a ilusão de risco zero, é ilustrada como um movimento para o lado esquerdo na figura 2.4 (seta da direita). Em ambos os casos, ocorre um choque entre o mundo real e o percebido. Vamos começar pelos riscos que são confundidos com certeza.

A ilusão de risco zero

Pessoas que praticam sexo sem proteção com vários parceiros correm risco de infecção por HIV. Os que apesar disso acreditam que com eles nunca vai acontecer incorrem na ilusão de risco zero. Mas existe outro perigo menos conhecido quando as pessoas fazem um teste de HIV rotineiro: o risco de um falso positivo.

A CERTEZA ILUSÓRIA PODE ARRUINAR SUA VIDA

Os exames para HIV são comuns e nem sempre voluntários. Bancos de sangue examinam potenciais doadores, as forças armadas examinam

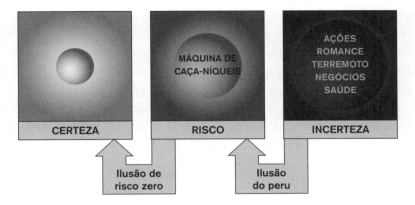

Figura 2.4. Dois tipos de ilusões de certeza. A primeira é confundir um mundo de risco com um de certeza — a ilusão de risco zero. A segunda é confundir um mundo de incerteza com um de risco conhecido — a ilusão do peru (ilusão do risco calculável). Tanto em um caso como no outro, a ilusão corresponde a uma seta movendo-se da direita para a esquerda.

recrutas e pessoal da ativa e os escritórios de imigração examinam os imigrantes. Os futuros casais são aconselhados a fazer o teste de HIV, assim como futuras mamães. Outdoors nas rodovias norte-americanas mostram adolescentes animadas e a mensagem: "Faça por sua mãe. HIV test.net gratuito". No exame de HIV, a princípio é feito um exame de ELISA (análise de imunossorvente ligado a enzima). Se der negativo, a pessoa é informada da boa notícia. Se for positivo, outro ELISA, de preferência originário de um fabricante diferente, é realizado. Se novamente der positivo, é feito o teste de Western blot, que é mais caro, e considerado um "teste de confirmação". Se o Western blot também der positivo, o indivíduo costuma ser considerado HIV positivo. Os procedimentos variam.

Em meu livro *Calculated Risks*, expliquei o que as pessoas devem saber antes de fazer um teste de HIV. Caso o indivíduo não pertença aos grupos de risco, mas o exame der positivo, não necessariamente significa que está infectado. Um falso positivo pode ser como um alarme falso: você não tem a infecção, mas recebe resultado positivo mesmo assim. Como podemos ver na figura 2.1, anos depois, a maioria do público continua mal informada sobre a possibilidade de exames de

HIV falsos positivos. Vidas foram destruídas por esses alarmes falsos. No começo dos exames para HIV, 22 doadores de sangue na Flórida foram informados de que seus exames haviam dado positivo para HIV no teste ELISA; sete deles cometeram suicídio sem saber sequer se os resultados eram verdadeiros.[18]

Anos após a publicação de *Calculated Risks*, a dra. Eileen Munro comentou minha análise dos exames de HIV em um artigo. Não muito depois, encaminhou para mim a seguinte carta:

Cara dra. Munro,

Duas semanas atrás, fiz um teste de HIV. Sou recém-casada e acabo de engravidar, e o exame é um procedimento-padrão hoje em dia para mulheres grávidas. Eles me ligaram uma semana depois e disseram que meu exame dera positivo para HIV. Perguntei sobre a taxa de falsos positivos; o médico me contou que era de cinco a cada 100 mil. Deram-me alguns folhetos da internet sobre viver com HIV e fui para casa dar a notícia para o meu marido e minha família.

A noite foi péssima e a manhã também, mas no trabalho, no dia seguinte, comecei a raciocinar. Pesquisei um pouco e vi que não tinham seguido o protocolo-padrão (dois testes ELISA e depois um Western blot). Haviam feito apenas o Western blot, explicando que era o teste de confirmação, portanto não se deram ao trabalho de fazer os ELISA. Reli seu artigo, considerei meu estilo de vida de baixo risco e alimentei um pouco de esperança. Eu e meu marido fomos a uma clínica diferente no fim de semana, colheram nosso sangue com um teste de picada e vinte minutos depois voltaram com o resultado negativo; todos os exames que fiz depois deram negativo.

Seu artigo me poupou de um grau de desespero que mal consigo pôr em palavras; proporcionou-me energia suficiente para continuar a pesquisar o problema e voltar a fazer o exame imediatamente. Apreciei o artigo por sua contribuição à área da avaliação de risco, mas também queria lhe dizer como foi importante para mim em um nível muito mais profundo.

Sinceramente, Amy D. Berkeley[19]

Após ler essa carta, soube que todas as horas empenhadas em escrever *Calculated Risks* tinham valido a pena. Mas voltemos à discussão. O que um exame positivo de fato quer dizer? Vamos presumir que seu médico tivesse razão e que a taxa de falsos positivos fosse de cinco a cada 100 mil (ver figura 2.5, esquerda). Considere 100 mil mulheres da população geral que façam exame de HIV. As estatísticas sugerem que cerca de dez estarão infectadas (algo chamado de prevalência) e que o exame os detecta com certeza quase absoluta.[20] Entre a maioria das mulheres que *não* estão infectadas, espera-se que cinco outras deem positivo, segundo o médico de Amy. Somados, temos dez positivos corretos e cinco incorretos, resultando em uma chance de dois para um de infecção, uma cifra que nem de longe indica uma certeza irrefutável. Somente se o estilo de vida de Amy a tornasse mais exposta à possibilidade de infecção os números estariam contra ela.

A lição a tirar é: se você não pertence a nenhum grupo de risco, *não entre em pânico*. Pense no que os números significam e faça um novo exame, num laboratório diferente.

Como vimos, o significado de um exame de HIV positivo depende em larga medida da prevalência e da taxa de falsos positivos. Os melhores testes disponíveis apresentam uma taxa de falsos positivos menor do que a informada pelo médico de Amy, apenas cerca de um em 250 mil. Se a prevalência for de um em 10 mil (ou 25 em 250 mil), como antes, então podemos esperar um falso positivo para cada 25 positivos confirmados (figura 2.5, direita). Ou seja, a chance de estar infectado, diante de um teste positivo, é de cerca de 96%. É elevada, mas longe de ser uma certeza. É um imperativo ético que profissionais que lidam com pacientes de aids expliquem qual é realmente o risco de estar infectado, levando em conta a prevalência e a taxa de falsos positivos do teste utilizado. A maioria dos profissionais estudados, porém, ficava confusa com as probabilidades e dizia a seus clientes de baixo risco que o resultado é 100% certo.[21]

Em nossos exemplos, o teste pegou todos os infectados; não obstante, erros acontecem. O recorde mundial parece pertencer a um trabalhador da construção nos Estados Unidos, que testou negativo cerca de trinta vezes, apesar de infectado.

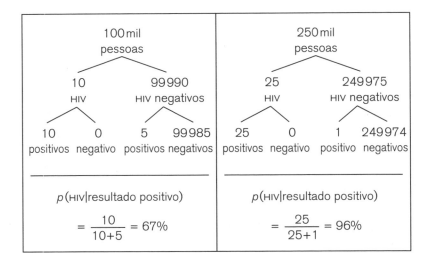

Figura 2.5. O que um teste de HIV positivo significa? A resposta depende da prevalência e da taxa de falsos positivos. Árvore da esquerda: a taxa de falsos positivos é de cinco em 100 mil, segundo o médico de Amy. A prevalência é de um em 10 mil para mulheres sem fatores de risco conhecidos. Entre 100 mil mulheres que fazem o teste, dez provavelmente estarão infectadas, e também resultarão corretamente em positivo. Entre as 99 990 não infectadas, o teste tende a errar em cinco casos — ou seja, a resultar em falso positivo. Assim, é esperado que quinze pessoas testem positivo, mas apenas dez estejam de fato infectadas. Árvore da direita: aqui, a taxa de falsos positivos é de um em 250 mil, correspondendo aos estudos mais recentes usando os melhores testes. Entre 250 mil mulheres que fazem o teste, 25 provavelmente estarão infectadas, e também corretamente testarão positivo. Entre as 249 975 não infectadas, o teste tende a falhar em um caso. Em outras palavras, de cada 26 que testam positivo, espera-se que uma de fato não esteja infectada. Os números variam de acordo com o país, o grupo de risco e a qualidade do teste.

O problema é agravado pelo fato de muitas instituições oficiais — não só na Califórnia — difundirem a ilusão de certeza. Por exemplo, se você vive em Chicago e consultar o site do Departamento de Saúde Pública de Illinois, vai ler: "Um resultado de exame positivo significa que foram encontrados anticorpos do HIV em seu sangue. Significa infecção por HIV. Você está infectado para o resto da vida e pode espalhar HIV para os outros".[22]

A afirmação transmite uma falsa certeza. Os médicos que mandaram Amy de volta para casa com uma bomba para jogar no colo do marido e

A CERTEZA É UMA ILUSÃO

da família pareciam sofrer da mesma ilusão. Não se mencionou sequer a possibilidade de falsos positivos. Mulheres grávidas, como o resto de nós, merecem informações melhores do que essa.

Nem todo mundo tem sorte como Amy. Houve quem perdeu o emprego, a casa, a saúde, os filhos e amigos após um diagnóstico equivocado e um tratamento desnecessário com o coquetel de medicações. Algumas pessoas se suicidaram, e outras mergulharam numa espiral de comportamento destrutivo, incluindo sexo desprotegido com infectados por HIV, acreditando que não faria mais diferença.[23]

A ilusão do peru

Nem sempre é fácil saber o grau de incerteza da situação enfrentada no momento, se implica riscos conhecidos ou se é em larga medida imprevisível. Vamos começar por um exemplo do escritor Nassim Taleb.[24] Ponha-se na pele de um peru. Em seu primeiro dia de vida, apareceu um homem. Você teve medo de ser morto, mas ele foi bondoso e lhe deu comida. No dia seguinte, o homem aparece novamente. Ele lhe dará comida outra vez? Usando a teoria da probabilidade, podemos calcular a chance de que isso aconteça. A *regra da sucessão*, deduzida pelo grande matemático Pierre-Simon Laplace, oferece a resposta:

A probabilidade de que algo aconteça outra vez se aconteceu n vezes antes $= (n+1)/(n+2)$

Aqui, n é o número de dias em que o fazendeiro trouxe comida. Ou seja, após o primeiro dia, a probabilidade de que o fazendeiro o alimente no dia seguinte é de 2/3, após o segundo dia, aumenta para 3/4, e assim por diante, elevando o grau de certeza dia após dia. Ao mesmo tempo, a chance de que o homem possa matá-lo torna-se cada vez menos provável. No centésimo dia, é quase uma certeza que o fazendeiro virá alimentá-lo, ou pelo menos é isso o que você imagina. Mas, sem que você faça ideia, esse dia é a véspera do feriado do Dia de Ação de

Graças. Num momento em que sua probabilidade de ser alimentado nunca foi tão alta, você acaba virando comida.

O peru não sabia do Dia de Ação de Graças. Se conhecesse todos os riscos possíveis, atualizar as probabilidades na verdade teria sido racional. Mas o peru descobriu do pior jeito que carecia de uma informação importante.

Enquanto muitos profissionais que lidam com exames de aids sugerem certezas enganadoras, o peru ao menos tentou calcular as probabilidades. Entretanto, presumir erroneamente que um risco pode ser calculado é outra ilusão de certeza (figura 2.4). Vamos chamar isso de *a ilusão do peru*, embora provavelmente aconteça com mais frequência com pessoas do que com perus.

MÁ SORTE OU CERTEZA ILUSÓRIA?

Há certa similaridade entre a tragédia inesperada do peru e a incapacidade dos especialistas em antecipar crises financeiras: ambos usam modelos que podem funcionar no curto prazo, mas que são incapazes de prever um desastre iminente. Como no caso do peru, as estimativas de risco do mercado imobiliário norte-americano se basearam em dados históricos e em modelos similares à regra da sucessão. Como os preços dos imóveis continuaram a subir, o risco parecia declinar. A confiança na estabilidade nunca esteve tão alta antes da crise do subprime. Ainda em março de 2008, Henry Paulson, secretário do Tesouro dos Estados Unidos, declarou: "Nossas instituições financeiras, bancos e bancos de investimento são fortes. Nossos mercados de capitais são resilientes. Eles são eficientes. Flexíveis".[25] Pouco depois, a economia entrou em polvorosa. Os modelos de risco que influenciaram a convicção de Paulson ignoraram a escala da bolha, assim como o peru desconhecia o conceito do Dia de Ação de Graças. A única diferença foi que, em vez de serem abatidos, os bancos foram socorridos com dinheiro do contribuinte. Ao sugerir uma falsa sensação de certeza, os modelos de risco conhecido podem promover o desastre, em vez de preveni-lo.

A CERTEZA É UMA ILUSÃO

Por exemplo, David Viniar, diretor financeiro da Goldman Sachs, relatou que seus modelos de risco foram pegos totalmente de surpresa com os inesperados "eventos 25 sigma" por vários dias seguidos, resultando em imensos prejuízos. Qual o grau de improbabilidade de um evento 25 sigma? De acordo com os modelos de risco utilizados (conhecidos como "value at risk"), um evento três sigma deve ocorrer uma vez em dois dias, um evento cinco sigma, apenas uma vez desde a última era do gelo, e um evento de sete a oito sigma, apenas uma vez desde o big bang; um evento 25 sigma encontra-se além de tudo que os modelos são capazes de imaginar. No entanto, esse evento inimaginável ocorreu não uma, mas diversas vezes. Má sorte ou riscos mal calculados? Má sorte é pouco provável. O problema é a avaliação inadequada do risco: métodos que erroneamente supõem riscos conhecidos em um mundo de incerteza. Como esses cálculos geram números precisos para um risco incerto, produzem uma certeza ilusória.[26]

Os bancos costumam ser criticados por operar como cassinos. Quem dera fosse verdade! Como Mervyn King, ex-chefe do Banco da Inglaterra, observou, se fizessem isso, ao menos seria possível calcular o risco. Mas os bancos de investimento funcionam na vida real, que é dinâmica e incerta. Aqui, nem todos são confiáveis, surpresas acontecem, e tentar calcular riscos precisos pode levar ao desastre. Na verdade, suspeita-se que o uso de teorias das finanças concebidas para um mundo de riscos conhecidos seja uma das causas das crises financeiras. Como Joseph Stiglitz comentou com relação à crise de 2008: "Simplesmente não era verdade que um mundo com informação *quase* perfeita fosse muito similar a um mundo onde houvesse informação perfeita".[27]

A busca pela certeza

Certeza absoluta é um estado mental que impede dúvidas de qualquer natureza. Grande parte da história humana foi moldada por pessoas que estavam absolutamente seguras de que sua religião, família ou raça era a preferida por Deus ou pelo destino, o que as levou a crer que tinham o direito de se livrar de ideias incompatíveis, junto com as pessoas que estivessem contaminadas por elas. E, o que é mais importante, a ilusão de risco zero não surge sem mais nem menos na cabeça das pessoas. É fruto de marketing, feito sob medida para o público, e de uma pesada campanha publicitária. Best-sellers de negócios prometem ensinar o leitor a sugerir a certeza absoluta para o cliente, e informativos sobre saúde não mencionam os riscos conhecidos para os pacientes.

A busca pela certeza é um desejo humano profundo. O belo sonho de que todo pensamento pode ser reduzido ao cálculo é antigo. No século XVII, o filósofo Gottfried Wilhelm Leibniz imaginou ser possível determinar números e símbolos para qualquer ideia, o que possibilitaria obter a melhor resposta para cada questão. Tal procedimento poria um fim às desavenças acadêmicas: qualquer debate seria rápida e pacificamente resolvido com as partes interessadas sentando para conversar e dizendo: "Calculemos".[28] O único problema foi que Leibniz, com todo seu brilhantismo, nunca conseguiu encontrar esse tal cálculo universal — nem ele, nem ninguém, aliás. O que lhe escapou foi a distinção entre risco e incerteza. Mas, mesmo em nosso século, estudiosos engenhosos inventaram diversos macetes para tratar a incerteza como se fosse um risco conhecido, de modo que pudessem aplicar seus modelos matemáticos padronizados em vez de enfrentar o mundo real.

Algumas afirmações parecem tão óbvias que as consideramos uma verdade irrefutável. Ter mais informações é sempre melhor. Executar mais cálculos é sempre melhor. Como veremos, isso é um grande erro. Em um mundo incerto, métodos de tomada de decisão complexos envolvendo mais informações e cálculos são com frequência piores e podem causar danos recorrendo à certeza injustificada.

A ficha ainda não caiu. Para muitos especialistas, assim como para o público, a convicção é de que mais é sempre melhor. Quem recusaria mais informações e cálculos sofisticados se fossem oferecidos de graça? A percepção de muitos é de que as regras do polegar são atalhos "rápidos e sujos" que poupam tempo e esforço, mas em detrimento da qualidade — com base em uma ideia chamada de *permuta precisão--esforço*. Na tomada de decisões, segundo essa linha de raciocínio, as regras do polegar são sempre a segunda opção. Porém isso só é verdade em um mundo de risco conhecido, não em um mundo incerto. Para tomar boas decisões em um mundo incerto, a pessoa deve ignorar parte da informação, exatamente como fazem as regras do polegar. Isso pode poupar tempo e esforço e levar a decisões melhores.

Resumindo:

1. RISCO ≠ INCERTEZA. A melhor decisão em um contexto de risco não é a melhor decisão em um contexto de incerteza.
2. REGRAS DO POLEGAR NÃO SÃO IDIOTAS. Em um mundo incerto, regras do polegar de caráter simples podem resultar em decisões melhores do que cálculos sofisticados.
3. MENOS É MAIS. Problemas complexos nem sempre exigem soluções complexas. Procure soluções simples antes.

Ilustrarei essas proposições nos próximos capítulos.

UM FUTURO INCERTO NÃO É FÁCIL DE ANTEVER

"Previsões são difíceis, especialmente sobre o futuro."
Niels Bohr (citação também atribuída a Mark Twain, Yogi Berra e uma porção de outros)

Telefones
Em 1876, a Western Union, maior empresa de telegrafia norte-americana, rejeitou adquirir a patente de Graham Bell por mil dólares, alegando que as pessoas não tinham inteligência suficiente para manusear um aparelho de telefone: "Bell imagina que o público usará esse instrumento sem a ajuda de operadores treinados. Qualquer engenheiro telegráfico perceberá de imediato a falácia desse plano. Simplesmente, não se pode confiar no público para lidar com um equipamento técnico de comunicações".[29]

Um grupo de especialistas britânicos pensou um pouco diferente: "O telefone pode ser apropriado para nossos primos norte-americanos, mas não aqui: temos suprimento suficiente de garotos de recados".

Lâmpadas

Alguns anos depois, um comitê do Parlamento britânico avaliou a lâmpada de Thomas Edison e concluiu que seria "até boa para nossos amigos do lado de lá do Atlântico [...], mas indigna da atenção de homens práticos ou de ciência".

Rádios

"O rádio não tem futuro." Frase atribuída a lorde Kelvin, antigo presidente da Royal Society, c. 1897.

Trens

"A viagem ferroviária em alta velocidade não é possível porque os passageiros, incapazes de respirar, morreriam de asfixia." O dr. Dionysius Lardner (1793-1859), professor do University College London e autor de um livro sobre o motor a vapor, foi um dos muitos médicos que profetizou que o movimento rápido dos trens causaria a morte ou problemas cerebrais nos passageiros e vertigem nos observadores.

Carros

O pioneiro dos automóveis Gottlieb Daimler (1834-1900) acreditava que jamais haveria quantidade superior a 1 milhão de carros no mundo, pela falta de motoristas disponíveis. Daimler baseou sua previsão no falso pressuposto de que os carros teriam de ser conduzidos por choferes.

Computadores

Howard Aiken, que construiu o computador Mark I para a IBM em 1943, recordou: "No começo a gente achava que, se houvesse meia dúzia de grandes computadores espalhados por laboratórios de pesquisa, isso bastaria para atender a todas as necessidades do país". Essa previsão se baseou no falso pressuposto de que os computadores resolveriam apenas problemas científicos.

3
Tomada de decisão defensiva

CALVIN: *Quanto mais a gente sabe, mais difícil é decidir.*

HAROLDO: *Hmm.*

CALVIN: *Depois que você se informa, começa a enxergar complexidades e zonas cinzentas.*

HAROLDO: *Hmm.*

CALVIN: *A gente percebe que nada é tão claro e simples como parecia no começo. No fim, o conhecimento paralisa.*

HAROLDO: *Hmm.*

CALVIN: *Como sou um homem de ação, não posso correr esse risco.*

HAROLDO: *Você pode até ser ignorante, mas pelo menos é coerente.**

A AVERSÃO AO RISCO está estreitamente ligada à preocupação em não cometer erros. Se você ocupa uma posição intermediária de gerência, é provável que sua vida gire em torno do medo de levar a culpa quando alguma coisa dá errado. Não é o clima ideal para a inovação, porque a originalidade exige correr riscos e cometer erros ao longo do caminho. Sem riscos, nada de erros, nem de inovação. A aversão ao risco é promovida desde a escola, onde as crianças são desencorajadas a encontrar soluções para problemas matemáticos por si mesmas e cometer possíveis equívocos no processo. Em vez disso, recebem a resposta pronta e fazem provas para mostrar que conseguem decorar e aplicar a fórmula. Só o que importa é estudar para a prova e cometer o menor número de erros possível. Não é assim que se desenvolvem grandes mentes.

Uso o termo "cultura do erro" para uma cultura em que podemos admitir abertamente os erros a fim de aprender com eles e evitá-los no futuro. Por exemplo, uma das grandes qualidades dos norte-americanos

---

* Extraído de uma tira de Calvin e Haroldo © Watterson. Distr. por UNIVERSAL UCLICK. Reproduzido com permissão. Todos os direitos reservados.

PREPARADOS PARA O RISCO

é sua inclinação pela tentativa e erro, com pouco constrangimento em caso de fracasso. Para consolar o leitor que tem medo errar, eis uma história de como até uma das maiores mentes de todos os tempos podia cometer equívocos.

Errar é humano

Albert Einstein (1879-1955) e Max Wertheimer (1880-1943) eram grandes amigos desde os tempos de Berlim, onde Einstein era diretor do Instituto Kaiser Wilhelm de Física — posteriormente rebatizado como Instituto de Física Max Planck —, e Wertheimer, um dos fundadores da psicologia da Gestalt. Ambos fugiram dos nazistas no início da década de 1930 e se exilaram nos Estados Unidos, Einstein em Princeton e Wertheimer em Nova York. Mas mantiveram a amizade por meio de cartas, em que Wertheimer divertia o amigo com pequenos experimentos mentais. Especialista nas leis do pensamento, tentou passar a perna em Einstein com o seguinte problema:

> Um carro precisa percorrer um trecho de três quilômetros, morro acima e morro abaixo, /\. Como é uma lata-velha, não consegue percorrer a primeira parte — a subida — a uma velocidade média superior a 24 quilômetros por hora. Pergunta: a qual velocidade deve percorrer a segunda parte — quando desce, sem dúvida, consegue ir mais depressa — para obter uma velocidade média (para toda a distância) de 48 quilômetros por hora?[1]

A questão de Wertheimer sugere que a resposta pode ser setenta ou cem quilômetros por hora. Mas não existe resposta. Mesmo que o carro pudesse descer o morro como um foguete, não atingiria a velocidade média de 48 quilômetros por hora. Se você não percebeu isso imediatamente, não se preocupe; Einstein também não. Ele confessou para o colega que caiu na pegadinha: *"Só quando parei para fazer os cálculos percebi que não sobrava tempo para a descida!".*[2]

O modo de solucionar problemas proposto pelos psicólogos da Gestalt é reformular a pergunta até a resposta se tornar clara. Funciona

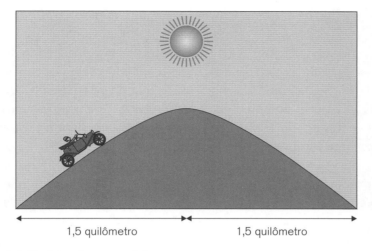

Figura 3.1. Einstein caiu na pegadinha.

assim. Quanto tempo leva para o carro chegar ao topo do morro? A subida tem 1,5 quilômetro. O carro anda a 24 quilômetros por hora, portanto leva três minutos e 45 segundos para chegar ao topo. Quanto tempo leva para o carro subir e descer o morro a uma velocidade média de 48 quilômetros por hora? A estrada toda, subida e descida, tem três quilômetros. Trafegar a uma velocidade média de 48 quilômetros por hora implica percorrer três quilômetros em três minutos e 45 segundos. Para isso, o carro precisaria fazer o trajeto todo em três minutos e 45 segundos. Mas esses já foram gastos quando o carro chega ao cume.

Não é vergonha nenhuma cometer erros. Ninguém é perfeito.

Um sistema que não comete erros não é inteligente

Os psicólogos da Gestalt e seus seguidores usam ilusões visuais para demonstrar como nossa percepção funciona, incluindo as regras do polegar inteligentes em que estão baseadas. Quando olhamos ao nosso redor, julgamos perceber o mundo exterior. Mas não percebemos. Nosso cérebro não é um espelho. Seu nível de informação é insuficiente para espelhar de fato o mundo. Por exemplo, o mundo é tridimensional, mas a imagem dele na retina é apenas bidimensional. Como consequência, não podemos ver a distância diretamente, mas temos de fazer suposições válidas com base em indícios incertos, como luzes, sombras e perspectiva. O grande fisiologista Hermann von Helmholtz chamou essas suposições de "inferências inconscientes". Sem essas suposições inteligentes nos daríamos muito mal. Inteligência significa ir além da informação recebida e correr riscos.

Observe o tabuleiro de xadrez no lado esquerdo da figura 3.2. Os quadrados que você vê são pretos e brancos. O quadrado marcado com a letra A, por exemplo, é preto, e o quadrado marcado com a letra B é branco. Contudo, os quadrados A e B são na verdade da mesma gradação de cinza. É difícil de acreditar, porque nossos olhos veem duas cores diferentes. Para tirar a prova, olhe para o tabuleiro do lado direito, onde os dois quadrados estão conectados por duas faixas verticais da mesma gradação de cinza. Dessa forma, fica claro que ambos os quadrados são da mesma cor. Outra maneira de comprovar isso é pegar um pedaço de papel e cortar dois furos, de modo que só se possam ver os quadrados A e B. Mesmo sabendo que é uma ilusão, continuamos a vê-la.

Que erro mais obstinado! Mas pense por um momento. Se nosso cérebro não criasse esse "erro", veríamos muitas gradações de cinza diferentes, não um padrão xadrez com quadrados pretos e brancos. Mas, em vez de simplesmente medir a luz refletida em cada quadrado independentemente do resto, o cérebro usa a informação do contexto para inferir o que está sendo visto. Uma sombra lançada pelo objeto do lado direito do tabuleiro escurece a superfície, de modo que um quadrado branco na sombra pode refletir ainda menos luz do que um quadrado preto sob a luz.

A ilusão do xadrez ilustra que inteligência não é a capacidade de reproduzir com precisão cada gradação de luz refletida em cada quadrado ou toda a informação disponível de um modo geral. É a arte de fazer suposições informadas. Ilusões visuais ajudam a compreender como nosso cérebro funciona:

TOMADA DE DECISÃO DEFENSIVA

Figura 3.2. Ilusão do xadrez. Esquerda: o quadrado A parece preto, o quadrado B, branco. Direita: as faixas verticais que passam por eles revelam que os quadrados A e B são na verdade da mesma cor. Nosso cérebro não mede simplesmente a luz refletida em cada quadrado, mas usa os quadrados vizinhos para fazer inferências inteligentes. Caso contrário, não veríamos um tabuleiro xadrez, somente muitos quadrados de diferentes cores. As ilusões visuais não são enganos, e sim os subprodutos de um sistema inteligente. Reproduzido com permissão de Edward H. Adelson.

- O cérebro não dispõe de informações suficientes sobre o mundo.
- Inteligência significa ir além da informação fornecida e fazer apostas bem informadas quanto ao que ficou de fora.
- Fazendo apostas, todo sistema inteligente comete erros "bons".

Não sei se você já leu algum desses livros populares sobre cognição que revelam as falácias cometidas pelas pessoas. Em geral é feita uma analogia direta entre ilusões visuais e cognitivas. Segundo seus autores, se nosso sistema perceptivo já comete erros sistemáticos, o que esperar de nosso raciocínio e pensamento? Como as ilusões visuais, afirmam eles, as ilusões cognitivas são difíceis de identificar. É por isso que a educação do público em geral está fadada ao fracasso, e as estratégias paternalistas para manobrar as pessoas de modo a fazer as coisas "certas" são a única alternativa viável. Esse argumento deixa escapar a essência da inteligência humana.

O sistema visual não é muito bom em medir a quantidade de luz, nem deveria. Seu propósito não é esse. Existe uma necessidade de ir além da informação recebida e fazer apostas sobre o que está no mundo.

Cometer "erros" desse tipo não é uma falha; sem eles, não reconheceríamos os objetos ao nosso redor. Se um sistema não comete erros, não é inteligente. Ilusões visuais demonstram o sucesso, e não as falhas da cognição.

ERROS BONS

Como vimos, deixar-se levar por uma ilusão visual significa cometer um erro bom. Erros bons são erros que precisam ser cometidos. Trata-se de uma coisa muito fácil de observar nas crianças. Pense numa criança de três anos que diz "fazi" em vez de "fiz".

Ela não tem como saber de antemão quais verbos são regulares e quais são irregulares. Como os verbos irregulares são raros, a melhor aposta é presumir a forma regular até que se prove o contrário. Esses erros são bons, ou funcionais, porque se a criança decidisse não correr riscos e usasse apenas os verbos que já escutou, aprenderia muito mais devagar. Aprenda fracassando ou fracasse aprendendo.

A serendipidade, ou descoberta de algo que não se pretendia encontrar, é com frequência produto do erro. Cristóvão Colombo queria encontrar uma rota marítima para a Índia. Concluiu que isso era possível porque cometeu um erro: subestimou de forma grosseira o diâmetro do globo. Os que perceberam isso criticaram a tolice de seu plano. E tinham razão. Mas, graças a seu erro, Colombo descobriu outra coisa, a América. De modo similar, algumas descobertas que fiz nunca foram planejadas, como a do "efeito menos é mais". A história é a seguinte.

Para um experimento, precisávamos de um conjunto de perguntas fáceis e outro de difíceis. Como dois dos envolvidos no experimento eram alemães, elaboramos questões sobre a população de cidades alemãs (que presumimos que seriam fáceis) e cidades norte-americanas (difíceis). Escolhemos as 75 maiores cidades de cada país. Por exemplo,

"Que cidade tem maior população: Detroit ou Milwaukee?"
"Que cidade tem maior população: Bielefeld ou Hanover?"

TOMADA DE DECISÃO DEFENSIVA

O resultado nos espantou. O desempenho dos alemães não foi superior nas perguntas sobre as cidades alemãs, a respeito das quais eram bem informados, e sim ligeiramente melhor nas questões envolvendo cidades norte-americanas, que conheciam pouco. Erramos ao presumir que saber mais sempre leva a melhores inferências. O experimento estava arruinado. Mas esse erro levou à descoberta de uma ideia nova, que chamamos de *heurística de reconhecimento*:

Se você reconhece o nome de uma cidade, mas não da outra, infere que a cidade conhecida tem população maior.[3]

Muitos alemães nunca tinham ouvido falar de Milwaukee, portanto concluíram corretamente que a população de Detroit é maior. Por estarem familiarizados com Bielefeld e Hanover, porém, a regra do polegar não funcionou nessa questão. Um norte-americano que nunca tenha ouvido falar de Bielefeld inferirá de forma acertada que Hanover tem mais habitantes, mas os alemães tiveram dificuldade nesse sentido. De modo similar, em outro estudo, apenas 60% dos norte-americanos responderam corretamente que Detroit é maior do que Milwaukee, enquanto cerca de 90% dos alemães acertaram. A heurística de reconhecimento se aproveita do bom senso em contextos de semi-ignorância. Essa regra simples não funciona o tempo todo, só quando objetos maiores são mais amplamente reconhecidos.

Erros bons nos ajudam a aprender a descobrir. Um sistema que não comete erros aprenderá pouco e descobrirá ainda menos.

ERROS RUINS

No contexto da educação, normalmente se pensa em produzir jovens mentes que de preferência não cometam erros. Essa visão é um exemplo de erro ruim. A inteligência, a criatividade e a inovação acabam se as pessoas são proibidas de cometer erros. Isso não significa que todo erro seja bom. A disseminação da aids na África foi subestimada de forma drástica pela Organização Mundial de Saúde, cujos modelos compu-

63

tadorizados presumiram que a probabilidade de infecção aumentava com a quantidade de contatos sexuais, fosse qual fosse a quantidade de parceiros. No entanto, dez contatos com um mesmo parceiro levavam a uma chance muito mais baixa de infecção do que um único contato com dez parceiros diferentes.[4] Fontes frequentes de erros ruins são a ilusão de risco zero e a ilusão do peru. Por exemplo, os bancos continuam a usar modelos como o de value at risk, presumindo que todos os riscos são conhecidos e podem ser estimados com precisão, ainda que essa ilusão de certeza tenha contribuído para a crise financeira.

Equívocos como esses são não só constrangedores quando vistos em retrospecto, mas também podem ser desastrosos. Erros ruins não são funcionais e devem ser evitados para o interesse geral.

Culturas de erro positivo e negativo

Profissões, empresas e grupos de indivíduos têm suas culturas de erro. Em um extremo do espectro estão as culturas de erro negativas. As pessoas que vivem nessas culturas temem cometer erros de qualquer tipo, bons ou ruins, e se um erro acontece fazem tudo ao seu alcance para escondê-lo. Uma cultura assim tem pouca oportunidade de aprender com os erros e descobrir novas oportunidades. No outro extremo estão culturas de erro positivas, que dão transparência aos erros, encorajam os erros bons e aprendem com os erros ruins para criar um ambiente mais seguro.

Comparemos duas profissões com culturas de erro opostas: a aviação comercial e a medicina. A cultura de erro dos pilotos da Lufthansa e de outras companhias aéreas internacionais tende a ser positiva, e esse é o motivo por que voar ficou tão seguro. Em vez de oferecer ilusões de certeza, a Lufthansa informa abertamente a frequência do risco de acidente: um em 10 milhões de voos. Para obter essa taxa de desastres extremamente baixa, existem regras de segurança bastante precisas. Por exemplo, a quantidade de combustível que cada avião carrega é determinada pela seguinte regra:

O mínimo de combustível a ser levado em cada voo consiste de:

TOMADA DE DECISÃO DEFENSIVA

1. combustível de viagem para chegar ao destino;
2. combustível de contingência (5% do combustível de viagem) para compensar possível cálculo incorreto do combustível de viagem por erros de previsão do vento e afins;
3. combustível alternativo para arremetida no destino e voo ao aeroporto alternativo;
4. reserva final para trinta minutos circulando sobre o aeroporto alternativo;
5. combustível extra, determinado pela tripulação, para lidar com fatores especiais, como fatores climáticos extremos.

Essa margem de segurança custa dinheiro à Lufthansa, porque carregar peso extra gasta mais combustível. Em um voo longo, cerca de 30% do combustível é consumido transportando o próprio combustível.

Medidas de segurança são um aspecto em uma cultura de erro, mas fornecer informações sobre os erros cometidos é uma coisa bem diferente. Na aviação comercial, erros graves são relatados por quem os comete e registrados por um grupo especial que conversa com os pilotos e divulga a informação para toda a comunidade. Isso possibilita aos pilotos aprender com os equívocos dos outros. Embora a segurança já seja altíssima, existem esforços para reduzir ainda mais o número de acidentes, como no programa de aviação norte-americano System Think, em que todos os participantes — pilotos, mecânicos, controladores de tráfego aéreo, fabricantes, companhias aéreas e órgãos reguladores — se reúnem para discutir erros e aprender a deixar a aviação ainda mais segura.

Não existe nada sequer remotamente parecido nos hospitais. A cultura do erro na medicina é em larga medida negativa; sistemas destinados a relatar incidências críticas são raros. Com a ameaça de ações judiciais à espreita, os hospitais são dominados pela medicina defensiva, em que os médicos veem os pacientes como potenciais adversários nos tribunais e, como consequência, os erros são muitas vezes ocultados. Sistemas nacionais voltados a informar e aprender com erros graves, como na aviação, são quase inexistentes. Como resultado, a segurança do paciente no hospital — ao contrário da segurança do passageiro na aeronave — se torna um problemão. A Academia Nacional de Medicina dos Estados Unidos estimou que entre 44 mil e 98 mil pacientes morrem todo ano nos hospitais norte-americanos por erros médicos evitáveis.[5] Note-se que esses são apenas os casos documentados. Vamos dar um rosto à estatística. Ben Kolb, de oito anos, morreu durante uma cirurgia rotineira devido à combinação de medicações. Jasmine Grant, de dezenove, entrou em trabalho de parto do primeiro filho e recebeu uma anestesia epidural. Vinte minutos depois, sofreu uma convulsão e não pôde ser reanimada. Betsy Lehman, repórter do caderno de saúde do *Boston Globe*, morreu de overdose durante a quimioterapia. Willie King, um diabético, teve a perna errada amputada.[6] Esses erros são comuns até mesmo nos melhores hospitais norte-americanos, e sua quantidade tem aumentado ao longo dos anos. A OMS informa que quase um em dez pacientes sofrem prejuízos à saúde durante o tratamento em hospitais tecnologicamente avançados.[7] Pouco sabemos sobre erros médicos em ambientes não hospitalares, onde ocorre a maior parte dos cuidados com enfermos. Uma cultura de erro negativa leva a mais erros e menos segurança, além de pouco interesse em implementar medidas de segurança eficazes. Para citar o diretor da gestão de risco de uma companhia aérea internacional: "Se tivéssemos a cultura de segurança de um hospital, cairiam dois aviões por dia".

POR QUE OS PILOTOS FAZEM CHECKLIST E OS MÉDICOS, NÃO?

Nos primeiros tempos da aviação, um piloto podia voar quase sem auxílio da tecnologia. Os checklists foram introduzidos pela Força Aérea dos Estados Unidos apenas depois que o bombardeio B-17 se revelou uma aeronave complexa demais para ser controlada por uma pessoa só. Quando os dois motores do voo 1549 da US Airways falharam após a decolagem do LaGuardia, os pilotos revisaram o checklist de falhas nas turbinas, que incluíam tentativas de religá-las, enquanto as comissárias de voo seguiam seus protocolos para garantir que os passageiros se preparassem para o impacto, encolhidos em seus lugares. Checklists são uma ferramenta simples e barata para melhorar a segurança.

TOMADA DE DECISÃO DEFENSIVA

Na medicina, a história é diferente. Estima-se que todo ano catéteres venosos centrais causem 80 mil infecções da corrente sanguínea e, em consequência, mais de 28 mil mortes em UTIs nos hospitais norte--americanos. Pacientes que sobrevivem a uma infecção de cateter passam em média uma semana a mais sob cuidados intensivos. Os custos totais dessas infecções são estimados em 2,3 bilhões de dólares anuais. O que pode ser feito para salvar algumas dessas vidas? Medicamentos melhores para tratar infecções, mais tecnologia? A resposta é uma cultura de erro mais adequada.

Em 2001, Peter Pronovost, um especialista em cuidados intensivos no Johns Hopkins Hospital, criou um checklist simples com cinco passos para os médicos da UTI tentarem reduzir as infecções bacterianas. Os médicos devem:

1. lavar as mãos com sabão;
2. limpar a pele do paciente com o antisséptico clorexidina;
3. cobrir todo o paciente com lençóis esterilizados;
4. usar máscara, gorro, avental e luvas esterilizados;
5. cobrir o cateter com proteção esterilizada após a inserção.[8]

Todos os passos da lista eram bastante conhecidos; não havia nenhuma novidade. Pronovost pediu à equipe de enfermagem da UTI para monitorar se os médicos seguiam os cinco passos. Os enfermeiros relataram que, em mais de um terço dos casos, um ou mais passos foram ignorados. A taxa de infecção por cateter era de 11% no hospital.

Em seguida, ele convenceu a direção do hospital a permitir que um membro da equipe de enfermagem interviesse caso o médico pulasse uma etapa. Essa medida revolucionária perturbou a estrutura hierárquica, segundo a qual jamais uma enfermeira (como normalmente é o caso) poderia dizer a um cirurgião o que fazer. Depois de um ano utilizando o checklist, a taxa de infecção por cateter caiu de 11% para zero! Nos quinze meses seguintes, apenas duas infecções ocorreram. Só nesse hospital, o checklist evitou 43 infecções e oito mortes — e economizou 2 milhões de dólares.

Para mostrar que o efeito do checklist poderia se aplicar a qualquer hospital, Provonost conseguiu que mais de cem UTIS em Michigan cooperassem em um amplo estudo científico. Cada unidade de terapia intensiva foi encorajada a desenvolver sua própria lista para se adequar às dificuldades e à cultura de cada lugar. As UTIS participantes haviam registrado um total de 695 infecções por cateter por ano antes do estudo. Apenas três meses após a introdução dos checklists, a maioria das UTI derrubou a taxa de infecção para zero. As UTIS restantes puderam diminuir a taxa substancialmente durante os dezoito meses do experimento.[9] Esse grande programa preventivo foi implementado sem que fosse necessário recorrer a tecnologias dispendiosas ou contratar novos profissionais.

Checklists salvam vidas sem tecnologia adicional e com baixo custo. Poderíamos pensar que, a esta altura, muitos anos depois, todo hospital usa checklists para aumentar a segurança do paciente. Mas não. O entusiasmo pela ideia é limitado, e os checklists permanecem sendo a exceção, não a regra. Foi perguntado a Pronovost quando os checklists estariam nas mãos de todas as equipes médicas e de enfermagem. Sua resposta resignada foi: "No ritmo atual, nunca". Se encontrássemos um novo remédio com um efeito tão grande assim em reduzir a incidência de infecções, a descoberta seria propalada aos quatro ventos, e todas as UTIS do mundo teriam um grande estoque à disposição, fosse qual fosse o custo. Inclusive, quando a indústria fez o marketing de um cateter venoso central com prata, os hospitais se dispuseram a gastar dezenas de milhões com eles, embora a redução de infecções fosse mínima.[10]

A certa altura, a maioria passará por momentos de fragilidade e desamparo nos leitos de uma UTI. Alguns sofrerão uma infecção hospitalar, e os de menos sorte morrerão disso. Essas vidas poderiam ser salvas, mas não são. A segurança do paciente não parece ser uma preocupação primordial em muitos lugares. Porém existe algo que os pacientes podem fazer para mudar isso:

Antes de dar entrada em um hospital, pergunte se trabalham com checklists; em caso de negativa, procure outro.

Por que os checklists estão nas cabines dos aviões, mas não nas UTIS em geral? A resposta reside em suas diferentes culturas de erro. Primeiro, a estrutura hierárquica dos hospitais não favorece os checklists, que, conforme mencionado, podem obrigar uma enfermeira a mandar o cirurgião lavar as mãos. Segundo, na aviação, as consequências afetam ambas as partes igualmente: se os passageiros morrem em um acidente, os pilotos vão junto, ao passo que, enquanto o paciente morre, o médico não corre perigo nenhum. Terceiro, não faz muito sentido tentar esconder um acidente aéreo. Qualquer desastre é amplamente noticiado, e a procura pela companhia aérea diminui; quando um paciente morre por erros evitáveis, às vezes vira notícia, mas quase nunca ocupa as manchetes ou ganha a atenção do público.

O que muitos hospitais não levam em consideração é que uma cultura de erro positiva poderia aumentar a confiança dos pacientes, como mostra o seguinte caso. Matthias Rothmund, professor de cirurgia, certa vez cometeu um grande erro.[11] Quando um de seus pacientes foi examinado alguns dias após a remoção bem-sucedida de um tumor, o raio X mostrou um grampo cirúrgico dentro do paciente. Rothmund o informou na mesma hora, removeu o grampo e relatou o incidente para sua seguradora, que fez um acordo com o paciente. Por muito tempo o médico foi atormentado pela lembrança de seu erro. Cinco anos depois, o mesmo paciente voltou a seu consultório com uma hérnia, para realizar uma nova cirurgia. Rothmund ficou surpreso. Ele explicou que confiava em Rothmund e sua clínica precisamente porque admitiram o erro imediatamente e o corrigiram.

Quando Rothmund virou presidente da Associação Alemã de Cirurgiões, abriu um congresso relatando que entre 44 mil e 98 mil pacientes morrem por erros evitáveis todo ano nos Estados Unidos — números mencionados na página 66. A notícia caiu como uma bomba. Ele foi atacado na mesma hora pelos colegas por tornar públicos dados sobre a segurança dos pacientes e, em vez de elogiar a classe por sua transparência, a imprensa desceu a lenha nos médicos pelo péssimo serviço prestado. Tolerância zero para falar sobre erros gera mais erros e menos segurança para os pacientes. Após o incidente com o grampo, Rothmund introduziu uma cultura de erro em sua clínica: contar os instrumentos ao final da operação, relatar erros e discutir abertamente suas causas, para evitá-los no futuro.

Tomada de decisão defensiva

Muitas reuniões de sindicância terminam da seguinte forma: "Precisamos de mais dados". Todo mundo assente e dá um suspiro de alívio, satisfeito com o adiamento da decisão. Cerca de uma semana depois, quando os números estão disponíveis, não se avançou um passo. O tempo de todo mundo é desperdiçado com uma nova reunião e a espera por mais dados. A responsabilidade por isso é uma cultura de erro negativa, em que ninguém tem coragem de tomar uma decisão pela qual possa ser punido. Deixar de decidir ou procrastinar para fugir da responsabilidade é a forma mais gritante de tomada de decisão defensiva. É um jogo de empurra. Porém existem maneiras mais sutis e engenhosas de fugir da responsabilidade. O medo de ações judiciais e a necessidade de prestação de contas transformou a tomada de decisão defensiva numa arte, à custa de empresas, contribuintes ou pacientes.

DESCARTANDO A MELHOR OPÇÃO

Um amigo meu trabalhou para uma eficiente organização de caridade internacional. Seus médicos e enfermeiros voluntários socorrem vítimas de desastres e guerras no mundo todo. Para atender às emergências sem perder um segundo, o grupo tem de avaliar a crise com rapidez e decidir sobre a necessidade dos atingidos, sem levar em conta interesses políticos. Como muitas organizações caritativas financeiramente independentes, essa vive de doações. Para assegurar que as contribuições sejam gastas da maneira que seus benfeitores esperam, e não desviadas, a organização contrata firmas de contabilidade que verificam e certificam seu trabalho.

Como escolher um escritório contábil? Em um caso, as opções eram uma pequena e experiente firma local que apresentou um orçamento razoável e uma grande empresa internacional sem experiência nessa área que cobrava mais caro, mas tinha nome. A firma local enviaria especialistas, enquanto a grande mandaria jovens profissionais que, em termos comparativos, não entendiam tanto do assunto. A melhor decisão parece óbvia: a firma local oferece melhor expertise por um preço menor. Mas não foi o que aconteceu. A organização optou pela segunda alternativa, o nome de peso. Por quê? Uma organização não governamental tem de prestar contas aos seus doadores. Imagine algo dando errado, como sempre acaba acontecendo uma hora ou outra. Se os doadores do dinheiro soubessem que uma firma da qual nunca ouviram falar se encarregara dos livros, os alarmes soariam. Mas se a empresa fosse conhecida, haveria menos perguntas. Essa história ilustra um processo desconcertante:

Tomada de decisão defensiva: uma pessoa ou grupo classifica a opção como a melhor para a situação, mas escolhe a alternativa B, inferior, para se proteger caso alguma coisa dê errado.

Escolher uma segunda opção inferior não significa ser burro ou mal-intencionado. Decisões defensivas são impostas pela psicologia do sistema. No caso, a psicologia estava baseada numa regra do polegar que vimos no capítulo anterior:

Heurística de reconhecimento: se você conhece o nome de uma empresa e não da outra, pressupõe que a mais conhecida é a melhor.

Essa regra simples muitas vezes é um bom norte.[12] Mas a conduta pode levar à hegemonia de algumas firmas, que crescem tanto que não conseguem mais oferecer a melhor qualidade. A tomada de decisão defensiva se baseia não só no reconhecimento de marca, mas também em tudo aquilo que proteja o tomador de decisão. O resultado gera um paradoxo: a organização se protege dos doadores desperdiçando parte do dinheiro em um serviço inferior por medo de problemas.

E não são apenas ongs que agem na defensiva. Quando uma nuvem de cinzas vulcânicas cobriu a Islândia em 2010, ninguém sabia se era seguro voar. Para não correr riscos, os políticos decidiram proibir voos comerciais durante semanas, cientes de que seriam responsabilizados em caso de desastre aéreo. Mas quando as pessoas morrem porque tiveram de viajar de carro em consequência disso, a questão da responsabilidade nem é lembrada.

SEMPRE HÁ UM CULPADO?

Peter, um aluno meu, certa vez foi a Cape Cod para observar baleias. Era um dia de chuva forte, e as ondas estouravam contra o barco. Numa delas, Peter escorregou no convés molhado, caiu e se machucou. Um prestativo passageiro o acorreu. O homem se apresentou como advogado:

"Você se machucou?"

"Ah, torci o tornozelo. Mas tudo bem. Obrigado", respondeu Peter.

"Vamos pôr o dono no pau. Se a gente perder, você não paga um centavo. Se ganhar, divide a indenização."

Peter ficou pasmo.

"Não tem como sair perdendo nessa", declarou o advogado, apelando ao bom senso de Peter.

"Mas a culpa foi minha", gaguejou Peter.

"Por que não deixa um juiz decidir isso?", continuou o rábula, com sua lógica impecável.

"Foi culpa minha, sério, e de mais ninguém."

No fim, Peter declinou da oferta irrecusável. Não parecia correto.

Nem todo mundo deixa escapar uma oportunidade como essa. Um cruzeiro de observação de baleias está longe de ser o único cenário onde os urubus das causas cíveis espicham o pescoço e farejam o ar à procura de clientes. Vestindo ternos caros, eles perambulam pelos hospitais, caçam ambulâncias e gastam milhares de dólares todo mês para anunciar seus serviços em imensos cartazes. Alguém pode achar que essa vigilância minuciosa da negligência só tem a contribuir para o bem público, mas é uma ilusão. Ela tem seu preço, e não é barato.

TOMADA DE DECISÃO DEFENSIVA

No caso da saúde, a prática solapa a relação entre o médico e o paciente, como veremos a seguir.

Medicina defensiva

Se você acha que o médico está adotando o melhor procedimento em seu caso, pode ter razão — e sorte. Mas boa parte dos profissionais acredita que não há outra escolha a não ser recomendar exames, remédios ou cirurgias, mesmo sob o risco de serem prejudiciais para o paciente. O temor é precisar responder a um processo caso uma doença seja omitida ou nada agressivo seja feito. Eles certamente não recomendariam esses tratamentos para seus entes queridos, que constituem menor ameaça judicial. Na Suíça, a taxa de histerectomia na população geral é de 16%, ao passo que entre médicas e esposas de médicos é de apenas 10%.[13] Nos Estados Unidos, onde o medo de litígio nos tribunais é maior, cerca de uma em cada três norte-americanas se submete a uma cirurgia do útero, com a quantidade variando bastante de região para região. A maior parte das cerca de 600 mil histerectomias realizadas todo ano nos Estados Unidos não é clinicamente indicada. Em metade dos casos, os ovários também são removidos, o que equivale à castração caso o procedimento fosse realizado em um homem, a despeito da evidência crescente de consequências debilitantes severas, além de morte prematura. No total, estima-se que 2,5 milhões de histerectomias desnecessárias sejam realizadas todos os anos.[14] Nenhum outro país invade o corpo de seus cidadãos com tamanha frequência.

Há advogados demais nos Estados Unidos, uma quantidade per capita maior do que em qualquer outro país, exceto Israel, e o número de estudantes de direito só faz crescer. Mas mesmo em nações menos litigiosas, como a Suíça, a medicina defensiva está em alta. Embora apenas cerca de metade dos 250 clínicos suíços acreditasse que os benefícios dos exames de PSA superavam as desvantagens em homens acima dos cinquenta anos, 75% recomendaram tais procedimentos para esses homens. Por que fizeram isso, a despeito de tudo? Muitos médicos disseram que foi por motivos legais — para se proteger de possíveis ações judiciais, ainda que na Suíça isso seja muito raro.[15]

Agora podemos definir a prática:

Medicina defensiva: o médico pede exames ou tratamentos que não são clinicamente indicados e podem até prejudicar o paciente, sobretudo por receio de uma ação judicial.

Muitos médicos têm medo de advogados, e alguns os odeiam. Por isso os médicos apreciam piadas sobre a classe. Esta eu ouvi de um cirurgião maldoso:

Pergunta: O que acontece se um advogado fica enterrado até o pescoço na areia?
Resposta: Falta areia.

93% DOS MÉDICOS PRATICAM MEDICINA DEFENSIVA

Na Pensilvânia, 824 médicos de emergências, radiologistas, obstetras/ginecologistas, cirurgiões gerais, cirurgiões ortopédicos e neurocirurgiões foram consultados.[16] Todas essas especialidades enfrentam elevado risco de ações judiciais. Entre esses médicos, 93% (!) deles afirmaram que se valem da prática de medicina defensiva às vezes ou com frequência. Uma vez que nem todo mundo admite isso, nem para si mesmo, essa proporção pode ser inferior à real. O que exatamente os médicos fazem para se proteger dos pacientes?

Eis aqui quatro medidas prediletas e o número de médicos que recorre a elas:

TOMADA DE DECISÃO DEFENSIVA

Tipo de medicina defensiva	Número de médicos (percentual)
Pede mais exames (como os de imagem) do que clinicamente indicado	405 (59)
Prescreve mais medicamentos (incluindo antibióticos) do que clinicamente indicado	233 (33)
Encaminha o paciente para outras especialidades desnecessariamente	349 (52)
Sugere procedimentos invasivos (como biópsias) para confirmar diagnósticos	221 (32)

Os exames desnecessários mais frequentes foram tomografias computadorizadas (TCS), ressonância magnética (RMS) e raios X. Quase dois terços dos médicos de emergências relataram se utilizar desses procedimentos, assim como metade dos cirurgiões gerais, cirurgiões ortopédicos e neurocirurgiões, e um terço dos radiologistas.

É importante ressaltar que, ao contrário de uma RM, uma TC desnecessária é mais do que um simples desperdício de dinheiro. As doses de radiação das TCS são normalmente cerca de cem vezes maiores do que em um raio X do peito ou uma mamografia, se não mais.[17] Isso significa quanto? A depender das configurações da máquina e do órgão examinado, a dose de radiação efetiva para uma única TC fica na faixa de 15 milisieverts (mSv) para um adulto e 30 mSv para um recém-nascido. A exposição à radiação de uma investigação por TC envolvendo diversas imagens é mais ou menos a mesma do sobrevivente médio da bomba atômica de Hiroshima e Nagasaki que estava localizado a menos de dois ou três quilômetros do ponto de impacto (ou seja, cerca de 40 mSv; faixa: 5-100 mSv).[18] Como consequência, estima-se que 29 mil casos de câncer sejam resultado dos mais de 70 milhões de exames de TC realizadas todos os anos nos Estados Unidos em crianças e adultos.[19] As crianças são mais vulneráveis aos efeitos da radiação que os adultos.

Seu tecido cerebral está em crescimento, suas células se dividem rápido e seu DNA é mais facilmente danificado. Todo ano, calcula-se que *1 milhão de crianças norte-americanas* sejam submetidas a tomografias computadorizadas desnecessárias.[20]

Além disso, mais de um terço dos médicos afirmaram evitar cirurgias de alto risco, partos normais e pacientes de alto risco. Negar tratamento corresponde à medicina defensiva negativa, por oposição à medicina defensiva positiva, que se manifesta na forma de cuidados excessivos. Tanto num caso como no outro, os cuidados adequados são desvirtuados pela ansiedade coletiva por parte dos médicos.

O que fazer?

Vivemos num sistema de saúde em que médicos e pacientes não possuem os mesmos objetivos. A culpa não é só dos médicos; afinal, as ações judiciais partem dos pacientes, que desse modo contribuem para a cultura do erro negativa na medicina. Em vez de recorrer aos tribunais, precisamos assumir maior responsabilidade por nossa saúde, bem como a de nossos filhos.

ASSINE AQUI!

Quando minha filha tinha seis anos, morávamos em Hyde Park, Chicago. Um dia, eu a levei ao dentista. Vamos chamá-lo de dr. Insistente. Não havia problema com os dentes dela, era apenas uma consulta de rotina. Em situações assim, a FDA recomenda apenas um exame cuidadoso, alertando quanto ao uso de raios X: "Não se devem realizar radiografias com o propósito de detectar a doença antes do exame clínico".[21] Quando entrei no consultório do dentista, parecia uma linha de produção: as crianças sentadas lado a lado e o dr. Insistente se movendo apressado entre elas. Após uma longa espera, puseram minha filha numa cadeira grande demais para sua idade, e uma enfermeira simpática disse:

"A gente vai tirar um belo raio X dos seus dentes."

"Desculpe, é um mal-entendido", interrompi. "Ela não está com dor, não está sentindo nada. É só a primeira consulta dela."

"A gente sempre tira um raio X. Todas as crianças fazem isso, assim o doutor pode ver por dentro." A mulher falou com um sorriso, mas num tom firme.

"Olha, ela não está sentindo nenhuma dor, não está sentindo nada. Não tem motivo pra fazer um raio X."

O sorriso da mulher congelou em seu rosto. Sua postura se tornou mais belicosa. "Ela precisa fazer o raio X. Se o senhor acha que não é boa ideia, melhor conversar com o doutor."

"Com o maior prazer", respondi.

Ouvindo isso, ela fez meia-volta rispidamente e se afastou. Após alguns instantes, voltou com o dr. Insistente.

"Não há por que ter medo", tranquilizou-me ele, educadamente, "é só um raio X. Preciso disso para ver se tem alguma coisa errada com os dentes da sua filha."

"Certo. Mas ela não está com dor nenhuma. Só veio fazer um exame de rotina. Não acho prudente uma menina dessa idade tirar raio X sempre que for ao dentista."

"Pense por um momento", ele argumentou. "Se tiver alguma coisa dentro dos dentinhos dela, eu não tenho como saber, só de olhar. Posso deixar passar algum problema. O senhor não vai querer isso, vai?"

Eu me sentia cada vez mais pressionado. Perguntei para ele: "O senhor pode me dizer o que se sabe sobre os riscos potenciais do raio X para crianças? Por exemplo, tireoide e câncer cerebral?".

Ele me fitou sem expressão.

"Ou, se puder, me passar uma referência, para eu ler sobre as evidências?", pedi.

O dr. Insistente continuou mudo por alguns momentos.

"A responsabilidade é toda sua", ele ameaçou por fim, sem ter ideia do que eu estava falando.

"Eu assumo, sem problema."

Ele foi até sua sala e voltou com um papel. "Assine aqui!"

O dr. Insistente ficou visivelmente irritado depois que lhe perguntei sobre algo que deveria saber, mas não sabia. E eu fiquei furioso com um sujeito que submetia crianças de forma indiscriminada à radiação, com ou sem problemas dentários, sem considerar os malefícios. Mas não deveria. O que de fato aconteceu foi que o dr. Insistente me fez assinar o papel para se proteger contra mim. A cultura de ações judiciais difundida entre os pais o forçou a agir assim.

PERGUNTE AO MÉDICO O QUE ELE FARIA, NÃO O QUE ELE RECOMENDA

Os pacientes podem contribuir para um sistema de saúde melhor pedindo evidências sobre o procedimento. E também se recusando a entrar com pedidos de indenização levianos, a exemplo de Peter. E há uma regra do polegar que, no meu caso, foi útil.

Perto dos oitenta anos, minha mãe começou a perder a visão do olho direito. Um tratamento chamado terapia fotodinâmica era promovido como maneira de deter o avanço do problema. Li os raros estudos disponíveis e considerei as evidências um pouco ambíguas: podia ajudar ou piorar.

O que fazer? Procurei um especialista que realizava grande quantidade de terapias fotodinâmicas e lhe expliquei as condições de minha mãe:

"O que recomenda, doutor?", perguntei.

"Se quer mesmo saber, acho que sua mãe deveria tentar o tratamento", explicou ele.

Nesse momento, percebi que tinha feito a pergunta errada.

"Mãe é uma só", falei. "Se fosse a sua, o que o senhor faria?"

"Ah, diria para não fazer; que é melhor aguardar", ele respondeu sem pensar duas vezes.

Expliquei para minha mãe, e ela decidiu não fazer. Por que o médico deu uma resposta quando lhe perguntei o que recomendava e outra quando questionei o que faria se a situação fosse com ele? O médico sabia que sua mãe nunca o acionaria na Justiça. Quanto a mim, não podia ter certeza. A segunda pergunta mudou sua perspectiva. Eis uma regra do polegar que muitas vezes é útil:

Não pergunte ao médico o que ele recomenda, pergunte o que ele faria se estivesse em seu lugar.

Mas o verdadeiro desfecho da história não tem nada a ver com medicina defensiva, e sim com a incapacidade dos médicos de compreender as evidências científicas. Alguns anos atrás, minha mãe começou a perder a visão do outro olho também, pelo mesmo motivo. Dessa vez, achou que deveria aproveitar sua última chance, e não discutiu. Após procurar um especialista em terapia fotodinâmica na cidade onde ela morava, entrei em contato. Nossa conversa ao telefone foi a seguinte:

"O que o senhor precisa entender é que o tratamento não cura, só consegue impedir que a cegueira continue a progredir. E também que não é 100% certo, as chances de continuar avançando são de meio a meio", explicou o profissional.

"Vamos correr o risco", confirmei.

"Pode acontecer de eu ter de repetir o tratamento até cinco vezes, se não funcionar da primeira vez."

"Ah", eu disse, "essa proporção de meio a meio se refere ao primeiro tratamento ou a toda a sequência de quatro ou cinco?"

"Ao primeiro, e o mesmo vale para o segundo. É 50%."

"Mas isso é ótima notícia, porque quer dizer que, depois de cinco tentativas, é quase uma certeza — no fim, em mais 90% dos pacientes, a progressão vai ser interrompida porque..."

"Não, não", interrompeu o especialista, "depois de todas as tentativas, a probabilidade continua sendo de 50%."

"Mas, nesse caso, do segundo tratamento em diante não tem ganho nenhum, não é?"

Houve uma longa pausa na outra ponta da linha. Quase dava para escutar o médico pensando.

"Hmm..." Ele percebeu o problema. "Preciso reler aquele artigo."

Eu também pesquisei. O especialista me informara sobre a probabilidade de um evento simples: a chance de 50% de impedir o agravamento do problema. Como vimos no capítulo 1, essas proporções acabam confundindo, porque a classe de referência não é especificada. Poderiam ser todos os pacientes submetendo-se ao tratamento uma vez, ou os que o fazem diversas vezes. Nesse caso, os 50% se aplicavam a pacientes tratados diversas vezes. Além disso, uma chance de 50% de deter a progressão da cegueira por si só não informa nada. Precisa ser comparada à chance de que a progressão cesse se nada for feito. O artigo relatou que em 38% dos pacientes o processo também se interrompe sem tratamento.[22] Isso significa que não 50%, mas apenas 12% dos pacientes tiveram algum benefício. Então descobri que impedir a progressão da doença não significa realmente detê-la, pois a definição abrange também uma perda de não mais que três linhas de acuidade visual. Alguns pacientes que se "beneficiaram" do tratamento, segundo o estudo, na verdade incorreram em nova perda de visão. E depois havia os possíveis efeitos adversos: alguns se queixaram de visão anormal e perda de visão após o tratamento. Por fim, na seção de conflitos de interesse, descobri que o estudo era financiado pela mesma empresa farmacêutica que produziu o dispendioso remédio usado no tratamento e que vários autores eram funcionários da companhia ou consultores pagos.

A segunda parte da história ilustra aquilo que o paciente sempre deve perguntar:

- Qual o benefício do tratamento?
  - Cinquenta por cento do quê (dos que passam pelo tratamento uma vez? ou cinco vezes)?
  - Qual a taxa de "sucesso" entre os que não foram tratados?
  - O que exatamente significa "sucesso" nesse caso?
- Quais as desvantagens do tratamento?
- Quem financiou o estudo?

Resolvi não contar para minha mãe sobre as incertezas do médico. No fim eu a acompanhei à sessão de tratamento, em que o especialista foi educadíssimo comigo e fez questão de comentar que lera o artigo. Minha mãe alimentava grande esperança de que funcionasse. Não teve sorte. Logo depois, ficou completamente cega. Mas o médico considerou o tratamento um sucesso.

Procedimento acima do desempenho

Medo de recriminações, críticas e ações judiciais são fatores que levam ao descarte da melhor opção, à tomada de decisões administrativas que não são as mais adequadas e à prática da medicina defensiva. Para se eximir da culpa, os profissionais se escondem atrás de procedimentos "seguros". Faça como todo mundo: aposte suas fichas na empresa de renome e não dê ouvidos à intuição; deposite sua fé nos exames e na tecnologia sofisticada, mesmo que sejam inúteis ou prejudiciais. Entre os médicos se costuma dizer: "Ninguém aciona você na Justiça por excesso de cuidados". Quem imagina correr o risco de ser processado por visar ao melhor para seus pacientes? E, por fim, os incentivos financeiros estão alinhados com a medicina defensiva: os planos de saúde gastam uma fortuna com médicos e clínicas por tratamentos excessivos e desnecessários (sobretratamentos), mas uma miséria para motivá-los a explicar para os pacientes os tratamentos alternativos e seus verdadeiros benefícios e consequências.

A estrutura emocional das decisões defensivas e da aversão ao risco é diferente e pode levar à propensão pelo risco excessivo. Se sua intuição lhe diz que determinado investimento é supervalorizado, mas você põe seu dinheiro nele de todo modo, porque os demais estão fazendo isso, talvez esteja correndo riscos muito grandes. Parte do comportamento de massa dos investidores que levou aos riscos excessivos envolvidos na recente crise financeira vem ao caso aqui. O problema não é simplesmente a aversão ao risco, mas a falta de uma cultura de erro positiva. As pessoas precisam ser encorajadas a falar sobre erros e assumir a responsabilidade, com o objetivo de aprimorar seu desempenho em termos gerais.

Há algum tempo, conversei com um *headhunter* tarimbado. Com seu profundo conhecimento do mundo dos negócios, já havia colocado mais de mil gerentes e CEOS em seus cargos. Sua seleção se baseava quase sempre na intuição. Mas o mundo em que esse profissional atua está mudando. Cada vez mais, a experiência é substituída por testes psicométricos ministrados por jovens psicólogos que nunca viram uma empresa por dentro. Perguntei a razão para isso. Ele explicou que os responsáveis pelas contratações não querem ter de responder pelos profissionais selecionados. Se a pessoa não se sai bem e for necessário admitir que o processo se baseou na intuição de um *headhunter*, isso pode pesar contra eles. Mas, quando mostram que realizaram testes psicométricos que não detectaram nenhum problema, a barra está limpa. Procedimentos protegem. Uma política de contratações defensiva, assim como a medicina defensiva, põe o procedimento acima do desempenho.

4
Por que temos medo de morrer de causas improváveis?

Nada na vida deve ser temido. Apenas compreendido. Chegou o momento de compreendermos mais para poder temer menos.
Marie Curie

Só o tolo aprende com seus erros.
O sábio aprende com os erros dos outros.
Citação atribuída a Otto von Bismarck

POR QUE ALGUÉM TERIA MEDO de ser mordido por um tubarão, mas nem passa por sua cabeça sofrer um acidente automobilístico a caminho da praia? Cerca de dez pessoas perdem a vida em ataques de tubarão a cada ano, enquanto milhares morrem nas estradas. Estudos mostram que muitas pessoas temem coisas que dificilmente irão matá-las ou atingi-las ao mesmo tempo que se entregam a comportamentos arriscados. Não seria melhor basear nosso comportamento na experiência, sem nos sujeitarmos às nossas fúrias e paixões? Mas pense por um momento. O aprendizado direto por tentativa e erro com relação a coisas prejudiciais seria de fato perigoso. Minha hipótese é a seguinte: nas situações em que os erros foram fatais na história humana, desenvolvemos uma tendência a evitar a aprendizagem pela experiência. Em vez disso, nossos medos são pautados pelo aprendizado social.

O medo é um dos circuitos emocionais básicos de nosso cérebro, organizado em torno da amígdala. A amígdala envia mais informação para o córtex do que recebe. Talvez seja por isso que o medo influencia o pensamento com mais facilidade do que o pensamento consegue controlar o medo. Em situações de perigo, o cérebro foi programado para confiar mais em nossa sabedoria evolucionária do que no pensamento consciente.[1] Essa condição subcortical compartilhada pelos mamíferos indica que o medo tem uma origem evolucionária antiga. Sua função é nos fazer parar, fugir ou lutar em situações de perigo. À exceção de personagens literários intrépidos como Siegfried ou Sherlock Holmes, todos passamos por isso. O medo é um sistema de proteção que nos ajuda a evitar perigos para não precisar enfrentá-los. Se o antigo *Homo sapiens* topasse com um leão e tivesse de calcular a trajetória do bote do animal antes de decidir o que fazer, seria presa fácil (figura 4.1). Da mesma forma, se o método de tentativa e erro na experiência pessoal fosse o único mecanismo de aprendizagem disponível, animais e humanos teriam sido removidos do *pool* genético muito antes de perceber quais predadores e situações evitar. Os objetos do medo, no entanto, também não estão totalmente escritos em nossos genes; de outro modo, jamais conseguiríamos aprender a evitar novas tecnologias perigosas. Mas se o medo não reside em nossa natureza nem em nossa cultura, de onde vem?

Neste capítulo descreverei duas maneiras engenhosas pelas quais aprendemos a temer as coisas sem necessariamente vivenciá-las na pele: imitação social e prontidão biológica. E também explicarei como o controle externo prejudica a capacidade de lidar com a incerteza. Compreender como nossa psicologia inconsciente funciona pode nos ajudar a tomar uma atitude para descartar os medos desnecessários, além de aprender a temer as coisas certas.

Imitação social

Para muitos europeus, colher cogumelos na floresta antes do jantar é algo comum; um norte-americano balança negativamente a cabeça ao ouvir falar de tamanha temeridade. Nos Estados Unidos, há mais portes de armas de fogo do que cidadãos; já um europeu abominaria o pensamento de que seu vizinho pudesse empunhar um revólver bêbado e sair à procura de encrenca. Por que as pessoas temem coisas diferentes? De forma notável, sob as diferenças culturais, há uma psicologia comum subjacente, baseada não na experiência pessoal direta. Sem dúvida,

Figura 4.1. O medo impede elucubrações em uma situação de perigo.

não seria aconselhável mexer em qualquer cogumelo, cobra ou aranha que você vê por aí para descobrir se é venenoso. Nossa psicologia nos impede de cometer esses erros fatais em mundos incertos. Como dizem, só um tolo aprende com seus próprios erros; o sábio aprende com os erros dos outros. Sob a máxima, subjaz um princípio inconsciente, a *imitação social do medo*:

Tema aquilo que o seu grupo social temer, seja o que for.

Esse princípio simples nos protege quando a experiência pessoal pode ser letal. Ao mesmo tempo, também pode nos fazer ter medo das coisas erradas. Temer as coisas erradas, porém, muitas vezes é menos perigoso do que o contrário — não perceber um perigo mortal. Dois alarmes falsos são uma experiência preferível a morrer uma vez.

Medos esquisitos manifestados por outras culturas são a alma de anedotas contadas por viajantes no mundo todo. Mas as culturas já não são as unidades isoladas que foram antes da era da mobilidade. Assim, as diferenças nunca são absolutas, apenas tendências da média, e pode haver diferenças enormes dentro de uma cultura isolada. Os exemplos a seguir devem ser lidos tendo isso em mente.

VELAS NATALINAS

Se você já teve oportunidade de passar o Natal entre os moradores de alguma cidade alemã, provavelmente pôde apreciar o aroma das velas na árvore e observar a luz aconchegante refletida nos olhos das crianças sorridentes. Afinal, reza a lenda que Martinho Lutero, inspirado por uma noite natalina estrelada, foi o primeiro a enfeitar uma árvore com velas. Para os alemães, pouquíssimas coisas podem ser mais tradicionais e pacíficas do que velas iluminando os ramos de seus pinheiros.

Um norte-americano, por outro lado, ficaria histérico ao ver isso, entrando em pânico ao imaginar a árvore — e o resto da casa — pegando fogo. Lembro de um pai preocupado em Chicago me dizendo que velas eram perigosas e que usá-las como enfeite era um comportamento irresponsável por parte dos pais europeus. Posteriormente, ele me mostrou seu presente de Natal para o filho de dezesseis anos. Sob a árvore, à luz elétrica do pisca-pisca, um fuzil Model 70 Coyote Light de 7 mm da Winchester, novo em folha.

As diferenças culturais muitas vezes têm seus motivos. As casas alemãs costumam ser feitas de pedra, enquanto nos Estados Unidos são na maioria de madeira, e um incêndio pode provocar mais danos. Mas o dano real causado pelas iluminações natalinas é relativamente pequeno. Cerca de dez alemães morrem a cada ano no período de festas por descuido no uso de velas, enquanto a luz elétrica produz uma quantidade similar de vítimas entre os norte-americanos — crianças que engolem lâmpadas e adultos que sofrem choques e queimaduras com seus pisca-piscas defeituosos.[2] O que ambas as culturas têm em comum, porém, é a convicção de que sua tradição é a correta.

POR QUE TEMOS MEDO DE MORRER DE CAUSAS IMPROVÁVEIS?

ENTERRADO VIVO

Imagine que estamos no século xix. Você não é exatamente rico, mas está longe de ser pobre, assim não precisa se preocupar com comida, roupa ou abrigo. Qual teria sido seu pior pesadelo? Ser enterrado vivo — o mesmo temor de outros como você. Naquele tempo, esse medo não era infundado. Figurando em contos de horror de Edgar Allan Poe, como "O enterro prematuro" e outros, sepultamentos em vida não eram apenas produto de uma imaginação literária fértil, mas aconteciam de verdade. Antes do advento do eletrocardiograma e do eletroencefalograma, pessoas paralisadas ou em transe eram com frequência dadas como mortas.

No século xvii, Françoise d'Aubigné, uma menina francesa de três anos, foi declarada morta durante uma viagem marítima e costurada em um saco para ser lançada sobre a amurada. Um miado súbito revelou que seu gato de estimação entrara no saco. Quando o abriram para tirar o animal, descobriram que a menina continuava viva. Mais tarde, ela se tornaria a segunda esposa do rei Luís xiv, falecendo aos 83 anos.[3] Um século mais tarde, no cemitério público de Orléans, um funcionário abriu o caixão de uma mulher para roubar sua aliança. Como não conseguia arrancá-la, tentou cortar o dedo, e a mulher voltou à vida. O ladrão fugiu em disparada, e a mulher voltou para casa, onde acabou por viver mais que o marido.

Na verdade, até o início do século xx, enterros prematuros eram revelados toda semana, embora em muitos casos não a tempo. Histórias apavorantes sobre marcas de unhas encontradas dentro de caixões e sobre lascas de madeira sob as unhas das vítimas davam calafrios nas pessoas. Antes de morrer, George Washington pediu: "Não permitam que meu corpo seja depositado em uma catacumba menos de dois dias após minha morte".[4] As últimas palavras de Frédéric Chopin foram: "A terra é sufocante. [...] Prometa que abrirão meu corpo antes, de modo que eu não seja enterrado vivo". Inventores engenhosos perceberam oportunidades de mercado e projetaram caixões seguros, com tubos para respiração e cordas ligadas a campainhas, caso a pessoa despertasse em plenas trevas.

Com exceção de mineiros e tripulantes de submarinos, o medo de ser sepultado vivo hoje é menos premente. Mas os avanços na doação de órgãos reviveram um aspecto do problema. Alguns têm medo de doar órgãos porque a remoção é feita com o óbito declarado, mas o corpo continua vivo. Uma cirurgiã ocular me contou que certa vez esperava em uma fila, junto com outros médicos de especialidades variadas, para remover os olhos de um jovem sobre a mesa de cirurgia. A família concordara em fazer a doação. De repente, o suposto morto soergueu o tronco, e a sala se esvaziou na hora. Nem preciso dizer que a cirurgiã foi embora sem levar as córneas.

Como no caso das iluminações natalinas, o medo de ser enterrado vivo tem uma base racional, mas, acima de tudo, é aprendido por imitação social. E a imitação social do medo funciona mesmo quando não existe base racional alguma para isso.

FANTASMAS E NÚMEROS DE AZAR

Imagine que você viva em Nizamuddin, uma aldeia no coração de Delhi, na Índia, onde o mundo medieval e o contemporâneo coexistem. Quais seriam seus temores? Fantasmas e agouros, como os demais. Passeando por suas ruas estreitas, o visitante pode testemunhar grupos de homens de celular na mão vendo o sacrifício de uma cabra ou escutar as mulheres nas casas exorcizando *djins* maléficos. Como explicou uma jovem de vinte anos que dá aulas do Corão: "Quando a gente sai, sempre corre o risco de encontrar algum *shaitan* à espreita. Se a pessoa for tocada, fica possuída. Por isso a gente usa burca".[5]

Como muitas outras formas de superstição, o medo de fantasmas é adquirido por imitação social. Eles estão por toda parte; ou melhor, costumavam estar. Quando a luz elétrica chegou, os fantasmas partiram.

Ocidentais instruídos tampouco estão livres de superstição. Em 2008, um terço dos norte-americanos afirmou acreditar na existência de fantasmas.[6] Entre os britânicos, 40% acreditam em casas mal-assombradas, como nas histórias de Charles Dickens ou Stephen King. E muitas pessoas estudadas têm medo de números específicos, a depender da cultura em que vivem. Quando procurava meu lugar em um voo doméstico nos Estados Unidos, não encontrei a 13ª fileira. Companhias como a Air France ou a holandesa KLM fazem a mesma coisa. É um sinal de má sorte, e essas companhias afirmam que a maioria não quer ficar nesses assentos. Para não se arriscar, a Lufthansa eliminou as fileiras 13 e 17, o número de azar na Itália. A superstição está presente também na hotelaria. Os hotéis ocidentais às vezes não têm o 13º andar, enquanto muitos na Ásia não têm o 4º: o número é considerado agourento entre os chineses por soar como a palavra "morte". Em Hong Kong, alguns arranha-céus são construídos sem os andares terminados com esse algarismo, como o 4º, 14º, 24º, 34º, além de todos os quadragésimos. Por isso Hong Kong tem os elevadores mais rápidos do mundo: eles chegam mais depressa ao quinquagésimo andar!

ALIMENTOS GENETICAMENTE MODIFICADOS

Muitas preocupações alimentares não se baseiam na experiência individual, mas são transmitidas socialmente. Antes de assar, os deliciosos pretzels bávaros são mergulhados por um brevíssimo instante numa mistura de soda cáustica (hidróxido de sódio) e água. A agência reguladora norte-americana FDA impõe restrições a esse procedimento culinário, porque a soda cáustica é perigosa. Mas é o que confere o sabor único e a textura crocante dos pretzels. Na França, leite cru e queijos de leite cru são considerados o padrão de laticínios de qualidade, e alguns dos melhores queijos italianos também são feitos de leite cru. Queijos de leite pasteurizado por lá são vistos como um insulto à gastronomia. A FDA, por outro lado, adverte contra o consumo de leite não pasteurizado e queijos cremosos, e no Canadá a comercialização de leite cru é proibida.

Com base nisso poderíamos concluir que os europeus têm mais atração pelo risco e que os norte-americanos são mais avessos a ele. Mas, quando se trata de alimentos geneticamente modificados, os papéis se invertem. Os europeus, assim como os japoneses, tendem a evitar os produtos transgênicos, enquanto os norte-americanos os consomem sem pestanejar. O europeu tende a ver os transgênicos como uma aposta moralmente inaceitável contra a natureza, um acinte contra o paladar e um risco para a saúde pública. Esses temores nem sempre se baseiam em fatos. Uma pesquisa representativa em todos os Estados-Membros da União Europeia obteve os seguintes resultados para a afirmação abaixo:

Tomates comuns não possuem genes, mas tomates geneticamente modificados, sim.

Verdadeiro	36%
Falso	41%
Não sei	23%

Portanto, apenas 41% dos europeus entendiam que tomates comuns também têm genes, enquanto o resto achava que a natureza os produzia sem material genético, ou não sabia.[7] Como a maioria acredita que os vegetais se reproduzem é um mistério ainda por ser elucidado. Parte do medo em relação aos alimentos transgênicos parece fundamentado numa ignorância de fatos elementares da biologia.

RADIAÇÃO

Os alemães costumam temer radiação: usinas nucleares, celulares, mamografias. Os austríacos também, ao contrário de franceses e americanos. Em 1972, a Áustria construiu sua primeira usina nuclear no noroeste de Viena, às margens do Danúbio. Levou seis anos para ficar pronta, ao custo de 1 bilhão de dólares. Quando de sua conclusão, os austríacos fizeram um plebiscito. Uma maioria muito estreita de 50,5% votou por sua não utilização — mulheres jovens, com nível de instrução acima da média da população, foram determinantes para isso. A usina nunca foi inaugurada. Então houve o acidente de Tchernóbil, e a produção austríaca de alface e morango foi perdida naquela primavera. O episódio reforçou a aversão nacional por energia nuclear.

POR QUE TEMOS MEDO DE MORRER DE CAUSAS IMPROVÁVEIS?

A usina continua lá, aberta para visitação, como uma maquete em tamanho natural.

Após o terremoto de 2011 e o subsequente tsunâmi no Japão, a mídia alemã falou mais sobre o potencial perigo da radiação do que sobre as dezenas de milhares de japoneses que perderam a vida ou procuravam desesperadamente pelos entes queridos. As vendas de contadores Geiger explodiram com a onda de ansiedade coletiva, e algumas usinas nucleares mais antigas foram fechadas. Proteger-se do derretimento nuclear causado por um improvável acidente aéreo ou por um ataque terrorista virou uma prioridade nacional, e o politicamente correto tomou conta da mídia. Mesmo políticos que meses antes haviam declarado que a única alternativa para o país era estender a vida útil das usinas nucleares de uma hora para outra concordaram com o fechamento de todas elas. Em tempos de escassez, a Alemanha talvez seja obrigada a importar eletricidade de países vizinhos — de usinas nucleares da França e da República Tcheca.

Excluído o potencial risco catastrófico da tecnologia nuclear, esse medo pode ter razões históricas. Os alemães, como os austríacos, vivem na fronteira do que foi o bloco oriental durante a Guerra Fria, e teriam sido muito atingidos na eventualidade de um ataque nuclear.

Os norte-americanos, em comparação, são bem menos ressabiados a esse respeito. Entre as décadas de 1920 a 1960, lojas de calçados chiques ofereciam às crianças a experiência excitante de ver seus pés em um aparelho de raio X, o fluoroscópio. Anúncios no rádio prometiam que com o novo dispositivo os pais enfim podiam estar certos de que a saúde dos filhos não seria mais prejudicada por sapatos inadequados. A estratégia de vendas acabou por ser proibida, depois que os vendedores passaram a sofrer de dermatite pela exposição das mãos à radiação do aparelho. Hoje, como vimos, no sistema de saúde americano, os raios X e a tomografia computadorizada contam com um marketing agressivo para a detecção precoce, rápida e indolor de problemas.

As culturas não diferem apenas no que temem, mas no que consideram tranquilizador. Grande parte do que nos conforta também é socialmente aprendido.

CONFORTO

Você tem sofrido de cansaço, dores de cabeça e má digestão. Então marca uma consulta com o médico. Se estiver na França, o diagnóstico provável será de que seus sintomas indicam uma *"crise de foie"*, ou crise de fígado. Ao que parece, apenas franceses são acometidos pela enfermidade. A causa dessa patologia nacional, segundo a crença coletiva, vem de comer e beber bem. E o parecer do doutor muito provavelmente será tranquilizador, se você for francês. É só o fígado! Nada de mais. Um norte-americano — como a maioria das pessoas no mundo — ficaria desesperado ao ouvir falar em problemas hepáticos.[8]

Já um médico alemão talvez atribua os sintomas a enfermidades do coração: um problema com sua *Kreislauf* (circulação sanguínea), como baixa pressão arterial — um mal tipicamente germânico. O diagnóstico em geral é recebido com naturalidade aqui também, mas a pressão arterial baixa é levada a sério entre os alemães, algo a ser medicado, enquanto um norte-americano, cujo temor é o contrário, provavelmente procurará o advogado mais próximo para entrar com uma ação judicial por negligência.

O médico norte-americano, por sua vez, tende a pensar em algum vírus. Franceses e alemães ficariam alarmados ao ouvir isso, mas nos Estados Unidos seria um diagnóstico dentro do que é considerado normal. Enquanto problemas no fígado e no coração sugerem que a causa seja interna, na visão dos norte-americanos o corpo em si é saudável, e os inimigos vêm de fora.

Se os médicos não sabem do que se trata, tendem a atribuir os sintomas a uma causa que tranquilize a pessoa: fígado, circulação, vírus. O conforto surge não de achar que o problema seja inofensivo, mas que não tem nada de extraordinário. Assim como franceses, alemães e norte-americanos, os britânicos também têm suas idiossincrasias. Em seu caso, o que os conforta é receber um diagnóstico de transtorno de humor ou depressão.

Os tratamentos médicos também dependem da cultura. Entre os alemães a tendência geral é de uma relação romântica com o coração, enquanto os norte-americanos encaram o órgão como uma bomba mecânica e literalmente o tratam dessa forma, instalando mais pontes de safena do que alemães ou quaisquer outros europeus. Os chineses, por sua vez, são avessos a cirurgias e pensam no corpo em termos de harmonia. O conceito de remover o que não funciona direito sem levar em consideração sua relação com as demais partes do corpo é considerado uma ideia simplória demais para ser contemplada.[9] Portanto, a aprendizagem social resulta num paradoxo. Em lugares como França, Alemanha, Itália, Reino Unido e Estados Unidos, as convicções dos médicos sobre dieta e saúde — como tomar suplementos ou se exercitar — são mais parecidas com as de seus conterrâneos leigos do que com as de médicos em outros países.[10]

Aversão ao risco: cultura ou personalidade?

Essas histórias ilustram algumas diferenças culturais nas coisas que atemorizam ou confortam as pessoas. Alguns podem argumentar que é mais uma questão de personalidade que de cultura, seja você um gatinho assustado ou um leão destemido por natureza. Na pesquisa de risco, costuma-se dividir as pessoas em dois tipos de personalidade: as atraídas pelo risco e as avessas a ele. Mas é enganador generalizar um indivíduo como uma coisa ou outra. Uma mesma pessoa avessa ao risco do milho transgênico pode ser um fumante inveterado, e uma que tenha horror a velas na árvore natalina talvez esteja disposta a correr o risco de ter armas em casa. A aprendizagem social é o motivo para as pessoas serem de um modo geral atraídas pelo risco ou avessas a ele. Nossa tendência é absorver os medos de nossa sociedade, resultando numa salada de riscos assumidos e evitados.

Contudo, a aprendizagem social não é a única maneira de elegermos nossos medos. O segundo modo é a prontidão biológica, que nos permite "aprender" sem demora a temer situações que foram perigosas em nossa história evolucionária.

Prontidão biológica

Por que as crianças têm medo de cobras e aranhas mesmo quando não existem espécies venenosas no lugar onde vivem? Parece estupidez. Porém há uma explicação racional para esse temor. Aprender por experiência própria se um animal é mortífero seria fatal. Aprender por imitação social, por outro lado, pode ser um processo lento. A evolução nos equipou com um segundo princípio de aprendizagem, uma combinação engenhosa de natureza e cultura. O objeto do medo já vem "pronto" em nossos genes, mas um input social é exigido para ativá-lo.

APRENDENDO OS PERIGOS DO PASSADO COM OS OUTROS

A prontidão biológica se refere a objetos e situações que ofereceram ameaça à sobrevivência de nossos ancestrais, como aranhas, cobras, a escuridão etc. Por exemplo, se a criança presencia a reação de pavor em seu pai ao perceber uma aranha no braço, esse episódio isolado pode ser suficiente para contagiá-la pelo medo. Mas se a mesma criança vê sua avó manifestar horror de armas de fogo, motocicletas e outras invenções modernas potencialmente letais, o medo não é adquirido de forma tão imediata. É mais difícil fazer uma criança perder o medo de pôr a mão em uma aranha do que ensiná-la a ter medo de enfiar o dedo na tomada. A aprendizagem social do medo já em estado de prontidão envolve a seguinte cadeia de eventos:

Objeto pronto → outro ser humano teme o objeto → medo adquirido[11]

Ao contrário do aprendizado por tentativa e erro, associações prontas entre um objeto e o medo são captadas rapidamente, com frequência na primeira oportunidade, e a reação emocional, uma vez adquirida, torna-se difícil de contornar. Muitas fobias humanas adquiridas de forma instantânea são associações prontas em termos biológicos. Entre elas estão o medo de animais (insetos, répteis etc.), objetos ou eventos físicos (espaços abertos, trovões) e outros humanos (rostos ameaçadores, rejeição social). O papel de destaque dos animais nas fobias humanas provavelmente deve-se à origem evolucionária do circuito fisiológico do medo como uma defesa contra predadores naturais. A prontidão permite aos humanos aprender o que temer sem de fato vivenciar as consequências negativas de um incidente.

A prontidão também pode ser observada em macacos. Como os humanos, macacos *rhesus* criados em laboratório não manifestam medo inato de cobras venenosas. Mas possuem uma associação pronta:

Objeto parecido com cobra → *outro macaco manifesta medo de cobra* → *medo adquirido*

Em uma série de experimentos, os macacos assistiam a videoteipes em que um macaco reagia com medo a uma cobra.[12] Mais tarde, os macacos que assistiram ao vídeo reagiram da mesma maneira com cobras e objetos parecidos. Mas isso só funciona com objetos prontos. Quando o macaco no vídeo mostrava medo (genuíno), mas a imagem da cobra era substituída pela de uma flor de cor viva, os macacos que assistiram a isso não mostraram a mesma reação ao ver uma flor na vida real.

Como o medo de risco catastrófico, que vimos no capítulo 1, a prontidão biológica serve para aprender sobre os perigos que vêm de outros tempos. A imitação social, por sua vez, nos permite aprender sobre novos perigos.

OS MEDOS INFANTIS

Os pais às vezes acham que a chegada de um novo irmão é um evento extremamente desestabilizador para outros filhos. Afinal, significa dividir o amor e os recursos materiais da família. Entre alunos do quarto ao sexto ano, porém, isso foi considerado um dos eventos menos estressantes, equivalente à lição de casa ou a uma ida ao dentista.[13] Até que ponto os pais estão mesmo cientes de seus medos? Estudos indicam ser correta a percepção de que as crianças temem o divórcio e a morte dos pais, mas as brigas conjugais podem ser bem mais estressantes. Além disso, os pais com frequência subestimam a importância emocional da vida escolar e da opinião dos colegas: o medo de humilhação, de fazer xixi na calça, de passar constrangimento na frente dos outros.

Mas é preciso olhar para esses estudos com cautela. As respostas dependem de que itens os pesquisadores e professores acrescentam à lista. O que não é citado obviamente não pode ser escolhido. Quando um estudo holandês com 394 crianças de sete a doze anos propôs que apontassem seus maiores medos em uma lista e depois livremente, os resultados foram diferentes.[14] Comparemos as situações mais temidas:

O que as crianças escolhem numa lista	O que as crianças afirmam livremente
1. Bombardeio ou invasão	Aranhas
2. Ser atropelado por carro ou caminhão	Morte
3. Não conseguir respirar	Guerra
4. Ficar gravemente doente	Doença
5. Cair de um lugar alto	Escuro
6. Medo de queimaduras	Cobras

Metade dos eventos mais temidos se sobrepõe: guerra, doença e morte. Essa sobreposição, porém, pode se dever em parte ao fato de que as crianças receberam uma lista antes de poderem responder o que quisessem. Os outros eventos mais temidos não coincidem: aranhas, cobras e escuro. O medo de aranhas e cobras, em especial, parece surpreendente, pois na Holanda aranhas e serpentes que eram uma ameaça à vida humana não existem mais. Portanto, as crianças não poderiam aprender esse medo pela experiência pessoal. Esse medo é inato? Não. O medo de aranhas, cobras e escuridão tem como base a prontidão biológica, como mencionado antes, uma forma de aprendizagem social particularmente rápida. Se os pais querem impedir seus filhos de aprenderem a temer as coisas erradas, é bom pararem eles próprios de mostrar medo das coisas erradas.

POR QUE TEMOS MEDO DE MORRER DE CAUSAS IMPROVÁVEIS?

Controle interno ajuda contra a ansiedade

Em diversas culturas atualmente, a maior preocupação das pessoas parece ser emprego, segurança e aceitação social. Estaremos ingressando na era da ansiedade? Dizem que o jovem norte-americano se torna um pouco mais deprimido a cada década. Quando pesquisadas pessoas de diferentes faixas etárias, apenas 2% dos nascidos no início do século xx relataram problemas de depressão severa, enquanto em meados do século essa quantidade aumentou para 20%.[15] Mas a diferença pode ser mais aparente do que real. Pessoas mais velhas têm memória seletiva e talvez se recordem melhor dos tempos áureos de sua juventude. Para evitar essa possibilidade, estudos de coorte comparam jovens de mesma idade e os acompanham no decorrer da vida.

O JOVEM ESTÁ MAIS ANSIOSO?

O Inventário de Personalidade Multifásica de Minnesota (mmpi) é um questionário utilizado para aferir vários distúrbios mentais. Inclui depressão, hipocondria, histeria e outras formas de psicopatologia. Desde a década de 1930, já foi aplicado a dezenas de milhares de crianças e adolescentes nos Estados Unidos, o que permite comparações ao longo do tempo.

As mudanças são espantosas. Entre 1938 e 2007, as pontuações clínicas de universitários subiram de forma constante, sobretudo em mau humor, agitação, insatisfação e instabilidade (a assim chamada escala F). Quanto mais elevada a pontuação, maior a predominância dessas características. Tomemos a pontuação média de universitários nas décadas de 1930 e 1940 como referência: nas gerações mais recentes, quase todos os estudantes, 94 em cada cem, mostraram pontuação mais elevada! O mesmo aumento nas pontuações foi observado para autoavaliação positiva irrealista, hiperatividade e pouco autocontrole. Em todas as escalas usadas no questionário, 85 em cada cem estudantes tiveram pontuações acima da referência: mais narcisistas, autocentrados e antissociais, além de mais preocupados, tristes e insatisfeitos.

A se basear na informação direta dos estudantes, esse é o perfil psicológico das novas gerações de jovens norte-americanos. O que antes era considerado desequilíbrio se tornou a norma.

O que há por trás desse perfil emocional em transformação? Pode ser que a configuração atual do ambiente universitário deixe os jovens taciturnos e estressados, por se verem longe de casa pela primeira vez e sentindo-se sob pressão. Mas as mesmas mudanças para as mesmas características foram observadas também nos estudantes do ensino médio. Além disso, nenhuma diferença foi encontrada de acordo com o gênero ou a condição de moradia. Outra explicação pode ser que a depressão ou a hiperatividade tenha se tornado socialmente mais aceitável. Embora isso explique parte da mudança, o padrão geral na essência permanece. Ou então o motivo é econômico: o perfil psicológico talvez siga os fortes altos e baixos da economia, começando pela Grande Depressão até os nossos dias. Mas os aumentos efetivos têm pouco a ver com transformações econômicas ou desemprego: as pontuações da população jovem aumentaram de forma vagarosa e consistente, não em ondas que acompanham os ciclos econômicos. As taxas de ansiedade e depressão entre crianças eram na verdade mais baixas durante a Segunda Guerra Mundial, a Guerra Fria e os turbulentos anos 1960 e 1970 do que hoje.

CONTROLE INTERIOR: HABILIDADES, NÃO APARÊNCIA

A melhor explicação pode ser encontrada no que o jovem acredita ser importante na vida: na distinção entre metas interiores e metas exteriores. Entre as interiores estão se tornar uma pessoa madura fortalecendo as próprias habilidades, competências e valores morais, bem como viver uma vida significativa. Metas exteriores envolvem recompensas materiais e a opinião dos outros, incluindo ganhar muito dinheiro, obter aprovação social e ter boa aparência. Após o fim da Segunda Guerra Mundial, as metas pessoais foram mudando de forma constante na direção de objetivos mais extrínsecos. Pesquisas anuais entre calouros universitários mostraram que as recentes gerações julgavam "estar bem

POR QUE TEMOS MEDO DE MORRER DE CAUSAS IMPROVÁVEIS?

financeiramente" mais importante do que "desenvolver uma filosofia de vida significativa", ao passo que a situação oposta era a predominante nos anos 1960 e 1970.

Com esse novo paradigma, os jovens têm menos controle na conquista de suas metas. Consequentemente, as emoções e o comportamento juvenis são cada vez mais acionados por controle remoto. O *Internal-External Locus of Control Scale* é um questionário que mede até que ponto as pessoas acreditam ser donas do próprio destino, em oposição a serem controladas pelos outros. O questionário foi aplicado a crianças entre nove e catorze anos de 1960 a 2002. Durante esse período, a convicção de controlar o próprio destino enfraqueceu substancialmente. Em 2002, as crianças relataram em média um controle exterior maior do que 80% de seus pares em 1960. Quando a criança sente que tem pouco controle interior sobre sua vida, passa a encarar negativamente a incerteza: não existe saída, nem adianta tentar.

Mas há uma luz no fim do túnel. Pessoas que relatam maior controle interior tendem a se sair melhor na vida — desempenham um papel mais ativo em suas comunidades, cuidam melhor da saúde e conseguem empregos melhores. Talvez não possamos fazer nada sobre o que os outros pensam da nossa roupa, competência ou aparência. Mas temos controle sobre metas interiores, como aprender novos idiomas, dominar um instrumento musical ou cuidar de crianças pequenas ou parentes idosos. Essa transição para metas exteriores não é um fato biológico gravado a ferro e fogo; podemos todos mudar o foco para as metas interiores e ficar livres da ansiedade desmedida em relação aos riscos e incertezas da vida.

II
Como estar preparado para o risco

*Para resolver um problema, basta descrevê-lo
e a solução se torna transparente.*
Herbert A. Simon

*Um treinamento elementar no método
estatístico está se tornando tão necessário
quanto saber ler e escrever.*
H. G. Wells[1]

5
Cuide do seu dinheiro

Simplifique ao máximo, mas não demais.
Citação atribuída a Albert Einstein

COMO VIMOS, OS NORTE-AMERICANOS podem ser bastante otimistas quanto a suas oportunidades econômicas. Segundo uma pesquisa, 19% creem pertencer ao 1% mais rico. Outros 20% acham que um dia chegarão lá.[1] O pensamento positivo pode ser ótimo, mas tem suas desvantagens. Na verdade, a mobilidade social não é maior nos Estados Unidos do que na maioria dos demais países ocidentais. Grande parte do otimista público norte-americano apoia reduções de impostos para os ricos das quais nunca se beneficiará.

É fácil rir de tamanha ingenuidade. Afinal, vivemos na era digital e temos acesso a toda informação que quisermos. Ou, pelo menos, pensamos que sim.

Na verdade, a era digital transformou o modo como lidamos com o dinheiro, utilizando computadores hipervelozes para antecipar movimentações nas taxas de câmbio e no mercado de ações e empregando uma tecnologia financeira sofisticada que a maioria dos mortais não compreende. Mas tudo isso levou a previsões melhores? Lembremos que o mundo dos investimentos é em grande medida incerto, e que confiar em teorias financeiras feitas para um mundo de riscos conhecidos pode levar à certeza ilusória, que chamamos de ilusão do peru.

Especialistas financeiros: deuses ou chimpanzés?

O gestor de ativos de uma grande seguradora se queixou certa vez para mim de que seus parentes viviam lhe pedindo dicas de ações para investir. "Não faço ideia. Como vou saber?", era sua resposta. "Mas preferem achar que sou Deus." Trata-se de um homem honesto, como podemos ver, mas outros mostram bem menos escrúpulos em alimentar a ilusão de que possuem poderes ocultos. Toda virada de ano, renomadas instituições financeiras fazem a previsão das taxas de câmbio e da Bolsa para o ano seguinte. A cobertura da mídia está garantida. Afinal, todos querem saber se o próximo ano será bom ou mau, e onde investir seu dinheiro. Ninguém espera que os prognósticos sejam precisos, mas a maioria presume que não errará muito feio. O mais importante é que as grandes oscilações para cima ou para baixo não passem batidas. Até que ponto essas previsões anuais são boas?

O DÓLAR VAI SUBIR? E O EURO?

Comecemos pelas taxas de câmbio. Se você fosse fazer uma transferência de dinheiro dos Estados Unidos para a Europa ou estivesse planejando férias no exterior, seria uma maravilha poder saber o melhor momento de trocar dólares por euros. Empresas exportadoras, para as quais há muito mais em jogo, apreciariam isso mais do que ninguém. Para atender a essa demanda, bancos do mundo todo preveem a taxa de câmbio dólar-euro para seus clientes. Podemos confiar no que dizem? Afinal, se os prognósticos não servissem para nada, teriam deixado de ser feitos, porque ninguém mais daria um tostão por eles. Para descobrir se esse raciocínio está correto, empreendi uma investigação a respeito de sua confiabilidade. Na figura 5.1, mostro previsões de final de ano feitas por 22 bancos internacionais para um período de dez anos.[2] Vamos examiná-las de perto.

Em dezembro de 2000, a maioria dos bancos previu que no fim de 2001 o dólar e o euro estariam praticamente equiparados. Podemos ver isso à extrema esquerda na figura 5.1. Entre outros, Credit Suisse,

CUIDE DO SEU DINHEIRO

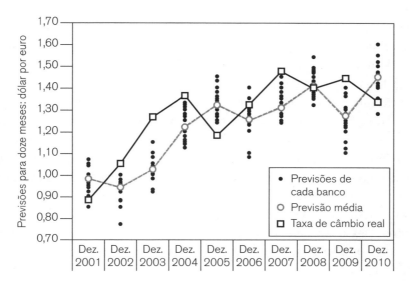

Figura 5.1. Prognósticos sobre a taxa de câmbio dólar-euro são uma perda de tempo. A cada mês de dezembro, bancos internacionais preveem a taxa de câmbio para o fim do ano seguinte. Na maior parte das vezes, a taxa real fica completamente fora da faixa de previsões. Mas as previsões não são arbitrárias: os analistas pressupõem que o ano seguinte será igual. Assim, estão sempre um ano atrasados e deixam escapar toda flutuação para cima ou para baixo. Cada ponto mostra a previsão de um dos 22 bancos internacionais, incluindo Bank of America, Merrill Lynch, Bank of Tokyo-Mitsubishi, Barclays Investment Bank, Citigroup, Commerzbank, Credit Suisse, Deutsche Bank, HSBC, JPMorgan Chase, Morgan Stanley e Société Générale.
DADOS: Consensus Economics, 2001-10.

Bank of Tokyo-Mitsubishi, Royal Bank of Canada, UBS e Deutsche Bank previram uma taxa de câmbio de um para um. Contudo, a real taxa de câmbio no fim de 2001 foi de apenas 0,88 dólar. Todos os bancos superestimaram a taxa, exceto o Citigroup, que quase acertou, com 0,85. Foi a primeira e a última vez nessa década que o Citigroup foi feliz em sua previsão. Agora considere as previsões para 2002. Compensando as estimativas para mais no ano anterior, os bancos corrigiram em peso suas previsões para baixo. Novamente, elas variaram em mais de vinte centavos. Mas o euro subiu; a taxa de câmbio real foi 1,05, mais elevada do que o previsto por todos os bancos. Surpreendidos pela alta do euro, os bancos corrigiram suas previsões para cima no ano

105

seguinte, 2003. Mais uma vez, o euro subiu muito mais depressa do que imaginaram e, mais uma vez, a taxa de câmbio real ficou fora da faixa de estimativas. O mesmo se repetiu em 2004. O enxame de previsões seguiu a tendência para cima do ano anterior, porém novamente a taxa de câmbio real foi mais elevada do que os bancos esperavam.

Para o fim de 2005, todos os bancos previram que a taxa continuaria a subir, acompanhando a tendência do ano anterior. Mas o euro caiu e o dólar subiu. Banco nenhum previu essa queda. E, assim como em outros anos, a taxa de câmbio real ficou completamente fora da faixa de previsões. Para o ano seguinte, os bancos ajustaram seus prognósticos para baixo, outra vez "prevendo" a tendência do ano anterior. O euro subiu. Dessa vez, pelo menos, calhou de algumas estimativas chegarem perto. Em 2007, o euro continuou em sua escalada ascendente e terminou acima do que todos os bancos imaginaram. No ano seguinte, a taxa prevista e a real coincidiram, pela primeira e última vez. Nos dois anos finais, o euro subiu, depois desceu; na média, as previsões foram sistematicamente na direção errada.

Essas previsões não foram feitas por amadores, mas por um bando de analistas financeiros muito bem pagos, com modelos matemáticos sofisticados à disposição. Por exemplo, o JPMorgan Chase, maior banco dos Estados Unidos em ativos totais, na média errou a estimativa da taxa de câmbio em treze centavos. Todos os especialistas pensaram a mesma coisa: *O ano que vem vai ser igual*. Se observarmos a década de previsões, em regra eles previram a tendência para cima ou para baixo do ano anterior. Em mais de 90% das previsões individuais, os especialistas seguiram essa regra. Você também pode fazer isso. O único problema é que a taxa de câmbio dólar-euro não segue essa lógica, ou seja, toda e qualquer mudança de tendência acaba escapando.

Previsões que sempre funcionam *a não ser quando o ano difere do anterior* oferecem tanta segurança quanto um airbag que sempre funciona a não ser quando ocorrem acidentes.

Então por que os altos executivos de empresas importantes continuam pagando por essas previsões sem sentido? Alguns talvez não saibam disso, porque os bancos não divulgam o que vemos na figura 5.1.

CUIDE DO SEU DINHEIRO

Outros estão menos interessados em previsões efetivas do que em salvar a própria pele. Se a empresa leva prejuízo por uma flutuação nas taxas de câmbio, o diretor ou gerente pode dizer que os bancos haviam previsto outra coisa, de modo que o banco, e não o executivo, seja responsabilizado. Já vimos isso: *tomada de decisão defensiva*, praticada por indivíduos que desperdiçam tempo e dinheiro protegendo-se à custa de outros, inclusive sua própria empresa (capítulo 3). O medo da responsabilidade pessoal cria um mercado para produtos inúteis fornecidos por especialistas muito bem remunerados.

PARA ONDE VAI O MERCADO DE AÇÕES?

Vamos começar pelo ano crucial de 2008, o início da crise do subprime. Os analistas profissionais consultados pelo Bloomberg.com acreditaram que seria um ano próspero; a previsão média era de um ganho de 11%.[3] Ninguém esperava perdas. No fim do ano, o índice Standard & Poor havia caído 38% e grande parte da economia mundial estava arruinada. As previsões para o DAX (o índice da Bolsa alemã) no fim de 2008 foram igualmente positivas. A previsão mais otimista veio do WGZ Bank em Düsseldorf, segundo o qual o DAX subiria de 8067 pontos no fim de 2007 para 10 250 no fim de 2008.[4] Da mesma forma, o Deutsche Bank previu um patamar de 8200 a 8600 pontos. A previsão mais pessimista veio do banco de investimento americano Morgan Stanley, com 7770 pontos. No fim de 2008, o DAX despencara para apenas 4810 pontos. Nenhum banco previra a quebra.

Alguém poderia argumentar em defesa dos analistas que todo mundo comete erros e que provavelmente foi a única vez que as previsões da Bolsa foram tão infelizes. Então voltemos um ano no tempo e vejamos como trinta bancos previram o valor de fechamento de 2007 no fim de 2006. Eles se mantiveram entre 5800 e perto de 8 mil pontos. Mais uma vez, o valor real ficou fora da faixa total, em 8067 pontos. A incapacidade de previsão dos bancos não tem nada a ver com confiança ou cautela excessiva em termos gerais. Nesse período, todos os trinta bancos foram pessimistas demais, para então serem otimistas demais um ano depois.

Mas é indiscutível que, embora os grandes bancos deixem a desejar em seus prognósticos, alguns fatalmente se sairão melhor que outros, mesmo se as previsões forem feitas na base da sorte. Um modo de tirar a prova é verificar como os melhores analistas do DAX se saíram na previsão das taxas de câmbio. A figura 5.2 mostra as previsões para o DAX dos bancos com melhor índice de acerto dois anos antes da crise, junto com suas previsões da taxa de câmbio dólar-euro. Lembre que 2006 foi um dos poucos anos em que as previsões da taxa de câmbio não ficaram tão fora da realidade (figura 5.1). Se isso não foi meramente produto do acaso, os bancos que mais acertaram em relação ao DAX também deveriam ter se saído melhor em prever a taxa de câmbio. Mas não se vê sinal de aptidão humana aqui. O Credit Suisse, que no DAX foi o melhor, saiu-se pior na taxa de câmbio do que os cinco piores na lista do DAX.

O mais importante a considerar é que os analistas dos bancos subestimaram a volatilidade do mercado de ações e da taxa de câmbio. Um dos problemas está nos modelos matemáticos que utilizam. Os modelos tratam um mercado financeiro altamente imprevisível como se os riscos fossem previsíveis. Como consequência, as previsões em geral deixam escapar as grandes flutuações para cima ou para baixo e só se saem a contento se nada notável acontece — ou seja, quando a tendência do ano anterior é mantida.

QUALQUER UM PODE SER UM GURU DO MERCADO

Em seu livro *Pudd'nhead Wilson* [Wilson Cabeça de Pudim], Mark Twain contou o segredo para não errar nas previsões.[5] "Outubro. Esse é um mês particularmente perigoso para especular com ações. Os outros são julho, janeiro, setembro, abril, novembro, maio, março, junho, dezembro, agosto e fevereiro." Um método um pouco mais sutil é: continue a fazer previsões, mas pare de olhar para trás. Acredita-se que Roger Babson previu corretamente a quebra da Bolsa em 1929. O que muitos não sabem é que ele vinha fazendo isso havia anos.[6] O truque é

CUIDE DO SEU DINHEIRO

	DAX (mercado)	Taxa de câmbio (valor do euro em dólares)
Valor real em 15 dez. 2006	6588	1,31
Cinco melhores previsões		
Credit Suisse	6100	1,08
Bear Stearns	6060	1,15
ABN AMRO	6000	1,25
Landesbank Rheinland-Pfalz	6000	1,15
WestLB	6000	1,35
Cinco piores previsões		
JPMorgan Chase	5000	1,25
Helaba Trust	5100	1,28
Morgan Stanley	5200	1,20
UBS	5300	1,30
Nomura	5400	1,10

Figura 5.2. Certeza ilusória das previsões de mercado de ações e taxa de câmbio. As previsões do mercado de ações (DAX) e de taxas de câmbio euro-dólar feitas no fim de 2005 para o fim de 2006. Na época da previsão, a pontuação do DAX era de aproximadamente 5400, e o euro estava por volta de 1,18 dólar. O banco com as melhores previsões para o mercado de ações, o Credit Suisse, fez a pior previsão de taxa de câmbio, e o UBS, entre os de pior desempenho na Bolsa, fez a melhor previsão da taxa de câmbio. Resumindo, a qualidade das duas previsões não teve relação e foi surpreendentemente ruim. O valor real previsto para o mercado ficou muito fora da faixa de previsões, e a taxa de câmbio foi subestimada pela maioria (ver figura 5.1).

prever recessões tantas vezes até que se torne verdade, e depois esquecer todas as previsões furadas. Elaine Garzarelli, do Lehman Brothers, foi o Roger Babson de 1987, ano da Segunda-Feira Negra. Em 12 de outubro, ela previu o "colapso iminente do mercado". Quatro dias depois, a Bolsa de fato quebrou. Celebrada como a "guru da Segunda-Feira Negra" pela mídia, tornou-se uma das estrategistas mais bem remuneradas de Wall Street. Mas o episódio foi seu canto do cisne. Depois disso, suas previsões sobre as flutuações do mercado foram inferiores a um cara ou coroa. Quem pôs dinheiro em suas mãos se arrependeu amargamente.

A moral da história é que, entre milhares de especialistas em finanças, sempre haverá aqueles que estarão certos em determinada situação. Até um relógio quebrado dá a hora certa duas vezes ao dia. Mas e se alguém acertar várias vezes seguidas? Considere 10 mil gestores de investimento cujo palpite equivale a jogar uma moeda. Após um ano, 5 mil podem afirmar que fizeram dinheiro, enquanto os outros 5 mil ficaram no prejuízo. Entre os bem-sucedidos, podemos esperar que metade — 2500 — volte a se dar bem no segundo ano. Metade deles, por sua vez — 1250 —, poderá afirmar que seu método funcionou três anos seguidos. Um cálculo simples mostra que cerca de dez gurus do investimento acertarão ano após ano durante dez anos seguidos. É difícil resistir à tentação de atribuir esse resultado tão impressionante ao seu conhecimento profundo e único do mercado. Para usar uma expressão de Nassim Taleb, isso corresponde a ser iludido pelo acaso.[7]

Mesmo após ter visto os desoladores resultados das previsões da Bolsa e da taxa de câmbio nas figuras 5.1 e 5.2, podemos sentir certa resistência emocional à ideia de que esses sempre confiantes profissionais sejam tão bons de previsões quanto o proverbial chimpanzé atirando dardos. Na verdade, dois estudos sugerem que o chimpanzé pode se sair melhor. No primeiro, gerentes de portfólio, corretores e consultores de investimento suecos previam o desempenho de vinte blue chips.[8] Eram apresentadas duas ações, e eles precisavam escolher a que se sairia melhor trinta dias mais tarde. Um grupo de não especialistas fez o mesmo. Suas escolhas equivaleram a respostas ao acaso; ou seja, acertaram metade do tempo. Mas os bambambãs perderam até para a aleatoriedade, escolhendo apenas 40% das corretas. A repetição do estudo com outros profissionais e outros leigos produziu exatamente o mesmo resultado. Como é possível profissionais terem desempenho pior do que não especialistas? Os profissionais parecem ter baseado suas previsões em informação específica sem levar em conta seu caráter volátil. Mesmo assim, esses mesmos profissionais estavam convencidos de sua superioridade e de que cometiam metade dos erros dos leigos. E os leigos concordaram.

Então, se você fosse um investidor profissional e fizesse previsões piores do que seus clientes, ainda assim poderia ser um guru financeiro? Consideremos mais uma vez 10 mil investidores profissionais com o mesmo nível de incompetência de seus pares suecos nos estudos. Após o primeiro ano, estima-se que 4 mil acertem suas previsões, enquanto os outros 6 mil fracassem. No segundo, teremos 1600 cujas previsões estiveram corretas por dois anos seguidos. Após cinco anos, ainda poderemos esperar cerca de cem profissionais prognosticando corretamente ano após ano. E um deles terá conseguido acertar até dez anos seguidos. Em qualquer leva de especialistas incompetentes, sempre haverá aqueles que terminam com um histórico fantástico.

Como superar o portfólio de um ganhador do prêmio Nobel

Acredito no poder das regras simples em um mundo real e complicado. Talvez não ajudem sempre, mas a primeira pergunta mesmo assim deve ser: como encontrar uma solução simples para um problema complexo? Esse questionamento quase nunca é feito. O reflexo é primeiro procurar as soluções complexas e, se não funcionarem, complicá-las ainda mais. O mesmo vale para o mundo dos investimentos. Na esteira de um tumulto financeiro que nem especialistas conseguem prever, regras do polegar simples oferecem uma alternativa. Vamos pegar um problema complexo enfrentado por muitos. Presuma que você tenha um dinheiro que gostaria de investir. Não quer depositar todas as suas fichas numa coisa só e está considerando uma carteira de ações. Você quer diversificar. Mas como?

Harry Markowitz foi premiado com o Nobel de economia por resolver esse problema. A solução é conhecida como portfólio de média-variância. O portfólio maximiza o ganho (médio) para determinado risco ou minimiza o risco (variância) para determinado retorno. Muitos bancos seguem esse e outros métodos de investimento similares e advertem os clientes a respeito dos perigos de confiar na intuição.

Mas, quando chegou a hora de o próprio Markowitz investir para a aposentadoria, ele não usou seu método vencedor do Nobel. Em vez disso, empregou uma regra do polegar simples chamada 1/n:

Distribuir seu dinheiro igualmente em n *fundos.*

Por que ele preferiu seguir seus instintos dessa forma, em vez de fazer as contas? Numa entrevista, Markowitz afirmou que quis evitar arrependimentos: "Pensei: 'Quer saber, se o mercado subir e eu ficar de fora, vou me sentir burro. E se ele cair e eu estiver dentro, vou me sentir burro'. Então fui de cinquenta-cinquenta".[9] Ele partiu para um caminho que muitos investidores seguem: simplifique. E 1/n não é apenas simples, é a forma mais pura de diversificação.

É uma boa regra do polegar? Em um estudo, foi comparada à média-variância e a uma dúzia de outros métodos de investimento complexos. Sete situações foram analisadas, como investir em dez fundos industriais americanos.[10] O portfólio de média-variância valeu-se de dez anos de dados do mercado, enquanto a regra do 1/n ignorou tudo isso. Qual foi o resultado? Em seis dos sete testes, o 1/n pontuou melhor do que a média-variância em critérios comuns de desempenho. Além disso, nenhum dos outros doze métodos complexos se saiu melhor de forma consistente na previsão do valor futuro das ações.

Isso significa que o método do ganhador do Nobel é uma fraude? Não. Ele é otimizado para um mundo ideal de riscos conhecidos, mas não necessariamente funciona no mundo incerto do mercado de ações, tão cheio de incógnitas. Para usar uma fórmula complexa, precisamos estimar um grande número de parâmetros com base em dados do passado. Porém, como vimos, dez anos é um período curto demais para obter estimativas confiáveis. Digamos que você investiu em cinquenta fundos. Quantos anos de dados sobre o mercado seriam necessários para que o método da média-variância finalmente se saísse melhor do que a regra do 1/n? Uma simulação de computador fornece a resposta: cerca de quinhentos anos!

Isso significa que em 2500 os investidores podem trocar a regra descomplicada pela matemática sofisticada do modelo de variância média e ter esperanças de ganhar. Mas será assim apenas se as mesmas ações — e o mesmo mercado — continuarem existindo.

Será que nossos bancos compreendem os limites da otimização em um mundo incerto? Há alguns anos, meu banco digital enviou a seguinte carta ao cliente:

A estratégia de um Nobel para ter sucesso nos investimentos!

Você conhece Harry M. Markowitz? Não? Mas devia: ele ganhou o prêmio Nobel de economia em 1990. Com sua teoria do portfólio, provou que a análise correta das ações individuais pode otimizar substancialmente a proporção de ganho-risco de um portfólio.

Chega de teoria. Os portfólios da maioria dos investidores, porém, parecem diferentes. Como são muitas vezes montados de forma arbitrária em vez de sistemática, há forte necessidade de otimização.

A carta explica que o banco utiliza o portfólio da média-variância e alerta para não confiar em regras intuitivas. Uma coisa que o banco não percebeu foi que a carta estava sendo enviada meio milênio antes da hora.

"EU MESMO FAÇO!"

Abri a Conferência de Investimentos Morningstar certa vez explicando detalhadamente quando e por que regras simples levam vantagem sobre estratégias complexas.[11] A média-variância e modelos similares são bons quando os riscos são conhecidos em sua totalidade, como nos casos em que temos de "prever" o passado. Mas, para prever o futuro, não necessariamente são os mais indicados; nesse caso, regras simples podem ser bem melhores. Após o discurso inaugural, fui convidado para uma mesa-redonda com dois destacados analistas financeiros. A plateia, composta por muitas centenas de clientes com excelente perfil, estava curiosa em ver como reagiriam. Eu também. O moderador virou para o primeiro analista:

"Acabamos de escutar os argumentos do professor Gigerenzer: essas regras simples podem com frequência trazer resultados melhores do que a otimização em um mundo incerto. Como o senhor é famoso por promover métodos de investimento complexos, o que tem a dizer sobre isso?"

O público esfregou as mãos, querendo ver sangue.

"Admito", respondeu o analista, "que muitas vezes vou de 1/n."

Fiquei surpreso com a rapidez com que o sujeito mudou de posição quando confrontado. Após a mesa-redonda, o diretor de investimentos de uma seguradora internacional se aproximou de mim e disse que pretendia verificar os investimentos de sua empresa. Três semanas depois, apareceu em meu escritório com seu assistente.

"Vi nossos investimentos de 1969 em diante. Comparei a regra do 1/n com nossas estratégias de investimento reais. Teríamos ganhado muito mais dinheiro usando a simples regra do polegar."

Mas então a verdadeira questão veio à tona.

"Estou convencido de que mais simples é melhor. Mas esse é o meu problema. Como vou explicar isso para meus clientes? Eles podem dizer: 'Então eu mesmo faço!'"

Eu o tranquilizei explicando que ainda existem muitas questões em aberto, como o tamanho ideal de n, que tipo de ações, quando reequilibrar o portfólio e, o mais importante, perceber quando e onde 1/n é uma estratégia de sucesso.

A moral da história é que, em um mundo de risco que combine com os pressupostos matemáticos do portfólio de média-variância, calcular compensa. Mas, no mundo real dos investimentos, regras intuitivas simples podem ser mais inteligentes. O mesmo se aplica, de forma geral, a mundos incertos.

Menos é mais: a regra de Einstein

Como uma simples regra do polegar pode levar a melhor sobre o método de um laureado com o prêmio Nobel? Foi apenas um lance de sorte? Não. Existe uma teoria matemática para nos mostrar por que e quando o simples é melhor. Chama-se dilema viés-variância. Para que todo leitor, com ou sem formação sólida em matemática, possa compreender esse problema complexo porém importante, os detalhes dos cálculos foram omitidos.[12] A essência da teoria está captada na epígrafe deste capítulo:

Simplifique ao máximo, mas não demais.

O grau de simplificação depende de três condições. Primeiro, quanto maior a incerteza, mais devemos simplificar. Quanto menos incerteza, maior a complexidade. O mercado de ações é extremamente incerto, no sentido de ser muito imprevisível. Isso pede um método simples, como a regra do 1/n. Segundo, quanto mais alternativas, mais devemos simplificar; com menos opções, há mais espaço para a complexidade. O motivo é que métodos complexos precisam estimar fatores de risco e mais alternativas significa que mais fatores precisam ser estimados, o que leva a mais erros de estimativa. Por outro lado, o 1/n não é afetado por mais alternativas porque não precisa fazer estimativas de dados passados. Por fim, quanto mais dados passados houver, melhor para os métodos complexos. É por isso que os cálculos de Markowitz funcionam com quinhentos anos de dados do mercado, conforme mencionado. Os vários fatores operam juntos: se há apenas 25 alternativas, não cinquenta, apenas cerca de 250 anos de dados históricos são necessários. Desse modo, podemos começar a compreender quando menos é mais e até que ponto simplificar.

Levar tudo isso em consideração ajuda a compreender um apuro enfrentado por todos os analistas quando fazem previsões, chamado pelos estatísticos de dilema viés-variância. Quando usamos determinado método para uma previsão, a diferença entre a previsão e o resultado real (que não pode ser conhecido de antemão) é chamada de viés. O viés é inevitável (exceto por uma feliz coincidência) em um mundo incerto. Mas existe um segundo tipo de erro, chamado de variância ou

Incerteza elevada
Muitas alternativas
Baixa quantidade de dados

Incerteza baixa
Poucas alternativas
Grande quantidade de dados

Use métodos simples

Use métodos complexos

instabilidade. Ao contrário da regra do 1/n, métodos complexos usam observações passadas para prever o futuro. Essas previsões dependerão da amostra específica de observações utilizadas e portanto podem ser instáveis. A instabilidade (a variabilidade dessas previsões em torno de sua média) é chamada de variância. Assim, quanto mais complexo o método, mais fatores precisam ser estimados, e maior a quantidade de erros devido à variância. A fórmula 1/n sempre fornecerá a mesma recomendação estável, já que não usa dados de investimento do passado. Por isso, não sofre nenhuma variância. Se a quantidade de dados é muito grande, como quinhentos anos, a instabilidade é reduzida de tal forma que a complexidade finalmente compensa.

Agora deve ficar mais claro quando e por que métodos complexos resultam em previsões piores: no caso em que sofrem demasiada variância, sujeitados às condições do lado esquerdo no diagrama anterior. A regra atribuída a Einstein é uma maneira genérica de perceber que menos pode ser mais em um mundo incerto.

Comece a praticar para ser rico!

No tempo em que o mundo era mais próspero e o Estado de bem-estar social na Áustria amparava todos, ricos e pobres, seus cidadãos não precisavam se preocupar com a aposentadoria. Mas em 2003, quando o futuro começou a parecer menos róseo, os austríacos foram encorajados a investir em planos de pensão individuais subsidiados pelo governo. O produto financeiro foi anunciado por bancos de Viena a Salzburg. No fim de 2004, 410 mil austríacos (de uma população de 8 milhões) haviam contratado o plano, contribuindo com um valor mensal ou anual até a aposentadoria. O banco paga juros variáveis, e o governo oferece um prêmio. Não há garantia de lucro, mas ao final todo mundo recebe de volta o dinheiro aplicado mais o prêmio, sem correção da inflação.

Só que o orçamento de marketing dos bancos pelo jeito não reservou um centavo à divulgação desses dados. Pelo contrário, o foco das campanhas era fazer a pessoa acreditar em um conto de fadas. Um banco simplesmente dizia aos clientes: comece a praticar para ser rico!

Outdoors no país inteiro apregoavam um enorme "9%". Em uma época de juros baixos, 9% é espetacular, e não só na Áustria. Que generoso sistema social, onde os bancos e o governo contribuem para a prosperidade dos cidadãos! Mas 9% não é uma taxa de juros, é um prêmio. O prêmio é dado uma vez por ano em virtude da contribuição até o momento para o plano de aposentadoria. Por exemplo, se a pessoa aplica mil euros anuais, recebe noventa euros por ano. O que o banco paga fica em aberto; apenas o total das contribuições, mais o prêmio, estão garantidos. Após trinta anos, isso dá 30 mil euros mais um prêmio de 2700 euros. Mas não era isso o que os austríacos interessados em um bom negócio liam nos cartazes publicitários. Um estudo indicou que muitos compradores do plano acreditavam que receberiam uma taxa de juros fixa de 9%.

Esses clientes foram otimistas demais ou apenas caíram na lábia de seus gerentes? O banco explicava de forma honesta e transparente o que 9% quer dizer?

Para responder a essa pergunta, uma colega realizou um estudo. Anne visitou anonimamente dez bancos diferentes na cidade austríaca de Klagenfurt.[13] Ela pedia ao gerente informações sobre o plano de pensão financiado pelo governo. Todos o recomendaram. Então vinha a pergunta crucial: "Os 9% são a taxa de juros?".

Três gerentes (1, 3 e 7) responderam incorretamente: sim. Após dizer não, o gerente 5 mudou de ideia e também afirmou que era a taxa de juros (figura 5.3). Três gerentes tentaram calcular quanto rendimento a mais Anne conseguiria se contratasse o plano de pensão, em comparação com a taxa de juros em geral praticada, de 2% a 3%. Todos ficaram completamente perdidos quando os cálculos mostraram o contrário do que haviam pensado. A confusão demonstrada pelos gerentes sugere que não estavam mentindo de forma deliberada, mas que apenas não compreenderam as condições. Quatro gerentes (2, 4, 9 e 10) responderam de forma acertada, mas o gerente 2 em seguida vaticinou uma taxa de juros ilusoriamente elevada, para tornar o plano de pensão atraente de um modo ou de outro.

O que todos mostraram em comum foi insistência em tentar fazer Anne contratar o produto, alegando que era a única alternativa razoável. As taxas de juros calculadas com a maior confiança por alguns gerentes, porém, não passavam de ficção. Muitos clientes que acabavam contratando o plano tentaram desistir, porque, sem receber quase nada de juros dos bancos, temiam terminar apenas com o dinheiro já aplicado, além do modesto prêmio. Na pior das hipóteses, a pessoa terminaria com um total de 109% do que havia aplicado no plano em cerca de trinta anos. Isso corresponde a uma taxa de juros fixa de menos de 1%.

Alguns gerentes de banco austríacos não faziam ideia do que estavam falando. Mas não são só eles. A ignorância sobre os elementos básicos das finanças parece um fenômeno internacional. Em um estudo, foi pedido a gerentes de portfólio norte-americanos e outros profissionais de corretoras e grandes bancos, ou a estudantes que se preparavam para uma carreira em engenharia financeira, que determinassem a "volatilidade" de certa ação.[14] Se o preço de uma ação sobe e desce rapidamente, sua volatilidade é alta. Se quase nunca muda, é baixa. Toda ação tem volatilidade, expressa com um número. Apenas três de 87 profissionais conseguiram fornecer o valor correto para a volatilidade; a maioria a subestimou.

No caso dos bancos austríacos, os anúncios de "9%" e os gerentes das instituições exploraram o fato de que poucas pessoas faziam a pergunta crucial: a porcentagem se refere a quê? Como já mencionado no capítulo 1, essa pergunta é essencial para não ser um analfabeto em risco. Nem sempre 9% é mais do que 1%.

A regra do polegar imbatível: confiança

Em vez de fazer perguntas básicas, muitas pessoas se pautam por uma regra social do polegar para viver: confiança. Confiança na política. Confiança nos líderes. Confiança no médico. A maioria dos clientes lida com seus gerentes como se estivesse em uma consulta médica. Primeiro, tenta determinar se a pessoa é ou não de confiança; depois, segue seu conselho. Poucos verificam se o gerente sabe mesmo do que está falando. Quando uma pesquisa na Itália perguntou o fator determinante para a confiança, dois terços dos clientes afirmaram que era relação

CUIDE DO SEU DINHEIRO

pessoal, e apenas um terço mencionou a competência.[15] A confiança normalmente se baseia em sinais superficiais: se a pessoa escuta com atenção, se sorri, o contato olho no olho. Nesse caso, o cliente geralmente seguia as recomendações de investimento do gerente e passava o resto do precioso tempo em que deveria tirar dúvidas batendo papo. Inclusive, 40% dos clientes de banco italianos afirmaram gastar menos de uma hora por mês considerando seus seguros e investimentos. Mas não é por falta de tempo: o italiano passa em média centenas de horas todo mês colado na TV — na maioria dos casos assistindo a programas estúpidos e espalhafatosos com dançarinas atraentes, as *veline*. É porque preferem se pautar por uma simples regra de investimento:

Confie no seu gerente.

Como qualquer estratégia, simples ou complexa, a confiança não é boa nem má. Tudo depende do contexto. Nesse caso, a confiança é uma boa ideia apenas se o seu gerente:

(1) compreende os produtos financeiros oferecidos, e
(2) não tem conflito de interesse.

A primeira condição diz respeito a confiar na competência; a segunda, na motivação. A história sobre os planos de pensão na Áustria ilustra que a competência não é tão disseminada como muitos pensam. Para se informar, você não pode se deixar levar por um sorriso simpático. Precisa fazer perguntas, como Anne.

Mas conflitos de interesse podem ser mais difíceis de perceber. Quando um cliente conversa com seu gerente de banco, costuma pressupor que o profissional visará o interesse do público a que atende. Na verdade, os gerentes são instruídos toda semana a vender produtos financeiros que rendem as maiores comissões para o banco e podem até ser premiados por isso. Lembre que todos os gerentes austríacos recomendaram o plano de aposentadoria de "9%", tendo-o compreendido ou não. O produto mais lucrativo para o banco muito provavelmente não será o melhor negócio para o cliente. A parte do bolo que o banco pega para si não voltará

Pergunta: "9% é a taxa de juros?"

Banco 1: Homem, perto dos cinquenta anos, explica cuidadosamente em tom paternal.

"Sim, é tudo rendimento. Para dar o mesmo retorno, a poupança teria que oferecer uma taxa de juros de 8%."

Banco 2: Mulher, de trinta e poucos anos.

"Não. Prêmio não é o mesmo que juros. Você só recebe por seu rendimento anual. Mas os juros médios para o plano de pensão são de aproximadamente 6%, comparados com 3% na poupança."

Banco 3: Mulher, vinte e poucos anos, extremamente afável, insegura e repetitiva.

"Sim. Prêmio e juros são a mesma coisa, só que o prêmio você ganha todo ano." Ela usa o computador para exemplificar como os rendimentos do plano de pensão são muito superiores comparados aos 3% da poupança. O resultado mostrado é o oposto. A cliente fica confusa. A gerente parece perdida e chama uma colega mais velha, que também fica surpresa que 3% possam ser mais do que 9%, mas confirma que prêmio é a mesma coisa que juros. Constrangidas, as duas gerentes explicam à cliente: "A gente não devia acreditar em tudo que o governo diz".

Banco 4: Homem, quarenta e poucos anos, curto e grosso.

"Não."

Banco 5: Mulher, trinta e poucos anos, simpática e entusiasmada.

"Não, o prêmio é o dinheiro extra do governo." Ela recomenda o plano de pensão, calcula o retorno comparado a planos comuns. O resultado deixa ambas confusas. A cliente volta a perguntar se prêmio e juros são a mesma coisa. Dessa vez, a resposta é: "Isso, o prêmio é a mesma coisa que juros, só que do governo".

Figura 5.3. Os bancos austríacos anunciaram planos de pensão com um "9%" gigante, dando a entender que fosse uma taxa de juros subsidiada pelo governo, mas que na verdade era um prêmio único. Anne

Pergunta: "9% é a taxa de juros?"

Banco 6: Homem, trinta e poucos anos, calado, não tira os olhos dos documentos, evita contato visual.

"O prêmio é uma taxa de juros anual do governo. Recomendo o plano de pensão, porque com a poupança não tem garantia — com o plano de pensão, tem."

Banco 7: Mulher, perto da casa dos quarenta anos, insegura, pede ajuda o tempo todo a um colega.

"É, essa é uma pergunta difícil." Seu colega intervém. "Você recebe um total de 8,5% [taxa oferecida por esse banco, em vez de 9%], que é uma taxa de juros fixa de pelo menos 2,25% do banco, depois o governo completa a diferença para 8,5%."

Banco 8: Homem, trinta e poucos anos, ávido para mostrar serviço, faz contato visual intenso.

"O prêmio é como juros, mas só do rendimento anual. A poupança não é boa opção, porque você tem só 2,5% de juros." Para demonstrar a vantagem do plano de pensão, ele calcula o resultado comparado a um seguro de vida de 2,25%. O seguro de vida rende mais. Quando vê o resultado, calcula de novo, e outra vez a mesma coisa. Parece irritado por um instante, mas minimiza a situação e enaltece as vantagens do plano de pensão. A cliente pergunta por que ele aconselhou contra a poupança de 2,5% se juros de 2,25% já trazem rendimentos melhores do que o plano de pensão. Longa pausa. "Estou achando que esse plano bancado pelo governo é só um chamariz."

Banco 9: Mulher, por volta dos trinta anos, tom professoral e condescendente.

"Não, não são juros, é um prêmio anual em cima do rendimento anual. Mas é para atrair o cliente que o número não está explicado na propaganda. É mentirosa, na verdade."

Banco 10: Homem, pouco mais de trinta anos.

"Não. Prêmio é uma coisa e juros são outra. O prêmio não tem juros compostos." A cliente pergunta por que o anúncio não explica isso. "Primeiro o banco gasta com publicidade pra tapear e atrair o cliente. Depois gasta o tempo do gerente pra corrigir o mal-entendido."

foi a dez bancos e perguntou aos gerentes: "9% é a taxa de juros?". Embora a resposta seja não, vários afirmaram o contrário ou ficaram confusos.

FONTE: Vitouch et al. (2007).

mais para o investidor. Analisando por outro ângulo, se o gerente agisse de acordo com o interesse do cliente, o banco poderia perder dinheiro; um gerente de banco altruísta tem carreira curta. Conflitos de interesse são a regra, mais do que a exceção. Estão embutidos no sistema, e os clientes precisam entendê-los. Se a pessoa não quiser ser passada para trás o tempo todo, precisa aprender o beabá do sistema financeiro.

A mística do dinheiro

Quando um palestrante usa termos e frases obscuros que ninguém de fato compreende, alguns na plateia sempre ficam impressionados. Conheço autores que nem sequer tentam escrever de forma compreensível porque acreditam que de outro modo seus leitores não os acharão inteligentes. Da mesma forma, inúmeros clientes de banco se deixam seduzir pela mística financeira pautada em termos rebuscados. Mas se por um lado um texto incompreensível não necessariamente o levará à ruína, produtos financeiros incompreensíveis, sim. Na verdade, instrumentos complexos como *credit default swaps* já causaram crises financeiras. Em 2003, Warren Buffett definiu tais produtos como "armas de destruição em massa".[16] Os que sonhavam com a casa própria, as instituições financeiras, as agências de *rating* — quase ninguém entendeu, nem quis entender, os desdobramentos globais daquilo tudo. As agências de *rating* deram nota alta para a Lehman até o momento em que quebrou. O CEO da Morgan Stanley pareceu não perceber o que estava acontecendo, assim como importantes banqueiros do mundo todo.[17] Os sempre ocupados políticos entenderam menos ainda, e as empresas de contabilidade tampouco, ou tinham conflitos de interesse. Os gerentes de banco empurraram esses produtos de investimento agressivamente, fazendo os clientes tirar dinheiro da mais segura, porém mal remunerada, poupança. Alan Greenspan, ex-diretor do Federal Reserve, que saudara a maior liberdade de regulamentações antes da quebra, admitiu com sinceridade: "Aqueles de nós que protegemos os interesses de instituições de crédito para proteger o lucro dos acionistas, inclusive eu, estamos em estado de choque e incredulidade".[18]

Portanto, problemas complexos como crises financeiras são com frequência criados, não resolvidos, por produtos complexos. E os que vendem esses produtos sabem que os potenciais compradores ficarão impressionados, ou pelo menos com vergonha de admitir que não entenderam nada do que lhes foi oferecido. Alguns prospectos têm cem páginas, cheias de letras miúdas. Mas há um remédio simples para esse mal, embora exija a coragem de admitir a própria ignorância:

Não compre produtos financeiros que você não compreende.

Se os norte-americanos tivessem usado essa regra, poucos teriam perdido parcelas imensas de seus fundos de pensão. Se os banqueiros europeus a observassem, não teriam adquirido papéis tóxicos, e a crise financeira não teria sido como foi. Uma executiva de alto escalão certa vez explicou para mim que por anos hesitou em admitir quando não compreendia um investimento, com medo de parecer burra. Agora que aprendeu sua lição, se alguém lhe oferece uma opção de investimento ela diz: "Você tem quinze minutos para me explicar como funciona. Se eu não entender, não quero". Uma regra simples, mas capaz de reduzir as chances de os estragos alcançarem dimensões globais.

Observe que essa regra não é o mesmo que ser avesso ao risco. Pôr todo seu dinheiro numa simples poupança ou em títulos do tesouro direto pode ser seguro, mas talvez não seja nada além disso. Um investidor inteligente diversifica e compra ações — só que não da maneira complicada e obscura sonhada pelos grandes bancos e corretoras de Wall Street. A questão mais importante aqui é que a transparência ajuda a criar um mundo mais seguro, enquanto a complexidade pode contribuir para o potencial desastre.

Investimento seguro: faça o simples

Conforme mencionado, a complexidade dos instrumentos financeiros inventados nas últimas décadas é um dos motivos para tanta gente ter perdido tanto dinheiro. Alguns especialistas, do alto da torre de marfim do mundo das finanças, têm interesse pessoal em promover esquemas de investimento inovadores que as pessoas comuns não compreendem. Paul Volcker, ex-diretor do Federal Reserve, não cai nessa conversa de que a "inovação financeira" é necessária para uma economia saudável. Segundo ele, "a única inovação bancária útil foi a invenção do caixa eletrônico".[19]

Agarrar-se à certeza, porém, pode levar a pessoa a dar uma guinada para o outro lado e se tornar extremamente avessa aos inevitáveis riscos envolvidos nos investimentos financeiros. Clientes de banco italianos, de acordo com um estudo, associavam risco a termos em maior parte negativos. Suas associações mais comuns com a palavra "risco" foram prejuízo, perder a propriedade de um imóvel como garantia de empréstimo, investimento, medo, perigo, títulos do Tesouro argentino e falência, nessa ordem.[20] O fato de um risco também ser uma oportunidade não foi um fator determinante em seu processo de raciocínio. Essas associações refletiam sua tomada de decisão. Quando o gerente oferecia uma opção de investimento para esses clientes, a maioria fazia apenas duas perguntas, ambas avessas ao risco: se era seguro e se poderia ser resgatado com antecedência. Esses questionamentos não fazem muito sentido: investimento nenhum é seguro, mas alguns são mais seguros que outros. E, quanto ao resgate, a única coisa a perguntar são as tarifas.

Quais seriam estratégias simples e transparentes para investir seu dinheiro? Eis alguns exemplos para quem não é muito chegado em risco:

- Um terço em ações, um terço em títulos de renda fixa, um terço em imóveis. Essa é a regra 1/n que vimos lá atrás. Aqui, significa alocar seu dinheiro igualmente entre as três coisas.
- Poupe 20%, gaste 80%. Poupar não significa esconder o dinheiro no colchão, mas investir no futuro.
- Diversifique ao máximo — bem mais do que os especialistas lhe dizem para fazer.[21]

Nenhuma dessas regras funciona sempre, mas servem como guia e podem proteger você de grandes prejuízos. É fundamental você mesmo pensar no que fazer com seu dinheiro. Como vimos, gerentes de banco são orientados a vender opções de investimentos, seguros de vida e outros produtos financeiros para os clientes. Trabalham com metas para cumprir e, quando a cota de um produto está completa, tentam empurrar outro para o cliente seguinte — e ele pode ser você. Mas a culpa não é só dos gerentes — não lhes resta muita escolha, se quiserem conservar seus empregos. Tenha em mente que eles nem sempre podem recomendar a melhor opção para o seu caso.

6
Liderança e intuição

*A mente intuitiva é uma dádiva sagrada e a mente racional, um
servo fiel. Criamos uma sociedade que honra o servo e costuma
esquecer a dádiva.*
Citação atribuída a Albert Einstein

O LOCAL É UM AUDITÓRIO PEQUENO e elegante com poltronas vermelhas, lustres bonitos, uma lareira aconchegante. Acabo de dar uma palestra sobre intuição e negócios, e é hora da sessão de perguntas e respostas. O anfitrião, um executivo sênior, se levanta.

Eu me lembro de uma ocasião em que nós, os cinco membros da diretoria do banco, estávamos numa discussão acalorada sobre uma proposta de fusão com um grupo de crédito global. À uma da manhã, alguém mencionou que tinha um mau pressentimento. Os outros perguntaram qual era o problema. Ele não soube dizer exatamente, mas sugeriu alguns motivos. Descartamos um por um, fizemos a fusão e foi um desastre.

Silêncio. O público, composto de 24 empresários e seus respectivos cônjuges, os melhores clientes do banco, aguardavam a moral da história. Então ele continuou:

Se tem uma coisa que eu aprendi é que, quando alguém tem um mau pressentimento, não adianta perguntar por quê. A pessoa não vai saber responder. A gente precisa fazer uma pergunta diferente, e não é para ela.

Precisamos perguntar a nós mesmos se é essa pessoa quem tem mais experiência no assunto. Se a resposta for sim, chega de perguntas. Hora de procurar outro lugar para investir.

Eu havia dado essa palestra antes para um grupo diferente de clientes do banco, e esse executivo compreendeu as implicações da definição de intuição. Como vimos, a intuição é um juízo (1) que surge de forma repentina na consciência, (2) cujos motivos subjacentes ainda não estão completamente claros, mas (3) é poderoso o bastante para afetar nossa decisão. Intuir significa sentir o que deve ser feito sem conseguir explicar. Você sabe mais do que consegue expressar em palavras. A intuição não é mero capricho nem sexto sentido, mas uma forma de inteligência inconsciente. Por definição, a pessoa não tem como saber o motivo, e talvez invente algum a posteriori, se insistirmos. A intuição é uma forma de inteligência que não conseguimos expor verbalmente e deve ser respeitada como tal se quisermos levá-la a sério. Como percebeu o executivo, quando o mais experiente tem um mau pressentimento, não adianta sondar as razões.

Executivos seguem seus instintos?

Há alguns anos, a Universidade de Bielefeld, na Alemanha, convidou dois empresários e dois acadêmicos para uma prestigiosa reunião organizada pelos departamentos de economia e negócios. Um era um próspero construtor de edifícios-garagens, e o outro um fabricante de equipamentos de cozinha. Os acadêmicos eram Reinhard Selten, único alemão laureado com o Nobel em economia, e eu. O público esperava um debate entre os quatro, a teoria contra a prática. Mas preparamos uma surpresa. Selten e eu sugerimos deixar de lado a maior parte da programação e falar sobre como tomar decisões acertadas em um mundo incerto.[1] A despeito das objeções dos professores, que teriam preferido teorias matematicamente elegantes, os empresários apoiaram nossa proposta de lhes mostrar algo relevante e útil. Ambos afirmaram de forma contundente que as coisas aprendidas no curso de administração e gestão tiveram pouquíssima utilidade na prática. Suas fortunas foram adquiridas confiando em seus instintos, que com frequência se mostravam acertados. Mas coisas assim nem sequer eram mencionadas em seus tempos de estudantes, a não ser com menosprezo.

Para descobrir até que ponto o uso da intuição nos negócios era difundido, já entrevistei gerentes, diretores e CEOS de grandes multinacionais. Uma delas era uma importante fornecedora de serviços de tecnologia. A empresa tinha problemas de lentidão na tomada de decisões, tanto internamente como na relação com os clientes.

Assistido por um alto executivo da confiança deles, perguntei com que frequência confiavam em seus instintos para decisões profissionais, fossem individuais ou em grupo. Vale repetir que a intuição não é mero capricho nem sexto sentido. O executivo pode estar soterrado sob uma montanha de informações, parte dela contraditória, parte duvidosa, além de mais um outro tanto que o leva a se perguntar por que aqueles dados estão ali, para começo de conversa. Mas, a despeito da quantidade absurda de números, não existe um algoritmo que calcule a melhor decisão a tomar. Nessa situação, um executivo experiente talvez sinta que deve seguir seus instintos. Por definição, os motivos por trás dessa sensação são inconscientes. Com que frequência os executivos entrevistados por nós confiavam em seus instintos?

Selecionamos executivos em todos os níveis de hierarquia, incluindo gerentes, chefes de departamentos, diretorias executivas encarregadas de filiais de empresas e membros de conselhos executivos. No total, 52 responderam sem precisarmos perguntar duas vezes, o que revela a importância dada à questão. Em entrevistas pessoais, apresentávamos a definição de intuição e perguntávamos com que frequência se baseavam nela para tomar decisões profissionais importantes.

Ninguém afirmou nunca tomar decisões intuitivas (figura 6.1, quadro de cima). Por outro lado, ninguém disse que tomava decisões intuitivas o tempo todo. Em todos os níveis de hierarquia, dos gerentes aos membros dos conselhos executivos, a maioria respondeu que confiava em seus instintos em cerca de 50% dos casos. É uma proporção surpreendentemente elevada. Mas esses mesmos executivos jamais teriam admitido isso em público.

O que impedia os executivos de seguir seus instintos? Três motivos foram mencionados repetidas vezes:

1. *Espera-se uma justificativa racional, não um pressentimento.* Como explicou um executivo sênior de sessenta anos: "A pura verdade é que você vai ter que fazer um pedido público de desculpas se a decisão não for baseada 200% nos fatos". Nas palavras de outro: "Somos uma empresa high-tech e nossa liderança espera números e fatos". E: "Preciso explicar a decisão depois que foi tomada".
2. *Tomar decisões em grupo é incompatível com intuições.* Decisões tomadas coletivamente precisam ser defendidas com argumentos racionais. Os executivos muitas vezes consideram difícil admitir que estão seguindo sua intuição e convencer os demais a aceitar.
3. *Medo de não ter considerado todos os fatos.* Alguns executivos relataram que o receio de deixar passar alguma coisa os leva a continuar buscando mais dados, em vez de simplesmente tomar uma decisão. Ao contrário dos que se sentem impelidos a oferecer justificativas racionais a posteriori, esses executivos nem sequer escutariam sua voz interior, para começo de conversa. Como afirmou simplesmente um outro: "Não confio nos meus palpites".

O comportamento desses executivos seria incomum? Em outra pesquisa, perguntei a cinquenta altos executivos e membros do conselho executivo de uma grande fabricante de automóveis, entre eles muitos engenheiros: "Pense nas últimas dez decisões profissionais de que você participou. Quantas foram intuitivas?". Mais uma vez, ninguém disse "Nenhuma" (figura 6.1, quadro de baixo). Tampouco alguém afirmou que seguia a intuição apenas de forma ocasional. A maioria (76%) respondeu que fazia isso na maior parte do tempo. Inclusive, houve cinco que afirmaram sempre tomar decisões intuitivas. Em comparação com as respostas da área de tecnologia, o número mais elevado de decisões intuitivas relatado nesse caso provavelmente se deveu ao fato de os executivos entrevistados se limitarem aos dois níveis superiores da hierarquia.

Minha pesquisa sugere que, quanto mais alto o cargo, mais os executivos confiam em seus instintos. Contudo, a maioria disse que, quando

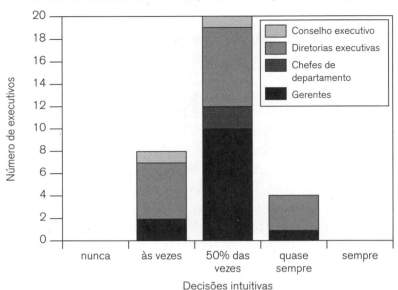

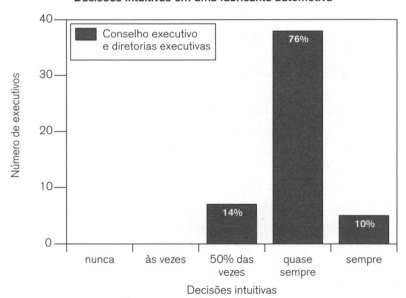

Figura 6.1. Com que frequência executivos tomam decisões intuitivas? Com base na pergunta apresentada a 32 executivos de uma fornecedora de serviços de tecnologia (quadro de cima) e cinquenta executivos de uma fabricante automotiva (quadro de baixo). Por exemplo, a maioria dos executivos de tecnologia afirmou que confiava na intuição para tomar decisões 50% do tempo. Poucos deles admitiriam isso em público. A frequência mais elevada das decisões intuitivas entre os executivos do setor automotivo provavelmente se deve ao fato de os entrevistados serem dos dois escalões mais altos.

precisa justificar suas decisões para terceiros, não menciona a intuição e procura por motivos a posteriori. Uma queixa comum é que o mundo dos negócios tem tolerância zero para erros, e os executivos das grandes companhias parecem acreditar que sua empresa não aprende com eles quando acontecem. Falar sobre intuição pode ser aceitável nos setores de recrutamento e pesquisa e desenvolvimento; fora desse contexto, é tabu.

Guardar para si é pior para a empresa

É uma ironia que, a despeito da prevalência de decisões intuitivas nos negócios, executivos promissores não estudem quase nada sobre o assunto na universidade. A maioria aprende que só existe uma maneira racional de decidir — a saber, a boa e velha teoria da decisão. A teoria exige o impossível: determinar todas as alternativas possíveis, todas as consequências possíveis, estimar a utilidade de cada consequência, multiplicar cada utilidade por sua probabilidade e escolher a alternativa com a utilidade esperada mais elevada. O problema é que o mundo real dos negócios não funciona dessa forma: bons instintos são necessários. Mesmo assim, os estudantes costumam aprender que os juízos intuitivos, assim como as ilusões visuais, são enganosos. E mais tarde, após tomar uma decisão intuitiva no mundo dos negócios, sentem-se obrigados a disfarçar o que fizeram numa bolha de silêncio constrangido.

Como vimos, embora metade das decisões em grandes empresas seja intuitiva, provavelmente não seria bem-visto se um executivo admitisse para os demais: "Foi um palpite". Em nossa sociedade, a intuição é vista com suspeita. Por isso, os profissionais normalmente ocultam suas intuições ou nem sequer dão ouvidos a elas. Observei duas maneiras de esconder ou evitar decisões intuitivas:

1. *Encontrar motivos a posteriori.* Uma executiva acha que determinada alternativa é a melhor, mas não tem coragem de admitir. Então instrui um subalterno de sua confiança a passar duas semanas procurando razões lógicas para sua escolha. Com o relatório na mão, apresenta a decisão intuitiva como se tivesse levado tais fa-

tores em consideração. A racionalização a posteriori custa tempo, dinheiro e recursos para a companhia. Outra forma de fazer isso é contratando uma consultoria. No fim do processo será entregue um documento de duzentas páginas com um estudo sobre os motivos da decisão intuitiva — claro, sem mencionar em nenhum lugar que houve uma. Esse procedimento custa ainda mais tempo e dinheiro. Em última análise, na origem das duas táticas está o medo do líder de assumir sua responsabilidade pessoal — afinal, é disso que se trata a decisão instintiva.

2. *Tomada de decisão defensiva.* Aqui, a estratégia é abandonar a melhor alternativa, pois não pode ser justificada se algo der errado, e adotar uma segunda ou terceira opção. Por exemplo, uma gerente sênior certa vez me contou sobre seu bom pressentimento quanto à introdução de um novo produto em um mercado estrangeiro: incapaz de explicar seus motivos, ela foi pela opinião da maioria e votou contra o que julgava ser a melhor escolha. Mais uma vez, a ideia era se proteger, nesse caso negligenciando a melhor opção para a empresa. Esse procedimento provavelmente é mais oneroso do que a estratégia de procurar motivos a posteriori, em razão das consequências dos cursos de ação adotados em função de uma opção inferior.

Decisões defensivas não são sinal de liderança forte, nem de uma cultura de erro positiva. Qual seria a frequência da tomada de decisão defensiva? Voltemos aos executivos dos serviços de tecnologia. Perguntei se em alguma ocasião acabavam escolhendo a opção que não consideravam a melhor. Mais especificamente: "Considere as dez últimas decisões profissionais importantes de que você participou. Quantas tiveram um componente defensivo?".

Sete de 32 afirmaram nunca ter tomado uma decisão defensiva (figura 6.2, gráfico de cima). Um deles, de cinquenta e poucos anos, explicou: "Acho que sempre tomei decisões no interesse da empresa. Só estou bem se a empresa estiver bem. Tenho essa convicção muito bem enraizada. Mesmo que a empresa me mandasse embora, eu faria a mesma coisa pela seguinte". É o executivo que toda empresa quer ter. Mas esses tipos ideais foram minoria.

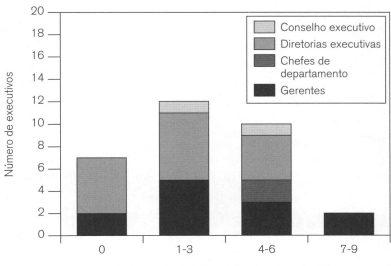

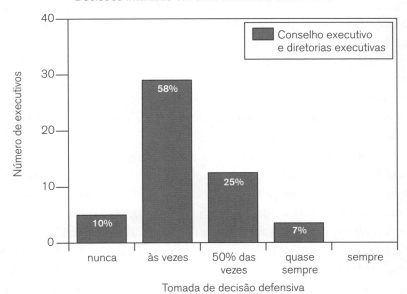

Figura 6.2. Tomada de decisão defensiva em uma empresa de serviços de tecnologia (quadro de cima) e uma fabricante (quadro de baixo). Quando os indivíduos escolhem uma opção para se proteger caso algo saia errado, a isso chamamos tomada de decisão defensiva ("tirar o seu da reta"). Decisões defensivas protegem o indivíduo em detrimento da empresa ou instituição. Com base na resposta de 32 executivos de uma companhia de tecnologia e 52 executivos (dos dois escalões mais elevados) de uma fabricante de veículos.

Uma dúzia admitiu já ter tomado entre uma e três decisões defensivas. Um deles afirmou que agiu motivado pelo medo de levar a culpa e de ser responsabilizado por um erro, o que poderia prejudicar sua imagem perante os colegas. Outros citaram situações como falta de tempo para pensar e riscos incalculáveis. Um homem de sessenta e poucos anos admitiu de forma aberta que em alguns casos simplesmente lhe faltara coragem.

Quase um terço dos executivos, porém, revelou que cerca de metade de suas decisões era defensiva. Um justificou seu comportamento da seguinte forma: "Quero fazer parte da maioria, para me proteger de ataques pessoais. Acho que tenho medo de ser corajoso". Outro reclamou que a empresa não oferecia nenhum incentivo para correr riscos, apenas críticas se algo dava errado. Vários justificaram seu comportamento como um meio de evitar conflitos a fim de se proteger, além de resguardar seu departamento. Um membro de um conselho executivo admitiu que metade de suas decisões não era tomada no interesse da empresa. Segundo o alto dirigente, a mentalidade da companhia era de risco zero, portanto ele preferia se concentrar nos riscos pessoais e ponderá-los cuidadosamente.

Por fim, mas não menos importante, alguns afirmaram que tomariam uma decisão que contrariava o melhor interesse da empresa em sete a nove de cada dez casos. Isso aconteceu no nível de gerência mais baixo. Um deles explicou o espírito em que essas decisões eram tomadas como "melhor tirar o seu da reta".

A atitude defensiva nessa companhia é sintomática do que encontrei em outras grandes empresas. Os funcionários do topo da hierarquia, incluindo o conselho executivo da fabricante automotiva, relataram níveis parecidos de tomada de decisão defensiva (figura 6.2). A maioria disse que às vezes agia assim, enquanto um em dez informava jamais ter procedido dessa forma. No geral, porém, esses executivos relataram menos decisões defensivas em comparação com a multinacional de tecnologia, o que mais uma vez pode se dever ao fato de os gerentes no escalão mais baixo da fabricante automotiva não terem sido consultados.

LIDERANÇA E INTUIÇÃO

A intuição é tabu em todas as áreas?

Negócios familiares são uma importante exceção à regra. Em empresas familiares ou de um proprietário, as cotas são distribuídas entre relativamente poucos acionistas, em geral um ou alguns membros de uma família, ao contrário de ações das empresas de capital aberto, que estão pulverizadas entre inúmeros investidores. E, o mais importante, a cultura corporativa nos negócios familiares é diferente. Há menos temores em relação aos instintos: se um erro ocorre, em geral os funcionários não são sumariamente demitidos. Em vez de serem varridos para baixo do tapete, os erros são discutidos e servem de aprendizado para o futuro. O planejamento é feito com antecedência, e o bom desempenho é chave para a decisão, em vez de um procedimento formal. O objetivo não é maximizar os ganhos do ano seguinte, mas desenvolver a empresa de modo a passá-la à geração seguinte. Decisões intuitivas são vistas com naturalidade. Esta é uma das grandes vantagens de um negócio familiar: eles tendem a se assemelhar à cultura da aviação, enquanto grandes companhias de capital aberto em geral se aproximam da cultura hospitalar (capítulo 3). O desafio para as grandes empresas é alinhar melhor os interesses de seus executivos aos da companhia, assim como os interesses de um membro da família estão naturalmente alinhados com os negócios familiares.

As empresas poderiam romper sem dificuldades com esse tabu e calcular quanta receita é perdida com a cultura defensiva. Reduzir as decisões defensivas traria uma vantagem sobre a concorrência. Para melhorar seu fluxo de informação, a empresa de tecnologia costumava enviar um questionário com cem perguntas para seus funcionários no mundo todo, mas nunca soube o que fazer com o mar de respostas que recebia. Uma primeira medida seria substituir esse levantamento extenso por duas perguntas apenas: com que frequência você toma decisões defensivas e o que acha que pode ser feito para mudar isso? O desenvolvimento de uma nova cultura corporativa poderia começar por aí. Uma segunda medida, como veremos abaixo, é tornar as regras intuitivas de líderes experientes explícitas e conscientes, submetê-las a testes experimentais e usar o resultado para treinar líderes menos experientes.

PREPARADOS PARA O RISCO

A caixa de ferramentas do líder

Executivos seniores normalmente precisam tomar ou delegar decisões rapidamente após breve consulta e com grande dose de incerteza. Para isso, a teoria da decisão clássica oferece uma ajuda apenas limitada. Nas palavras de Henry Mintzberg:

> O ritmo de trabalho de um executivo é implacável; suas atividades são normalmente caracterizadas pela brevidade, variedade, fragmentação e descontinuidade; e eles são fortemente voltados à ação.[2]

As regras do polegar que os altos executivos seguem muitas vezes são inconscientes e podem ser definidas como intuição. Inspirado em minhas descobertas sobre as regras do polegar no livro *Gut Feelings* [Intuição], o ex-presidente da Universidade Internacional da Flórida, Modesto Maidique, desenvolveu uma visão inovadora sobre a natureza da liderança.[3] Todo executivo sênior dispõe de uma "caixa de ferramentas adaptativa" de caráter pessoal para exercer sua função. Essa caixa de ferramentas contém um conjunto de regras do polegar derivadas de experiência e valores pessoais. As regras são a base para a tomada de decisões sobre pessoas, estratégias e investimentos em um mundo que premia o uso eficiente do tempo.

Quando Maidique entrevistou altos executivos experientes, algumas regras empregadas de forma intuitiva vieram à tona de forma consciente. Aqui temos três que os CEOS utilizam em suas empresas:

- contratar direito e deixar que a pessoa faça seu trabalho;
- descentralizar as operações e a estratégia;
- promover antes de contratar.

Embora simples, não são regras arbitrárias. Baseiam-se em anos de prática, e cada uma serve para um objetivo específico. Por exemplo, "contratar direito e deixar que a pessoa faça seu trabalho" reflete a visão de uma instituição em que o controle de qualidade ("contratar direito") anda de mãos dadas com o clima de confiança ("deixar que a pessoa faça seu

136

LIDERANÇA E INTUIÇÃO

trabalho") exigido para a inovação de ponta. Essa regra é um dos princípios norteadores dos Institutos Max Planck, onde o primeiro passo para contratar um novo diretor é uma ampla busca internacional, e o segundo, conceder-lhe a independência e os recursos necessários para a realização de pesquisa inovadora. Isso leva os pesquisadores a correr riscos e ousar pensar de novas maneiras. Por outro lado, políticas de subsídios com incentivos de curto prazo limitam a possibilidade de que pesquisadores brilhantes façam um trabalho inovador e força-os a produzir mais do mesmo.

A regra da descentralização contribui para decisões melhores por se beneficiar do conhecimento local, ao mesmo tempo que amplia a responsabilidade por distribuí-lo. Essa regra pautou as decisões de Marcelo Odebrecht, que atendeu a um pedido do prefeito do Rio de Janeiro para terminar as instalações dos Jogos Pan-Americanos de 2007 depois que a construtora anterior não foi capaz de entregar o serviço. A decisão de aceitar um negócio tão arriscado se baseou em seu conhecimento da dinâmica local e permitiu ao empresário tomar a decisão final. O contrato foi cumprido com sucesso e elevou a reputação da empresa, na época.

Por fim, o princípio "promover antes de contratar" pode ajudar a assegurar a competência e o comprometimento com os valores corporativos. Se um departamento vai bem, a promoção dos funcionários é uma regra válida. Mas se o departamento vai mal, em especial por disputas internas, provavelmente não será a solução correta. Nesse caso, alguém de fora pode ser a melhor escolha.

Nem toda regra funciona o tempo todo, assim como o martelo não serve para tudo na sua casa. É por isso que o CEO precisa dispor de um amplo repertório de "ferramentas".

Boa liderança

A boa liderança consiste numa caixa de ferramentas com muitas regras do polegar e a capacidade intuitiva de perceber rapidamente a mais apropriada em cada contexto. A seguir relacionamos seis regras do polegar extraídas de uma entrevista com Ray Stata, diretor de dispositivos analógicos, em setembro de 2010. Ele correu ousados riscos pessoais para mudar a área de atuação de sua empresa. As regras para lidar com pessoal e estratégias de negócios são diferentes.

Pessoal:

- Escute primeiro, depois fale.
- Se o funcionário não for honesto e confiável, o resto não importa.
- Encoraje os funcionários a correr riscos e invista em seu empoderamento, de modo que tomem decisões e sintam fazer parte da empresa.

Estratégias:

- A inovação conduz ao sucesso.
- Quem não arrisca não petisca: mais análises não reduzem a incerteza.
- Ao avaliar um planejamento, tenha em mente tanto os funcionários como o plano de ação.

Essas regras não se limitam à liderança no mundo dos negócios. Por exemplo, "escute primeiro, depois fale" é uma instrução martelada na cabeça dos aviadores durante o treinamento. Em uma situação de emergência, o comandante não deve dizer de imediato o que acredita ser a coisa certa a fazer, mas primeiro consultar os membros da tripulação. Caso contrário, os tripulantes podem ficar intimidados e guardar o que pensam para si.

Assim como "escute primeiro, depois fale", muitas regras do polegar especificam uma sequência no tempo. Uma análise de seis startups de tecnologia revelou essas regras temporais na "caixa de ferramentas" adaptativa de cada empresa.[4] Um exemplo ilustrativo é *Siga a estrutura de poder das nações*: Insira um continente por vez. Pense nos Estados Unidos, depois utilize o consumidor norte-americano como referência para ampliar a estimativa ao Japão e finalmente utilize o consumidor japonês como referência para o resto da Ásia. As empresas em geral não começam com essas regras simples, mas as elaboram primeiro e perseguem oportunidades demais antes de, no fim das contas, acabar simplificando seu portfólio de regras com base na experiência.

Regras a ser evitadas

Como qualquer ferramenta, nenhuma regra do polegar sempre é a melhor ou a pior: depende do problema a ser resolvido. Algumas das piores decisões são tomadas a partir de regras do polegar baseadas em emoções destrutivas. Eis uma delas:

Busque vingança a todo custo.

No início de sua carreira, Warren Buffett cometeu sua "trapalhada de 200 bilhões de dólares". Ele percebeu que uma indústria têxtil, a Berkshire Hathaway, vendeu uma de suas fábricas e usou o dinheiro para recomprar as ações, o que levou a uma valorização. Quando o processo se repetiu, Buffett comprou grande quantidade de ações da companhia pouco antes de venderem outra tecelagem. Ele entrou num acordo com o diretor executivo Seabury Stanton para negociar suas ações a 11,50 dólares e obter um pequeno lucro de curto prazo. Então chegou uma carta do CEO, oferecendo-se para comprar as ações de Buffett não pela quantia combinada, mas por 12,5 centavos a menos. Sentindo-se traído, Buffett passou a comprar as ações da Hathaway até ganhar o controle majoritário, e em seguida despediu Stanton. Buffett conseguiu sua vingança, mas com um péssimo negócio que, segundo seus cálculos, lhe custou cerca de 200 bilhões de dólares em oportunidades perdidas. A experiência pode ser uma professora cruel no aprendizado das regras do polegar corretas.

Como testar regras do polegar

Muitas indústrias, negócios e restaurantes usam regras simples para determinar preços ("Pegue o custo do alimento bruto e multiplique por três") e tomar decisões em geral ("Nunca construa um prédio sem ter os ocupantes primeiro"). Como eles sabem se e quando uma regra do polegar é boa? Uma maneira é testar essas regras: quanto mais específica, mais simples ela é. Uma regra do polegar pode ter diferentes níveis de generalização:

- Limite-se aos ramos de negócios em que você acredita poder ser um líder.
- Se um cliente não comprou nada por nove meses ou mais, classifique-o como inativo.

A primeira regra pode ser aplicada a inúmeros negócios; a segunda é mais específica. O estudo a seguir mostra como testar a qualidade de previsão sobre quais clientes continuarão fiéis à empresa no futuro.

Um único bom motivo é melhor que muitos

Nossa caixa de correio, seja virtual, seja real, vive entupida de malas diretas, panfletos, catálogos, ofertas de cartões de crédito etc. Para uma empresa atrás de clientes antigos e novos, a correspondência em massa é parte da estratégia de negócios. Ao mesmo tempo, campanhas publicitárias não dirigidas são irritantes para quem não tem nenhum interesse nos produtos, além de dispendiosas para quem as promove. O ideal seria que toda empresa gastasse recursos com clientes ativos e leais, não com alguém que não pretende voltar a procurar seus produtos e serviços. Mas, num banco de dados contendo dezenas ou centenas de clientes, como os ativos podem ser diferenciados dos inativos?

A ideia convencional é resolver um problema complexo com uma análise complexa. Uma ferramenta dessas é o modelo Pareto/ DBN, recomendado por especialistas em marketing.[5] Ele fornece a probabilidade de cada cliente permanecer ativo ou se tornar inativo — exatamente o que a empresa precisa. Para tristeza de muitos marketeiros, porém, os executivos em geral preferem confiar em regras do polegar simples, baseadas em sua experiência pessoal. Os executivos de uma grande companhia aérea internacional se baseavam numa regra criada em função da última compra (hiato):

Se um cliente não comprou nada em nove meses ou mais, deve ser classificado como inativo e os demais, como ativos.

Essa regra simples se atém a um único bom motivo: o tempo transcorrido desde a última compra. É utilizada em programas de milhagem, bem como no varejo de roupas. Mas não é uma regra ingênua? Ela ignora quanto o cliente comprou, o período entre uma compra e outra e toda informação que ferramentas complexas como o Pareto/ DBN cuidadosamente analisam, bem como seus cálculos sofisticados. O uso da regra do hiato parece forte evidência para a hipótese de que as pessoas tomam decisões irracionais devido à limitação da capacidade cognitiva e à incapacidade de lidar com toda a informação necessária para tomar uma boa decisão. Um motivo único pode fazer frente a vários motivos e cálculos complicadíssimos?

Dois professores de administração realizaram um engenhoso estudo destinado a demonstrar a superioridade do método complexo sobre a regra simples. Eles testaram quantas previsões corretas o método complexo obtinha em comparação à regra simples para a companhia aérea, um varejista de roupas e um varejista de CDs (CDNow).[6] O resultado, porém, não foi o esperado pelos professores. Em dois dos três casos, a regra simples pôde ser aplicada com mais rapidez e exigindo menos informações, e mesmo assim se mostrou mais precisa. Para a companhia aérea internacional, a regra simples estava correta em relação a 77% dos clientes; o método complexo, apenas 74% (figura 6.3). Para o varejista de roupas, a regra simples foi ainda mais efetiva: 83% a 75%. Por fim, para o comércio de CDs, ambos os métodos, a regra simples e a complexa, previram igualmente bem, com 77%. Em vez de confirmar sua convicção de que mais informação é melhor, os autores descobriram o que chamo de *efeito menos é mais*.

Menos é mais

Será esse um fenômeno isolado? Não. A figura 6.4 mostra o resultado médio de vinte estudos comparando duas regras simples com uma estratégia complexa chamada regressão múltipla. Essa estratégia é amplamente usada nas estimativas de negócios, como as previsões de vendas do ano seguinte; para isso, ela pesa cuidadosamente a importân

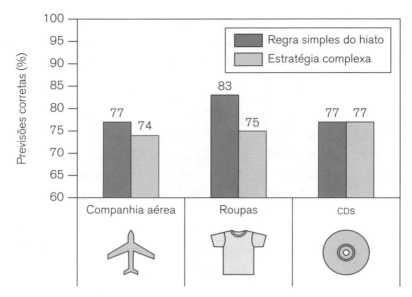

Figura 6.3. Menos é mais. Como prever quais clientes comprarão no futuro? Executivos de três empresas utilizam uma simples regra do polegar (a regra do hiato), enquanto teóricos da administração propõem estratégias complexas (Pareto/ DBN). Um teste mostra que a regra do polegar é melhor do que a estratégia complexa para prever quais clientes comprarão no futuro, ainda que utilize apenas parte da informação. Esse efeito menos é mais foi válido para a companhia aérea e o comércio de roupas, enquanto para o comércio de CDs ambas as estratégias se mostraram igualmente precisas. Em mundos incertos, menos muitas vezes é mais.
FONTE: Wübben e Wangenheim (2008).

cia de cada motivo. Uma das regras simples testadas, a enumeração, dá peso igual a todos eles, assim como 1/n trata igualmente todas as alternativas de investimento. A segunda, chamada "fique com a melhor", é uma regra com um único bom motivo (similar à regra do "tempo desde a última compra") que, como o nome sugere, utiliza apenas o melhor motivo para fazer uma previsão.[7]

Aqui precisamos ter em mente outra vez a diferença entre riscos conhecidos e incerteza. Riscos conhecidos correspondem à visão em retrospecto: conhecemos todos os detalhes (como os números de vendas do ano anterior) e podemos explicá-los a posteriori. Na "previsão" do passado, a estratégia complexa saiu-se melhor nos estudos. Mas, quan-

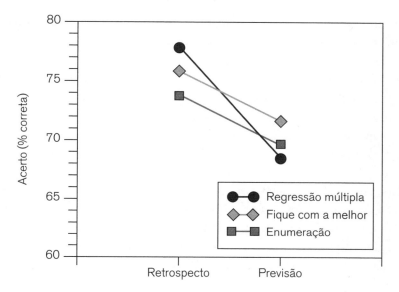

Figura 6.4. Menos é mais, na previsão (incerteza); mais é melhor, na visão em retrospecto (riscos conhecidos). Aqui são mostrados os resultados médios de vinte estudos similares aos da figura 6.3, em que as taxas de evasão escolar e os preços da moradia, entre outras variáveis, foram prognosticados com base em indicadores indiretos, como salários dos professores e proficiência de leitura dos alunos. A regressão múltipla é um método complexo que pesa e soma todos os indicadores rotineiramente usados nas ciências sociais. Fique com a melhor é uma regra do polegar simples que admite apenas o melhor indicador e ignora o resto. A enumeração utiliza todos os indicadores, mas lhes atribui peso igual. Visão em retrospecto significa que todos os dados são conhecidos e as estratégias se ajustaram aos dados. Previsão significa que somente metade dos dados é conhecida e a outra metade é prevista. O modelo complexo é o melhor na explicação do passado (retrospecto), enquanto as duas regras do polegar são melhores em prever o futuro.

FONTE: Czerlinski et al. (1999).

do o futuro era incerto (como as vendas do ano seguinte), as duas regras simples produziram previsões melhores do que o método complexo.

Há um mundo de diferença entre ver em retrospecto e antever. No rádio, muitas vezes escuto especialistas no mercado sendo entrevistados sobre o motivo de determinada ação ter subido no dia anterior. Eles sempre têm uma explicação. Isso é a visão em retrospecto; os comentaristas já sabem o que aconteceu e podem escolher uma narrativa dentre um amplo leque de informações que se ajuste aos fatos. Ninguém nunca lhes pergunta se determinada ação vai subir no dia seguinte. Para isso, teriam de fazer uma previsão, e antecipar acontecimentos envolve incerteza. Como vários estudos já mostraram, os prognósticos dos analistas financeiros sobre o desempenho futuro de ações tendem a ser iguais ou inferiores a previsões feitas ao acaso.

Um efeito menos é mais ocorre quando as previsões com uma regra simples superam as que foram feitas usando uma estratégia complexa. O motivo não é que a regra simples dispõe de informação privilegiada. Nos vinte estudos relatados acima, a estratégia complexa teve acesso a todas as informações que a regra simples obteve e mais um pouco. Em um mundo incerto, o motivo é que as estratégias complexas se perdem ao considerar enormes quantidades de detalhes, muitos deles irrelevantes. Lembra da regra de Einstein no capítulo 5?

A natureza da liderança

O que caracteriza um líder? De Platão aos dias de hoje, a teoria de que os líderes possuem traços únicos de personalidade sempre foi a ideia principal. Inteligência, autoridade, persistência e autoconfiança são exemplos. Para Francis Galton, essas qualidades eram na verdade herdadas. Mais recentemente, alguns defendem que a liderança não é uma soma, mas uma constelação particular de características. Contudo, apenas olhar para os traços de personalidade nunca funcionou bem; afinal, expressões como "franqueza" e "extroversão" são vagos demais para nos dizer qual decisão um líder vai tomar numa dada circunstância. Esses atributos se referem apenas à pessoa, negligenciando a situação enfrentada. A liderança reside no embate entre a pessoa e o ambiente — por isso não existe uma única figura que pudesse ser um líder de sucesso para todas as épocas históricas e que resolvesse todos os problemas.

Outro modo de escolher bons líderes é deixar de procurar por características de liderança e começar a identificar pessoas capazes de usar regras do polegar inteligentes. Poderemos dessa forma descrever os estilos de liderança num nível mais concreto. A análise das caixas de ferramentas adaptativas dos líderes oferece uma nova perspectiva para compreender o que a liderança implica. As regras são na maior parte intuitivas, ou seja, o líder pode ter dificuldade de explicá-las — assim como falamos nossa língua nativa sem hesitar, mas normalmente travamos se nos perguntam detalhes gramaticais. A verdadeira liderança significa compreender de forma intuitiva qual regra funciona para qual situação.

EQUÍVOCOS COMUNS SOBRE A INTUIÇÃO

1. *A intuição é o oposto da racionalidade.* Errado. A intuição é uma inteligência inconsciente baseada na experiência pessoal e em regras do polegar inteligentes. A intuição é tão necessária quanto o raciocínio para uma pessoa racional.
2. *A intuição é feminina.* Essa tem sido a doutrina desde o Iluminismo. Hoje, admite-se que o homem também tenha intuição. A principal diferença é que os homens ainda são mais reticentes em admitir a intuição ou até mesmo em dar ouvidos a seus instintos.
3. *A intuição é inferior à deliberação.* Deliberação e lógica não são necessariamente melhores do que intuição e vice-versa. A lógica (ou estatística) é melhor para lidar com riscos conhecidos, enquanto bons instintos e regras do polegar são indispensáveis em um mundo incerto (figura 2.3).
4. *A intuição se baseia na complexa ponderação inconsciente de todas as evidências.* Essa tese foi proposta para explicar por que as decisões intuitivas se mostram excelentes com tanta frequência. A ideia é que, para ser bom, um processo bem informado deve funcionar segundo o método contábil de ponderar tudo. Mas contabilizar só é melhor em um mundo de risco conhecido, não sob incerteza. Há fortes evidências de que as intuições se baseiam em regras simples e inteligentes que levam em conta apenas parte da informação disponível.

7
Lazeres e prazeres

Se tudo no mundo fosse racional, nada aconteceria.
Fiódor Dostoiévski

Negócio no escuro

O PROGRAMA DE TV *Let's Make a Deal* [Vamos fazer um acordo] foi ao ar na NBC pela primeira vez em 1963. Um dos destaques era o "Grande Negócio do Dia", em que o apresentador, Monty Hall, mostrava três portas para os concorrentes. Atrás de uma ficava o grande prêmio, um Cadillac zero-quilômetro ou algum outro artigo de luxo capaz de provocar gritinhos de alegria; atrás das outras havia surpresas inusitadas, como uma cabra. A colunista da revista *Parade*, Marilyn vos Savant, que por cinco anos consecutivos entrou para o *Guinness World Records* como a mulher de QI mais alto do mundo, popularizou o "problema de Monty Hall", aqui descrito em suas próprias palavras:

> Suponha que você esteja em um game show e precisa escolher uma de três portas. Atrás de uma delas há um carro, atrás das outras, uma cabra. Você se decide por uma, digamos a número 1, e o apresentador, ciente do que há em cada porta, abre outra, digamos a número 3, com uma cabra. Então ele pergunta: "Quer trocar pela número 2?". É melhor para você mudar sua escolha?[1]

Figura 7.1. O problema de Monty Hall. Você é um competidor e pode fazer uma escolha. Atrás de uma porta há um Cadillac, atrás das outras duas, cabras. Você escolhe a porta número 1. Então o apresentador, Monty Hall, que sabe onde está o carro, abre a porta 3 e revela uma cabra, oferecendo-lhe a oportunidade de mudar sua escolha para a porta 2. Você trocaria ou ficaria com a mesma?

Você mudaria? Se a resposta é não, está com o público. Afinal, restam apenas duas portas, assim as chances parecem iguais, e uma troca equivocada para uma porta com cabra causaria um arrependimento irreparável. Marilyn, porém, aconselhava a troca. Isso provocou uma enxurrada de 10 mil cartas em um ano, cerca de mil delas assinadas por acadêmicos, a maioria discordando. O dr. Robert Sachs, professor de matemática na Universidade George Mason, escreveu: "Você meteu os pés pelas mãos! Deixe-me explicar. Se sabemos que o prêmio não está naquela porta, essa informação muda a probabilidade das alternativas restantes, nenhuma das quais com qualquer motivo para ter probabilidade superior a 1/2". Outro missivista com cromossomo Y comentou: "Não se pode aplicar lógica feminina às probabilidades. A nova situação é uma de duas chances iguais". E outro, ainda menos elegante: "A cabra é você!". Quando finalmente a poeira assentou, quase todo mundo concordou com Marilyn que a teoria da probabilidade nos diz que trocar de porta é a melhor ação a tomar. O dr. Sachs escreveu um pedido de desculpas, um dos poucos que teve a dignidade de admitir seu erro.

RISCO: MUDAR OU NÃO DE PORTA?

O dr. Sachs, como outros, se confundiu com as probabilidades. Um equívoco típico é: "A probabilidade de que o carro esteja atrás de cada uma das três portas é um terço. Uma porta foi aberta, eliminando essa alternativa e um terço da probabilidade. Agora que o carro está atrás de uma entre apenas duas portas, a probabilidade precisa ser dividida de forma idêntica entre as duas portas restantes, ou seja, resultando em cinquenta-cinquenta". Essa é uma das célebres "ilusões cognitivas" supostamente gravadas a ferro e fogo em nosso cérebro.[2]

Para desfazer a confusão, porém, há um método simples, o mesmo explicado para o teste de HIV: use *frequências naturais*. No caso do problema de Monty Hall, é assim. O passo crucial é pensar em mais de um competidor, não apenas um. Vamos imaginar que sejam três, cada um escolhendo uma porta diferente. Presuma que o carro está atrás da porta 2 (figura 7.2). O primeiro competidor escolhe a porta número 1. A única opção de Monty é abrir a porta 3, e ele oferece ao competidor a oportunidade de trocar. A mudança para a porta 2 significa ganhar o prêmio. O segundo competidor escolhe a porta 3. Dessa vez, Monty tem de abrir a porta 1, e a troca para a porta 2 também vale a pena. Apenas o terceiro competidor que escolher a porta 2 perderá com a troca. Agora fica mais fácil perceber que trocar é mais vantajoso do que manter a opção na maioria das vezes, e podemos calcular exatamente com que frequência: em dois de três casos.[3] Por isso Marilyn recomenda a troca.

O problema de Monty Hall virou assunto em festas, salas de aula e na primeira página do *New York Times*. Enquanto o programa durou, milhões de dólares devem ter passado por aquelas portas. O que demonstramos aqui é que essas discussões podem ser facilmente solucionadas quando pensamos em termos de frequências naturais. O problema não está apenas na mente humana, mas no modo como a informação é contextualizada.

trocar é vantajoso   manter é vantajoso   trocar é vantajoso

Figura 7.2. Há um método simples para elucidar o problema de Monty Hall. Não se imagine sozinho, mas sim com dois outros candidatos diante das três portas. O candidato que inicialmente escolheu a porta 1 ganha trocando pela porta 2 depois que Monty abre a porta 3. Da mesma forma, o candidato que inicialmente escolheu a porta 3 também ganhará mudando para a porta 2. Apenas o candidato que inicialmente escolheu a porta 2 perde com a troca. Isso significa que, em dois de três casos, mudar vale a pena.

INCERTEZA: TROCAR É MELHOR TAMBÉM NA PRÁTICA?

O problema de Monty Hall, apresentado por Marilyn e outros antes dela, envolve um mundo de risco, não de incerteza. A teoria da probabilidade oferece a melhor resposta apenas quando as regras do jogo são predeterminadas, quando todas as alternativas, consequências e probabilidades são conhecidas ou podem ser calculadas. Minha pergunta é: mudar de porta é melhor também na prática?

A questão crucial aqui é se Monty sempre oferecia aos convidados a chance de fazer a troca.[4] (Isso não é mencionado no problema original de Marilyn, mas sua omissão é irrelevante para nossos propósitos.) Por exemplo, se Monty fosse mal-intencionado por natureza, ofereceria essa opção apenas se os competidores escolhessem a porta atrás da qual estava o grande prêmio. Trocar então sempre seria a pior escolha, e a NBC assim poderia guardar o prêmio para o programa seguinte. Monty de fato oferecia a todos os participantes a chance de fazer a troca?

Barry Nalebuff, um dos primeiros a escrever sobre o problema, se recordava de ter visto Monty oferecendo a opção da troca. Mas não conseguia se lembrar "se Monty oferecia essa opção o tempo todo e se o fato de fazer ou não a oferta tinha alguma relação com a escolha da porta correta". Carol Andrews, por muito tempo assistente de produção do programa, afirmou que Monty nunca sugeria a troca aos competidores. O próprio Monty Hall recordou que raramente oferecia a opção de mudar de porta e não sabia dizer com que frequência a proposta era aceita. O que acontecia de fato no programa talvez nunca seja esclarecido. Em virtude de uma disputa jurídica por direitos de reprodução, poucas gravações continuaram disponíveis ao público.

A fonte da incerteza não é apenas a memória falha de Monty e seus colegas. O programa girava em torno dele, e a personalidade de Monty Hall se caracterizava em parte por decisões espontâneas, que não seguiam um protocolo estrito. Em outras palavras, o suspense do jogo derivava da insegurança dos competidores em relação às motivações e atitudes de Monty Hall; o suspense seria perdido se ele seguisse as mesmas regras em todos os programas. "Onde está escrito que preciso deixar que você troque sempre? Quem manda no programa sou eu." Monty não deixava dúvida de que as regras do problema não se aplicavam a ele. "Se o apresentador for obrigado a abrir a porta sempre e oferecer a troca, melhor aceitar. Mas, se ele tiver a escolha de permitir ou não a troca, cuidado. *Caveat emptor*. Tudo depende do estado de espírito dele."

A melhor decisão sob risco também é a melhor na prática? Como explicou Monty, pode ser a pior. Depois que um competidor escolheu a porta 1, Monty abriu a porta 3, revelando uma cabra. Quando o competidor pensou em mudar para a porta 2, Monty sacou um punhado de notas e lhe ofereceu 3 mil dólares para não trocar.[5]

"Quero trocar", insistiu o competidor.

"Três mil dólares", repetiu Monty Hall. "Dinheiro. Dinheiro vivo. Talvez seja um carro, talvez seja uma cabra. Quatro mil."

O competidor resistiu à tentação. "Vou tentar a porta."

"Quatro mil e quinhentos. Quatro mil e setecentos. Quatro mil e oitocentos. Última oferta. Cinco mil dólares."

"Vamos abrir a porta." O competidor rejeitou a oferta mais uma vez.

"Você ganhou uma cabra", disse Monty Hall, abrindo a porta. E explicou: "Agora está entendendo o que aconteceu aqui? Quanto maior minha oferta, mais você acreditava que o carro estava atrás da porta 2. Eu queria que você achasse isso e trocasse, porque eu sabia que o carro estava atrás da 1. É o tipo de coisa que posso fazer quando estou no controle do jogo".

No jogo real, a teoria da probabilidade não basta. São necessárias boas intuições, que podem ser mais desafiadoras do que cálculos. Uma maneira de reduzir a incerteza é confiar em regras do polegar. Por exemplo, a "regra minimax" diz:

Escolha a alternativa que evita o pior resultado.

Terminar com uma cabra *e* recusar o dinheiro é o pior resultado possível. Isso só pode acontecer se o competidor fizer a troca. Por isso, a regra recomenda que fiquemos com o dinheiro e continuemos na porta 1. É chamada de "minimax" porque visa minimizar seu prejuízo caso a situação de máximo prejuízo se concretize (no caso, abrir a porta com uma cabra). Essa regra simples poderia ter desmascarado o jogo psicológico de Monty e deixado o participante com o dinheiro — e o carro, ainda por cima.

Regras intuitivas não são à prova de enganos, mas os cálculos tampouco. Uma segunda maneira de reduzir a incerteza é conjecturar sobre a motivação do apresentador, o que é mais difícil, particularmente se você estiver sob os holofotes, diante da câmera de TV. Isso exige que pensemos com sua cabeça. Monty fez parecer que ofereceu a troca porque sabia que o competidor escolhera a porta vitoriosa, e então ofereceu dinheiro para não trocar, insinuando que o carro estava atrás da outra porta. Esse reflexo psicológico o leva a ficar com a porta que você escolheu, a mesma opção que faria usando a regra minimax. Na verdade, o próprio Monty sugeriu uma versão da minimax: "Se você consegue me fazer oferecer 5 mil dólares, não abra a porta, pegue o dinheiro e caia fora".

PENSAR EM RISCOS CONHECIDOS PODE DEIXÁ-LO COM
UMA CABRA EM UM MUNDO INCERTO

O problema de Monty Hall ilustra três temas deste livro: como compreender riscos, como lidar com a incerteza e — o mais importante — como não confundir ambos. Muitos interpretam erroneamente as chances no problema de Monty Hall. Mas há um antídoto simples: traduzir as probabilidades em frequências naturais, para perceber qual o melhor curso de ação. Frequências naturais são denominadas "naturais" porque refletem o tipo de informação que humanos e animais absorviam antes da invenção dos livros e da teoria da probabilidade. Nosso pensamento é facilitado por elas. De igual importância é a distinção crucial entre o mundo de risco (o problema de Monty Hall) e o mundo de incerteza (o programa real *Let's Make a Deal*). O melhor curso de ação no mundo de risco não é necessariamente o melhor no programa de TV. Na verdade, a aplicação da teoria da probabilidade a mundos incertos pode lhe render uma cabra — outro caso da ilusão do peru em que os riscos podem ser calculados.

Entre os milhares de artigos escritos sobre o problema de Monty Hall, a distinção entre risco e incerteza foi quase ignorada.

Vigaristas de rua

Em cidades turísticas e feiras populares, muitas vezes encontramos grupos entretidos com apostas em alguma esquina, com cédulas e cartas de baralho sobre uma mesinha improvisada. O jogo é simples. Há três cartas. Uma é vermelha dos dois lados, a segunda é branca dos dois e a terceira é vermelha de um lado e branca do outro. O vigarista pede que você escolha uma carta às cegas e a ponha sobre a mesa, virada para cima. Digamos que seja vermelha. Então ele sugere uma aposta: se o lado oculto também for vermelho, ele vence; se for branco, você vence. Parece justo, não? Afinal, a carta que você puxou pode ser a vermelha-vermelha ou a vermelha-branca, assim a chance de que o outro lado seja vermelho ou branco parece ser de meio a meio.

Se você ficar desconfiado quando recebe propostas de estranhos, acredite em seus instintos. Para entender por que as cartas estão contra você, use o cérebro. Não pense em probabilidades; em vez disso, desenhe uma árvore de frequência natural. Como sempre, comece por um número fixo de partidas. Para simplificar, considere a disputa de seis rodadas. Isso é o topo da árvore (figura 7.3, direita). Se você puxar uma carta aleatoriamente, podemos esperar que cada uma das três cartas seja puxada duas vezes. Esse é o nível intermediário da árvore. Agora olhe para o nível de baixo: para cada uma das duas cartas vermelha-vermelha, uma face vermelha ficará para cima; nas duas cartas vermelha-branca, espera-se apenas um lado vermelho. (A carta branca-branca nunca será vermelha, claro.) Nos três casos em que o vermelho ficar para cima, ocorrem dois com a carta vermelha-vermelha e um com a carta vermelha-branca. Em outras palavras, se você puxar uma face vermelha, o outro lado será vermelho também em duas de cada três vezes. É por isso que o vigarista aposta no vermelho e ganha dinheiro. A chance de o apostador ganhar não é de meio a meio, mas apenas de uma em três.[6]

A figura 7.3 (esquerda) ilustra por que as pessoas ficam confusas quando pensam em probabilidades, na aposta do vigarista. Observe a fórmula e você perceberá por que frequências naturais, por outro lado, exigem pouco cálculo. Mais uma vez, a confusão é criada pela maneira como a informação é comunicada. Exatamente as mesmas árvores podem ser desenhadas para o problema de Monty Hall. Na situação que examinaremos a seguir, porém, as probabilidades são ocultadas de forma ainda mais insidiosa.

Como somos tapeados pelo cassino

Todo ano, os norte-americanos deixam mais de 30 bilhões de dólares nos cassinos e provavelmente soma similar em corridas de cavalos, loterias e outras formas de aposta. É bem mais do que gastam indo ao cinema. Apostar em cassinos, porém, é perda certa: eles são projetados para fazer o frequentador perder dinheiro. Como tanta gente continua

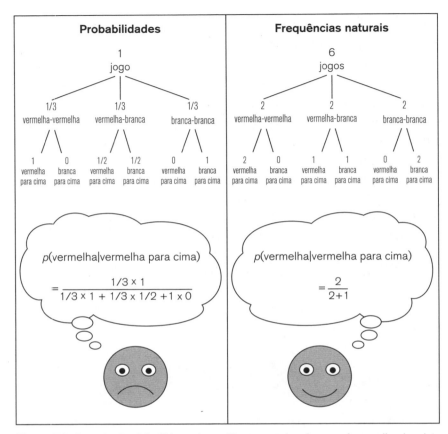

Figura 7.3. Jogo do vigarista. Três cartas estão em um chapéu: uma é vermelha dos dois lados, outra é vermelha de um lado e branca do outro e outra é branca dos dois lados. Você tira ao acaso a carta que mostra uma face vermelha. O vigarista sugere apostarem se o outro lado também é vermelho. A aposta é justa? Lado esquerdo: resolver o problema com probabilidades é confuso para a maioria. A probabilidade p(vermelha|vermelha para cima) é a probabilidade de que a carta tenha a face para baixo vermelha considerando que tem a face para cima vermelha. A fórmula se chama regra de Bayes. Lado direito: as frequências naturais ajudam a ver que não é uma aposta justa. As chances de que o outro lado também seja vermelho são de duas em três.

a morder a isca é um mistério. A explicação talvez seja que apostar não tem a ver apenas com ganhar dinheiro, mas com a emoção do jogo em si. Uma explicação menos generosa é que os jogadores são viciados compulsivos indiferentes às probabilidades e que superestimam sua habilidade em jogos determinados na maior parte pelo acaso. A maioria das explicações psicológicas diz respeito a falhas nos processos mentais do apostador.

Mas essas ilusões não surgem do nada. Sempre há maneiras de instilar falsas crenças nas pessoas quanto a suas chances de sucesso. O cassino conhece esses ardis como ninguém.

GANHOS POR TODA PARTE

Os cassinos nos hotéis de Las Vegas têm um ou mais andares onde centenas, às vezes milhares, de caça-níqueis formam fileiras e mais fileiras. Ao passar pela porta, a pessoa é bombardeada pelo estrépito mecânico quase incessante, vindo de todas as direções. As fichas de metal caem por vários centímetros em uma bandeja de metal onde os jogadores recolhem seus ganhos. Muitas das máquinas amplificam esse barulho para que até os quase surdos percebam que alguém ganhou.[7] Quando o jogador ganha e não recolhe suas fichas imediatamente, o som crescente de bipes enche o ar. Cada bipe corresponde a um crédito, e ganhos de crédito são anunciados com efeitos sonoros estridentes, com frequência a um ritmo mais acelerado do que o real número de créditos conseguidos. A colagem sonora agressiva cria a ilusão de que os jogadores ganharam mais do que faturaram de verdade.

O som viaja com facilidade entre as fileiras de caça-níqueis no cassino. Mas as máquinas também enviam sinais visuais para os jogadores mais distantes. Em Las Vegas, uma sirene luminosa no alto da máquina começa a girar sempre que sai o prêmio máximo. Os ganhadores recebem o que faturaram ali mesmo. Enquanto aguardam o atendente dos caça-níqueis entregar o dinheiro, a sirene continua girando espalhafatosamente. Isso pode durar meia hora ou até mais: a demora dos funcionários é motivo de queixas frequentes, seja intencional ou não. Em noites de grande movimento, pode haver vários ganhadores à espera de seu prêmio ao mesmo tempo, o que transmite a impressão de que os grandes ganhos ocorrem com frequência maior do que a real. E, mesmo quando a cacofonia de sirenes enfim cessa, há os cartazes nas paredes com os grandes ganhadores sorrindo de orelha a orelha, com um cheque gigante nas mãos.

No meio de toda essa comoção para celebrar momentos de vitória, os perdedores são esquecidos no silêncio.

COMO OS CAÇA-NÍQUEIS TAPEIAM VOCÊ

Os caça-níqueis clássicos possuem três tambores de metal cobertos com símbolos. Quando a alavanca lateral é puxada, os tambores giram. Cada tambor pode parar em até vinte posições, e todas têm igual probabilidade de ocorrer. Se um padrão particular de símbolos aparece na linha resultante dos três, um prêmio é concedido. O caça-níqueis original, chamado Liberty Bell, inventado em 1895, ainda pode ser visto no Liberty Belle Saloon and Restaurant, em Reno, no estado de Nevada. Seus tambores têm apenas dez posições e são pintados com o símbolo de ouros, espadas e copas, além da figura de um sino da liberdade rachado. Três sinos pagavam o prêmio máximo. Mais tarde, frutas como limão, ameixa e cereja passaram a ser usadas nos tambores (na Grã-Bretanha até hoje são chamadas de *fruit machines*). O Liberty Bell pagava 75% das moedas inseridas na máquina, deixando um lucro de 25% para a "casa".

Com vinte posições, haveria 8 mil (20^3) resultados possíveis, e o prêmio máximo com a combinação única de três símbolos pode ser esperado uma vez a cada 8 mil tentativas. Um jogador que não disponha dessa informação pode pressupor a chance de ganhar observando a frequência de ganhos em uma grande quantidade de tentativas, bem como os resultados por um triz, quando um de três símbolos idênticos fica logo acima ou abaixo da linha final.

Até a década de 1960, o funcionamento interno dos caça-níqueis podia ser inferido por sua aparência externa. Isso mudou com a introdução das máquinas eletrônicas. As novas máquinas se parecem com as anteriores, mas só por fora. Em vez de tambores giratórios de verdade, operam com números digitais gerados de forma aleatória. A imagem de tambores giratórios cria uma falsa impressão sobre suas reais chances

Figura 7.4. Design enganador. Consegue ver o pé do "7" acima da posição à direita? Quase deu três setes! Assim você pensa, mas foi tapeado. O que é mostrado nos caça-níqueis eletrônicos não reflete o resultado real: para aumentar a ilusão de (quase) ganhar, são exibidos muito mais resultados por um triz do que ocorreram de verdade.

de ganho. O tambor que você vê talvez tenha vinte posições, mas o "tambor" verdadeiro, virtual, pode ter de duas a dez vezes isso. O design da máquina sugere a fabricantes de um em 8 mil de ganhar, como nas antigas, mas graças aos programadores do microchips as chances hoje são centenas ou milhares de vezes menores. Por isso máquinas eletrônicas oferecem prêmios máximos tão vultosos. Para gerar falsas esperanças, a máquina é programada para "mostrar" inúmeros resultados por um triz, embora tenha havido menos ou nenhum (figura 7.4). O design enganador é a prática-padrão.

Por que tanta gente perde tanto dinheiro jogando nos caça-níqueis? A resposta não é simplesmente sua miopia probabilística, nem que o giro da roda da fortuna compensa na forma de prazer o dinheiro perdido, como afirmam as explicações psicológicas típicas. Há mais coisas envolvidas. O cassino é uma fábrica de ilusões, um teatro que faz o público escutar e ver mais ganhos e quase ganhos do que ocorrem na realidade. Como consequência direta dessa experiência ilusória, os jogadores superestimam suas chances de ganhar.

O cassino costuma ser visto como exemplo de riscos conhecidos. Mas, como mostra o avanço da nova tecnologia de caça-níqueis, muita inventividade é empregada em fazer as verdadeiras chances de ganhar parecerem mais certas do que na realidade são, criando outra ilusão de certeza.

Algumas regras úteis para decisões de lazer sob incerteza

COMO DEFENDER PÊNALTIS

O Estádio Olímpico em Berlim está lotado, com 75 mil torcedores assistindo à partida de quartas de final da Copa do Mundo de 2006 entre Argentina e Alemanha. A Argentina igualou o placar aos dez minutos e levou o jogo para a prorrogação, que terminou em empate. Chega a disputa de pênaltis, momento de grande ansiedade não só para os jogadores, como também para os torcedores, que prendem a respiração e mal conseguem olhar. Mas há algo diferente dessa vez. O goleiro da Alemanha, Jens Lehmann, lê um pedaço de papel antes de cada cobrança argentina. O jogador que vai bater se pergunta o que está escrito ali e supõe que contém informação sobre seu estilo e preferências de batida. No fim, Lehmann defendeu duas cobranças, a Argentina foi eliminada, e a Alemanha passou para a semifinal.

A imprensa atribuiu a vitória ao papelzinho de Lehmann. Eu interpretei de outra forma. Estudos com grandes jogadores de vários esportes mostram que o desempenho é prejudicado quando param para prestar atenção no que estão fazendo ou pensam demais. Por exemplo, se golfistas experientes são instruídos a prestar atenção ao seu swing, seu desempenho cai.[8] (Para iniciantes, vale o oposto: eles tendem a melhorar com mais reflexão, tempo e atenção.) Quando jogadores de handebol levam mais tempo para pensar na ação seguinte, em média também se decidem por adotar algum outro curso de ação. Foi o que aconteceu com os jogadores argentinos, que provavelmente começaram a pensar no que fazer. Essa interpretação é apoiada por estudos sobre intuição nos esportes, bem como pelo pênalti decisivo batido por Estéban Cambiasso. O goleiro alemão examinou o pedaço de papel com enervante calma. Mas Cambiasso não sabia que o bilhete não continha informação nenhuma. Ele bateu e Lehmann defendeu.

Este cenário pode ser útil para o triunfo em uma disputa:

> *Se você é um praticante de alto desempenho de um esporte, não pense demais no movimento seguinte.*
> *Se é um iniciante, delibere calmamente sobre o que fazer.*

E se quiser uma dica de jogo sujo:

> *Obrigue o adversário a pensar, não permita que siga sua intuição.*

A explicação é a seguinte: a proficiência é uma forma de inteligência inconsciente. No momento em que conseguimos fazer um pensamento consciente se intrometer, o desempenho tende a cair. Como outro grande jogador alemão, o artilheiro Gerd Müller, afirmou sobre a intuição nos esportes: "Se você para pra pensar, perde a jogada".

ESCOLHAS ALIMENTARES FÁCEIS E FRUGAIS

Você está em um restaurante novo e o garçom lhe entrega o cardápio. Você lê tudo? Tenta descobrir a melhor opção e nada mais? Essa estratégia é chamada *maximização*. Em um restaurante cujo menu parece uma enciclopédia, isso pode exigir paciência e perseverança.

Eu não faço assim. Costumo viajar muito, e após uma palestra, normalmente termino em algum restaurante em que nunca comi antes. Descobri que talvez nem valha a pena abrir o cardápio. Se é um bom restaurante, uso a seguinte regra do polegar:

Pergunte ao garçom o que ele comeria.

Não pergunte "O que tem de bom?". É comum a pessoa pensar antes de responder. Em um bom restaurante, o garçom está por dentro do que se passa na cozinha nesse dia, e a pergunta também invoca seu orgulho profissional. Nunca me decepcionei, embora alguns amigos prefiram analisar com atenção o menu. Mas nenhuma regra funciona em qualquer situação; em restaurantes simples, não me fiaria nela. E para algumas pessoas é emocionalmente insuportável deixar de ver todas as opções e ir pela sugestão de outro, mesmo que essa pessoa saiba qual é a boa pedida.

Perguntar ao garçom não é o único modo rápido de obter o prato saboroso ideal.

Eis mais quatro regras do polegar:

Satisficing [satisfazer + bastar]: Esse termo cunhado por Herbert A. Simon em 1965 significa ficar com a primeira opção que se mostrar satisfatória; ou seja, "boa o bastante". É preciso ver o menu, nesse caso. Primeiro, escolha uma categoria (digamos, peixe). Depois, leia o primeiro item nessa categoria e decida se é bom o bastante. Se for, feche o menu e peça o prato sem ler mais nada. Se não for, passe ao segundo item e proceda da mesma forma. Por exemplo, se o primeiro item é salmão ao molho de laranja e você comeu esse mesmo tipo de peixe no dia anterior e quer variar, passe ao segundo item. É atum grelhado com salada de manga e, se isso parece bom, você fecha o cardápio e pede.

Siga conselhos: Não abra o cardápio. Pergunte ao garçom ou — em um restaurante famoso — peça o que a crítica especializada recomenda. Lembre-se do perigo de o garçom considerar o que você gostaria, em vez de dizer a melhor opção para o jantar.

Imite os outros: Não abra o menu. Descubra se alguém em sua mesa já esteve no lugar antes e peça o que a pessoa pedir. Se estiver em um país estrangeiro ou em um restaurante desconhecido, provavelmente é uma boa estratégia.

Hábito: Não abra o menu. Peça seu prato favorito, o de sempre. Essa regra se aplica quando estamos familiarizados com o restaurante, sabemos o que é bom e não queremos correr o risco de uma decepção.

Se você é um maximizador e experimenta essas regras, provavelmente sentirá uma ansiedade paralisante com a sensação de que deixou passar algo. Relaxe, ela passará após algumas experiências positivas. Com frequência você pode ser levado a pensar sobre a verdadeira questão: qual regra melhor se aplica à situação? Regras simples podem render uma boa escolha, protegê-lo da indecisão com as alternativas e poupar tempo para conversar com os demais à mesa. Maximizar, por outro lado, vai deixá-lo com a sensação desanimadora de que ainda não está seguro de ter feito a melhor escolha.

Como as pessoas realmente escolhem em um restaurante? Meus colegas e eu investigamos uma amostra representativa de mil alemães adultos (figura 7.5, gráfico de cima).[9] O grupo maior relatou maximização; ou seja, examina o menu do início ao fim para encontrar o melhor prato. Um terço opta pelo *satisficing*. Poucos seguem conselhos, e quase nenhum imita os outros à mesa. Copiar um comportamento parece tabu entre os alemães, ao contrário de países mais voltados para a familiaridade, onde é normal pedir o que todo mundo está pedindo.

COMPRAS RÁPIDAS E FRUGAIS

Você vai comprar uma calça. Algumas pessoas tentam encontrar a melhor que puderem e não se contentam com menos. Entram na loja, experimentam a primeira e depois mais outras, para ver se há alguma melhor. Depois de vestir muitas calças nessa loja, vão para outra e provam todas as calças nela também. E ainda há um monte de butiques nessa mesma rua que podem ter coisa melhor. Quando o comércio está para fechar, fazem sua compra, mas continuam sem a certeza de que foi de fato a melhor compra. Talvez houvesse ofertas melhores em outra parte da cidade. A maximização pode ser um caminho para a infelicidade: a pessoa simplesmente cria expectativas demais. Aplicativos de celular e sites de comparação de preços que permitem ao consumidor encontrar o produto mais barato parecem reforçar o desejo pelo melhor negócio ou o produto perfeito.

A alternativa é o *satisficing*: procurar um produto que seja *bom o bastante*, não o *melhor*. Afinal, em um mundo incerto, é impossível

PREPARADOS PARA O RISCO

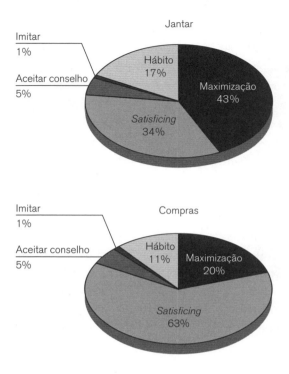

Figura 7.5. Tomada de decisão cotidiana. Acima: como escolher em um restaurante? Maximização = ler o cardápio inteiro e tentar encontrar o melhor prato. *Satisficing* = selecionar uma categoria (carne, peixe etc.) e depois ler os itens até encontrar o primeiro prato bom o bastante. Aceitar conselho = perguntar ao garçom o que ele comeria. Imitação = pedir o que os demais pedem. Hábito = pedir o que você sempre pede. Embaixo: Como comprar uma calça? Maximizar: experimentar tudo que vê, comparando cuidadosamente e tentando encontrar a melhor opção. *Satisficing* = comprar a primeira calça boa o bastante. Aceitar conselho = comprar o que o vendedor ou uma revista de moda recomenda. Imitação = comprar o que seus amigos compram. Hábito = sempre comprar o mesmo modelo ou marca. Estão mostradas as respostas de uma amostra representativa de mil alemães adultos. Por exemplo, 43% relataram que maximizam o tempo todo, enquanto apenas 1% relatou imitação.

encontrar o melhor. Mesmo que isso acidentalmente aconteça, você não vai ter como saber e continuará procurando.

Voltemos à loja de roupas. Digamos que você esteja interessado numa calça preta que ficou boa no corpo e custa menos de cem reais. O preço cabe no seu bolso. Quando é assim, compre de uma vez e vá

LAZERES E PRAZERES

tomar um café. Pare de procurar. Não há motivo para isso — você já tem o que precisava. Estudos indicam que pessoas que seguem regras para seus desejos tendem a ser mais otimistas e demonstrar mais autoestima que maximizadores. Estes sobressaem em perfeccionismo, depressão e autorrecriminação.[10]

Quantas pessoas tentam maximizar suas compras? No levantamento mencionado, perguntamos como compravam calças. Cinco adultos, a maioria mulheres, disseram que procuram a melhor opção. Pessoas solteiras maximizam mais do que as casadas ou em uma relação estável. A maioria, porém, tenta encontrar uma calça que seja boa o bastante, não a melhor. Mais uma vez, quase ninguém disse que compraria a calça que outros usassem (imitação). Alguns aceitam o que o vendedor ou uma revista recomenda, enquanto outros optam pelo modelo ou pela marca que sempre compraram.

As mesmas regras do polegar se aplicam a muitas atividades cotidianas. Como decidir o que assistir na TV em determinado dia. Os maximizadores usam o controle remoto para passar por todos os canais, procurando o melhor programa. Mas, como em alguns há os comerciais, precisam verificar os canais mais de uma vez. E assim passam horas ao final do dia zapeando para cá e para lá, fazendo o possível para encontrar a melhor opção, e talvez acabem não assistindo coisa nenhuma. A alternativa é usar o controle remoto para procurar algo "bom o bastante" e, uma vez encontrado, assistir e pronto. Aprender a viver com a escolha boa o bastante e a possibilidade de que haja algo melhor por aí em algum lugar é necessário em um mundo incerto. Refeições, roupas e televisão não são as maiores escolhas enfrentadas por nós. Mas podem nos roubar horas preciosas, ao mesmo tempo que nos deixam inquietos e insatisfeitos. E imagine se todo mundo tentasse maximizar no amor ou na procura de emprego para encontrar o trabalho perfeito ou o parceiro ideal. Seria uma receita para o desastre.

8
No coração do romance

Fique com os olhos bem abertos antes de casar,
e meio fechados depois.
Benjamin Franklin

AOS 29 ANOS, MENOS DE UMA DÉCADA após a viagem histórica a bordo do *Beagle*, Charles Darwin se ocupava de questões de natureza mais doméstica.

Ele pensava em se casar. O naturalista pegou o lápis e escreveu "A questão é esta" no alto de um papel. Dividindo a folha com um risco no meio, Darwin listou os prós e contras do casamento:

CASAR

Filhos — (se aprouver a Deus) — Companhia constante (e amiga na velhice) que terá interesse pela pessoa, objeto de amor e carinhos — melhor que um cachorro, de todo modo — Um lar, e alguém para cuidar da casa — Os encantos da música e da conversa feminina. Essas coisas são boas para a saúde. Obrigado a fazer visitas e a receber, <u>mas terrível perda de tempo.</u>

NÃO CASAR

Nada de filhos (sem segunda vida), não precisar cuidar de ninguém na velhice... Liberdade para ir aonde quiser — opção de vida em sociedade <u>e pouco dela</u>. Conversas com homens inteligentes em clubes — Não ser forçado a visitar parentes e me curvar a qualquer trivialidade — despesas e ansiedade com os filhos — possíveis brigas conjugais. <u>Tempo perdido</u>

Meu Deus, é intolerável pensar em passar a vida inteira como uma abelha assexuada, trabalhando, trabalhando e no final nada. — Não, isso não farei. — Imagine passar o dia sozinho em uma casa suja e enfumaçada em Londres. — Pense apenas como seria estar em um sofá com sua esposa agradável e um bom fogo na lareira, e talvez livros e música — compare essa imagem com a realidade sórdida de morar em Great Marlborough Street.

— não poder ler à noite — engordar e ficar ocioso — ansiedade e responsabilidade — menos dinheiro para livros etc. — se muitos filhos, obrigado a obter o sustento. — (Mas faz mal para a saúde trabalhar demais) Minha esposa pode não gostar de Londres; nesse caso a sentença será o banimento e a degradação com tolos indolentes e ociosos.

Darwin se decidiu pelo casamento e escreveu "Casar—Casar—Casar CQD" sob a coluna da esquerda.[1] Ciente das consequências para sua liberdade pessoal, rabiscou no verso da folha: "Muitos escravos são felizes". No ano seguinte, Darwin se casou com sua prima Emma Wedgwood, e os dois teriam dez filhos. O que o levou a se decidir, com base nas razões que imaginou: companhia constante, melhor que um cachorro, sem filhos, gordo e ocioso? Ele não diz.

MAXIMIZAÇÃO OU REGRAS DO POLEGAR?

Há duas maneiras pelas quais Darwin pode ter chegado a essa conclusão: maximizando e usando regras do polegar. A maximização aqui significa estimar o valor (a utilidade) de cada pró do casamento, estimar as probabilidades de virem a ocorrer de fato com você, multiplicar a probabilidade de cada motivo por sua utilidade e somar os números. Repita o mesmo procedimento usando os contras da coluna "NÃO CASAR". Por fim, escolha a alternativa com maior utilidade esperada. Esse método também é conhecido como maximização da utilidade esperada subjetiva, e ensinado em universidades do mundo inteiro como a própria natureza da escolha racional. Baseia-se no ideal de que sabemos ou podemos estimar os riscos. Benjamin Franklin pensou numa versão desse método contábil para decisões matrimoniais, como veremos adiante.

Em um mundo incerto, porém, onde os pesos e probabilidades não são cognoscíveis, esse cálculo todo pode estar construído sobre a areia. A alternativa é usar regras do polegar que provavelmente levem a uma boa decisão. Uma classe de regras do polegar é a *tomada de decisão por motivo único*:

Encontre o motivo mais importante e ignore o resto.

Aqui a decisão se baseia de forma exclusiva em um motivo — nenhum cálculo é realizado. Na verdade, a passagem imediatamente anterior ao "cQD" pode ser lida de modo a sugerir que havia uma única razão determinante, a companhia constante: "Imagine passar o dia sozinho em uma casa suja e enfumaçada em Londres. — Pense apenas como seria estar em um sofá com sua esposa agradável".

A pesquisa mostra que as pessoas muitas vezes baseiam suas decisões em um bom motivo apenas. Além do mais, essas decisões podem ser melhores do que as tomadas quando consideramos todas as razões.[2] Combinar diferentes motivos exigiria converter todos eles em uma moeda corrente. Darwin precisaria ter estimado quantas conversas com amigos inteligentes equivalem à utilidade de dez filhos ou quantas horas de visitas obrigatórias a parentes agregados podem ser intercambiadas por momentos agradáveis no sofá. A propriedade permutativa dos números não necessariamente se aplica à psique humana. Na verdade, às vezes uma permuta parece imoral. Amor verdadeiro, amizade, honras militares, títulos acadêmicos são considerados inestimáveis e, desse modo, incompatíveis, com etiquetas de preço.

Pautar-se por um bom motivo isolado não é a única regra do polegar que Darwin deve ter usado. Regras do polegar sociais, como a imitação social, são outra alternativa:

Case-se quando a maioria em seu grupo social houver se casado.

166

Afinal, Darwin estava com 29 anos, idade em que a maioria de seus colegas já encontrara uma esposa. Já se observou que a imitação é motivada pela pressão social pelo matrimônio, que aumenta com a quantidade de casamentos de outros de sua rede social e faixa etária.[3] Se Darwin tivesse se orientado por imitação social, porém, não teria sido levado a escrever os prós e contras, como fez.

Com quem se casar?

Benjamin Franklin certa vez aconselhou o sobrinho sobre como tomar uma decisão matrimonial racional:

8 de abril de 1779,

Se estiver em dúvida, escreva todas as razões, prós e contras, em colunas numa folha de papel, e quando as houver considerado por dois ou três dias, efetue operação similar a essa em algumas questões de álgebra; observe quais razões ou motivos em cada coluna se equiparam em peso, um para um, um para dois, dois para três e assim por diante, e, quando houver riscado dos dois lados tudo que é equivalente, você verá em que coluna fica o saldo. [...] Pratiquei esse tipo de álgebra moral em assuntos importantes e dúbios e, ainda que não seja matematicamente exato, achei-o extremamente útil. A propósito, se não o aprender, entendo que nunca se casará.

Sempre seu, afetuosamente, tio
B. Franklin[4]

Franklin, além de ser um dos Pais Fundadores dos Estados Unidos, foi também inventor prolífico, escritor e artista, bem como estadista, e falava sem papas na língua sobre casamento. Teve dois filhos com a esposa, Deborah, e um filho ilegítimo. Como mencionado acima, o método contábil de Franklin é lecionado hoje como uma maneira de maximizar a utilidade esperada, também chamada de escolha racional. A última frase de sua carta indica como Franklin o levava a sério.

Foi assim que escolheu a pessoa com quem se casou? Perguntei isso a amigos que ensinam o método em suas aulas — presumindo que fossem casados. Apenas um afirmou ter aplicado o método de Franklin.

"Você usou o cálculo quando se casou?", perguntei.

"Está pensando que fui a uma discoteca, tomei todas e fiquei com a primeira que apareceu? Não, fiz o cálculo", respondeu ele, fazendo uma careta para a pergunta.

"Pode me explicar como foi?", eu pedi.

"Sentei e escrevi as alternativas."

Achei que seria indelicado perguntar quantas.

"Daí comecei a pensar em todas as consequências importantes", ele continuou.

"Por exemplo...?"

"Se o amor continuaria existindo depois da lua de mel; se ela me escutaria depois de um tempo."

"E...?"

"Se ia me dar sossego pra trabalhar. E se ia cuidar dos filhos. E todas essas coisas importantes. Daí estimei para cada mulher a probabilidade de que esses resultados ocorressem. E a utilidade de cada um para mim."

"Hmm...?"

"E multipliquei as probabilidades pelas utilidades e calculei a mulher com a maior utilidade esperada. Daí pedi a mão dela."

"E ela aceitou?"

"Aceitou! É minha esposa."

"O que ela achou do romance calculado?"

"Nunca contei."

É fácil rir de toda essa contabilidade. Porém os sites de encontros usam o mesmo tipo de algoritmos para combinar parceiros, pesando centenas de características de personalidade para o encontro perfeito. Embora tais serviços glorifiquem o poder da matemática para sua vida amorosa, não há evidências de que levem a relações afetivas melhores do que aquelas iniciadas pelas formas tradicionais de descobrir seu príncipe ou sua princesa e que levem a beijar menos sapos.[5] Inclusive, encontrei meu amigo faz pouco tempo e ele me contou que estava separado.

O importante da história não é a utilidade do método contábil de Franklin. Mas ressaltar que foi projetado para um mundo de riscos conhecidos, não de incerteza, e como consequência a maioria dos especialistas não pratica o que prega. O problema é o método ser muitas vezes ensinado como se fosse relevante para todas as decisões no mundo real. Escolhas reais de parceiros, no entanto, são feitas na maioria das vezes de forma diferente. Não por cálculo, mas por instinto. E às vezes a sensação se baseia numa regra do polegar inconsciente. Eis uma delas:

Procure alguém que seja desejado por seus pares.

Essa estratégia simples não precisa de análise de prós e contras. Mais uma vez, trata-se de imitação social. E pode funcionar bem, nem que seja por efeito dominó, mais ou menos garantindo que seus amigos também apreciarão a pessoa e ficarão admirados com seu sucesso.

Quando Benjamin Franklin era jovem, propôs o que chamou de regra do polegar "paradoxal" para escolher a mulher:

Em sua vida amorosa, prefira as mais velhas às mais jovens.[6]

Franklin tinha uma série de motivos para justificar a regra. Segundo ele, mulheres mais velhas eram mais experientes e discretas, a conversa era mais rica, não havia o risco de filhos e, por fim, podia-se esperar que se mostrassem mais agradecidas.

O jogo do amor

O método contábil de Franklin presume um universo de potenciais parceiros que são pessoas conhecidas. A não ser em comunidades pequenas e fechadas, quase nunca é o caso; em geral encontramos gente nova ao longo do tempo. Por esse motivo, é impossível saber quem poderá aparecer após termos selecionado um par. Mas esperar para sempre pode nos fazer perder outros, que acabam se casando com alguma outra pessoa antes de haver oportunidade de reconsiderarmos. Assim, a pergunta é: quando fazer o pedido? A versão clássica dessa questão é o chamado Problema do Dote:

> O sultão Saladino procura um homem sábio para ser seu novo conselheiro. Testando um candidato, o sultão lhe oferece como esposa a mulher de maior dote do reino, contanto que consiga encontrá-la em um grupo de cem belas mulheres. Caso não consiga, será atirado às feras. As mulheres se apresentam uma a uma, aleatoriamente. Quando a primeira entra, o homem pode perguntar sobre seu dote e deve decidir de imediato se fica com ela. Caso contrário, aguarda a próxima, e assim por diante até fazer sua escolha. O homem não faz ideia do tamanho dos dotes e não pode voltar a uma mulher que já rejeitou. Qual estratégia lhe dá a melhor chance de selecionar a mulher com o maior dote?

A situação leva a crer que a esperança de fama e fortuna do sujeito está fadada ao fracasso. Afinal, a chance da melhor escolha parece ser de apenas uma em cem. Contudo, se for sábio de fato, o homem pode usar a seguinte estratégia:

> *Regra dos 37%: deixe passar as 37 primeiras e memorize o dote mais elevado até o momento. Então escolha a primeira com dote maior que esse.*

A regra aumenta a chance de sucesso de uma em cem para cerca de uma em três. Não é uma certeza, mas o sábio agora tem possibilidade muito maior de conseguir uma esposa e um emprego.

Satisficing

A regra dos 37% é matematicamente elegante porque o número de opções que deixamos passar é igual a n/e, em que n é o número de alternativas (em nosso exemplo, cem) e $e \times 2,718$ é a base do sistema logarítmico natural. Mas, quando propomos o problema do dote (ou da secretária, dependendo da versão), a maioria faz sua escolha bem antes de chegar à 37ª candidata.[7] Devemos concluir que as pessoas são impacientes e escolhem seu par cedo demais na vida?

Acho que não procede. A mente das pessoas está sintonizada com a incerteza do jogo do acasalamento no mundo real, que difere em importantes aspectos do problema do dote, no qual há uma única escolha correta, e as chances de encontrá-la podem ser calculadas. Não podemos simplesmente perguntar na lata sobre seu "valor como consorte"; há elevado grau de incerteza quanto à pessoa que está ao seu lado, e a descoberta talvez só venha anos mais tarde. Alguns procuram atributos psicológicos como inteligência e humor, outros, sinais físicos, como o tamanho do maxilar nos homens ou a proporção cintura-quadril nas mulheres.[8] Em última instância, o sucesso de uma relação dependerá do comportamento de ambos. Seu par só é ideal se você também for o par ideal. Assim, em vez de sonhar com o grande amor da sua vida, simplesmente procure alguém que seja "bom o bastante" (e trate bem essa pessoa).

Um fato interessante é que, ao aplicarmos o problema do dote a um mundo incerto, no qual a melhor esperança é encontrar um par bom o bastante, a incerteza na verdade ajuda. Não é necessário investigar 37% do total de alternativas. Cerca de 10% basta, ao passo que tentar a regra dos 37% "otimizados" leva a piores resultados e toma mais tempo. Regras do polegar que levam a uma procura menos extensa por parceiros são consistentes com os padrões reais de escolha observados pela demografia.[9] Como muitas vezes é o caso, menos pode ser mais em um mundo incerto.

Seja qual for a porcentagem, voltamos a encontrar uma regra geral para tomar boas decisões desse tipo:

Satisficing:
1. *Determine seu nível de aspiração.*
2. *Escolha a primeira alternativa à altura da sua aspiração e pare de procurar.*

Essa estratégia pode ajudar a encontrar o futuro par, uma casa e outras coisas importantes. A menos que sua aspiração seja elevada demais, levará a decisões rápidas. Se percebemos que é alta demais, podemos reduzi-la passo a passo.

Há uma desvantagem em todos esses métodos, seja a contabilização, sites e aplicativos ou *satisficing*: nenhum nos impede de largar um parceiro assim que outro mais desejável aparece. Mas trocar de parceiro constantemente não é bom para formar famílias com filhos saudáveis. A evolução nos equipou com uma emoção específica para impedir isso — o amor romântico. Ele nos mantém comprometidos e sem olhos para mais ninguém. Podemos acrescentar um terceiro passo ao *satisficing*: apaixonar-se. A paixão vem do instinto, é uma voz interior que a maioria não sabe explicar.

Tire na moeda, mas sem olhar o resultado

Alguns, porém, perderam a capacidade de escutar a voz interior. A voz continua a falar, mas cai em ouvidos moucos. Um amigo meu tinha duas namoradas — confusão na certa. Nuvens negras se formavam no horizonte. Mesmo assim, ele não conseguia se decidir. Por fim, lembrou-se de algo que aprendera na faculdade: o método contábil de Franklin. Escreveu o nome das duas mulheres em uma folha e traçou uma linha separando as colunas. Então pensou em todos os prós e contras de cada uma, pesou-os e fez os cálculos. Quando viu o resultado, algo inesperado aconteceu: sua voz interior lhe disse que havia algo errado. Seu coração já se decidira pela outra.

Se você está com dificuldades para encontrar sua voz interior, há um método muito mais rápido: simplesmente jogue uma moeda. Enquanto ela estiver no ar, você possivelmente pressentirá em qual lado deseja que a moeda *não* caia. Essa é sua voz interior. Não são necessários cálculos complicados para escutá-la. E você nem precisa se dar ao trabalho de olhar se deu cara ou coroa.

A surdez psicológica pode ser resultado de uma educação unilateral na argumentação "racional". Já presenciei casos em que as pessoas tentavam ser equilibradas e pesar todos os prós e contras dos quais conseguissem se lembrar. Mas, quando punham os números no papel, sentiam que a resposta não parecia certa e simplesmente os alteravam para fazer o resultado se ajustar a seus instintos.

Intuições sobre o par romântico ideal

As anedotas amorosas apresentadas aqui envolvem a escolha masculina simplesmente porque o homem desfrutou do privilégio da escolha nos últimos séculos. Mesmo no mundo ocidental de hoje, em geral é ele que "pede a mão". Em um contexto histórico essa parcialidade é curiosa, haja vista a crença tradicional de que as mulheres têm intuição romântica mais afiada. De Kant a Darwin, muitos outros homens em tudo mais brilhantes acreditavam que as mulheres eram mais sintonizadas com seus corações do que com as responsabilidades mais pesadas, como garantir o ganha-pão. Nos dias atuais, esperamos que esse modo de pensar tenha sumido junto com as anáguas. Mas sumiu mesmo? Consultamos mil alemães e mil espanhóis acima de dezoito anos: "Quem tem melhores intuições sobre o par romântico apropriado: o homem, a mulher ou nenhum dos dois?". A pergunta foi feita em entrevistas com uma amostra representativa em cada país. Mesmo no século XXI, espantosos estereótipos continuam vivos (figura 8.1).[10] Dois terços das mulheres alemãs acreditavam que a mulher tem melhor intuição e apenas um quarto achava que não havia diferença, enquanto menos de um décimo confiava antes na intuição masculina. Na Espanha, foi quase a mesma coisa, número por número. Seria de esperar que os homens teriam mais confiança em seus próprios instintos. Mas, em geral, os homens de ambos os países concordavam que a intuição feminina é melhor, e a maioria não se considerava muito habilitada a encontrar a parceira certa.

Estereótipos tão uniformes assim são particularmente surpreendentes, considerando as diferenças entre os dois países. Desde a Segunda Guerra Mundial, a igualdade de gênero é uma questão importante na Alemanha, ao passo que até o fim do regime de Franco, em meados dos anos 1970, o papel da mulher na Espanha ficou em grande parte confinado ao lar. Nada disso parece influenciar o estereótipo sobre a intuição feminina. A maior surpresa foi descobrir homens de vinte anos compartilhando-o com outros de cinquenta.

Quando se trata das "coisas práticas" da vida, tradicionalmente tidas como incompatíveis com a intuição feminina, os estereótipos hoje oscilam na outra direção. Perguntamos aos mesmos alemães e espanhóis

PREPARADOS PARA O RISCO

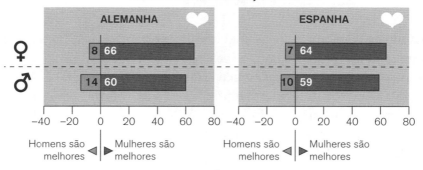

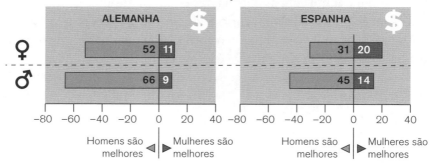

Figura 8.1. Estereótipos sobre a intuição masculina e feminina não mudaram muito. Tanto a mulher como o homem acreditam que as mulheres têm melhor intuição para assuntos do coração e que os homens são bons em investir. Surpreendentemente, o estereótipo é o mesmo entre velhos e jovens. Entre os alemães, 66% (mulheres) e 60% (homens) acreditam que a mulher tem melhor intuição no amor, enquanto poucos (8% e 14%) acreditam que sejam os homens. Os 26% restantes acham que não há diferença.

FONTE: Entrevista presencial com mil alemães e mil espanhóis, de Gigerenzer, Galesic et al. (2013).

sobre um aspecto disso, o investimento financeiro: "Quem tem as melhores intuições para investir?". Dois terços dos alemães disseram que o homem era melhor; e menos de um décimo achava que eram as mulheres. Nesse caso, os espanhóis mostraram uma opinião mais equilibrada. Mesmo assim, a superioridade masculina nos investimentos permaneceu como a convicção dominante em ambos os países. E mais uma vez jovens e velhos pensavam igual.

NO CORAÇÃO DO ROMANCE

Quando a questão era sobre outras tarefas intelectuais e profissionais, como a pesquisa científica, os alemães e os espanhóis também acreditavam que a intuição masculina era melhor. E quando se tratava de outras intuições pessoais, como compreender as intenções de outras pessoas, isso foi considerado um domínio feminino.

O dr. G. Stanley Hall, primeiro presidente da Associação Americana de Psicologia, alegou em 1904 que esses estereótipos refletem a verdadeira natureza de homens e mulheres.[11] Mas existe pouca evidência disso. De fato, na média o homem tem mais conhecimento de investimentos, o que contribui para sua autoconfiança, expectativa de melhores rendimentos e maior presença nos negócios. Mas afinal de contas os homens ganham mesmo mais dinheiro no mercado de ações que as mulheres? Estudos mostram que não há diferença; quando há, as mulheres ganham ligeiramente mais.[12] Embora as mulheres entendam menos de investimento, elas correm menos riscos indevidos e utilizam heurísticas simples e eficazes como "compre o que você conhece" e "invista de forma igualitária".

Acho incrível que esses estereótipos de gênero sobre intuições no romance e nas finanças sigam tão firmes e fortes. Se é verdade a ideia de que as teorias populares espelham as teorias psicológicas do século anterior, teremos de conviver com tais estereótipos ainda por um bom tempo no século XXI.

Dilema dos pais

De uma perspectiva evolucionária, o objetivo último do romance são os filhos. O amor aos filhos é razoavelmente estável ao longo da vida dos pais, enquanto um a cada dois ou três casamentos termina em divórcio, dependendo do país. Com mais de um filho, os pais enfrentam o dilema: como distribuir seu amor e seu tempo? É uma questão crucial. A crença de que um pai ou mãe preferia um irmão ou irmã já foi causa de muita rivalidade, tema não só de muitas peças de Shakespeare, de *Ricardo III* a *Rei Lear*, como também de explicações psicanalíticas para distúrbios emocionais.

A resposta clássica de como os pais devem alocar seu tempo e recursos, outra vez, é a maximização.[13] Os pais devem favorecer os filhos que terão maior prosperidade quando adultos, além dos que o sustentarão na velhice. Porém os pais não podem prever o futuro e calcular que filho produzirá a utilidade mais elevada por unidade de investimento. Pais e filhos vivem em um mundo de incertezas, em que o sucesso depende de talento, ambiente, sorte e muitos outros fatores que são difíceis de prever. Nessa situação, muitos pais confiam numa simples regra:

Distribua seu tempo igualmente entre os filhos.

É a mesma regra, 1/n, que foi mais bem-sucedida do que a do vencedor do prêmio Nobel — batendo portfólios em investimentos com ações (capítulo 5). E funciona para os filhos também. Um pai de duas meninas me contou que lia uma história para a mais nova dormir enquanto a outra cronometrava o tempo, para ter certeza de que a irmã não recebia mais atenção. É uma regra simples porque não exige muito cálculo. Ao mesmo tempo satisfaz os valores igualitários dos pais.

Ou assim poderíamos pensar. Surpreendentemente, o tempo de atenção recebido à idade de dezoito anos nas famílias norte-americanas diferiu de forma notável e sistemática (figura 8.2). Tudo considerado, os pais passam menos tempo com os filhos do meio. Seria porque os outros demandam demais seu tempo? Ou filhos do meio são mais independentes? De outro modo, por que os pais os tratariam de forma desigual? Na verdade, os pais podem seguir à risca a regra 1/n, mas o resultado depende do número de filhos. Peguemos uma família de dois filhos, em que os pais dividem seu tempo cuidando deles igualmente por dia ou por semana. Após dezoito anos, o tempo de atenção recebido por todos na infância será o mesmo, como mostrado na figura 8.2 pelos quadrados pretos.[14] Em outra família com três filhos, os pais também distribuem seu tempo igualmente. Para essa família, dezoito anos tratando os filhos da mesma forma levará a uma desigualdade involuntária: como os filhos do meio nunca têm os pais só para si e precisam dividir seu tempo e atenção, no longo prazo recebem uma

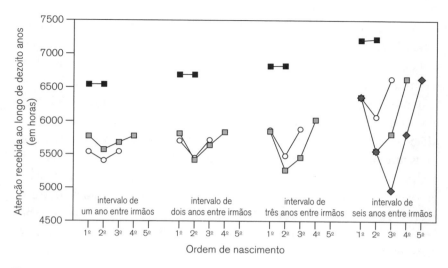

Figura 8.2. Os pais passam mais tempo com o primogênito e com o caçula do que com filhos nascidos no meio. Por quê? Paradoxalmente, pais que tentam alocar tempo de atenção todo dia ou toda semana igualmente para todos os filhos (a regra 1/n) produzem o padrão complexo de desigualdade mostrado aqui. Em famílias com dois filhos, ambos os irmãos terminam com igual tempo de dedicação dos pais à idade de dezoito anos (quadrados pretos). Em famílias com três (círculos brancos), quatro (quadrados cinza) e cinco filhos (losangos cinza), porém, os nascidos no meio recebem menos tempo total. Sua desvantagem aumenta proporcionalmente ao aumento do intervalo de anos entre seus nascimentos, como mostra o intervalo médio. Por exemplo, um intervalo de dois anos incluiu períodos de 1,5 a 2,5 anos.

FONTE: 1296 famílias em Syracuse, Nova York, em Lindert (1977) e Hertwig et al. (2002).

parcela menor do que seus irmãos, que nasceram antes e depois deles (a menos, claro, que sejam os únicos que continuaram no ninho).

Assim, o filho do meio terminará com menos tempo do que o mais velho e o mais novo, que foi o que aconteceu nas famílias norte-americanas mostradas na figura 8.2. Além disso, a vantagem para o mais velho e o mais novo aumenta em proporção ao maior número de anos separando os irmãos. O mesmo acontece em famílias com quatro filhos.

O investimento dos pais é um exemplo de como a mesma regra do polegar pode produzir uma distribuição de recursos tanto igual como desigual — e assim um resultado justo em maior ou menor medida. Tudo depende das circunstâncias: aqui, trata-se do número de filhos e do número de anos entre eles.

A análise do comportamento em termos de regras do polegar é diferente das explicações psicológicas tradicionais. Geralmente, o comportamento observado é atribuído a preferências, traços de personalidade e outras disposições internas. Observe mais uma vez o padrão de investimento dos pais na figura 8.2. Vendo que os pais passam mais tempo com seus primeiros e últimos filhos, poderíamos concluir que são mais afeiçoados a eles do que aos do meio. Afinal, o primogênito tende a ser mais maduro e a se identificar mais com os pais, ao passo que a raspa do tacho é sempre a mais paparicada. Mas olhar para as regras do polegar empregadas pelas pessoas oferece uma melhor compreensão do que está acontecendo. A regra simples 1/n prevê todo o padrão complexo, sem necessidade de elaborar uma narrativa a posteriori. Os pais fazem o possível para ser justos, mas agora entendemos por que às vezes isso é impossível.

Comunicação dos riscos do amor

Para agir sabiamente nas coisas do coração, precisamos considerar mais do que as consequências das estratégias que usávamos para escolher uma pessoa e formar uma família. A comunicação de riscos também pode desempenhar um papel importante.

PRESERVATIVOS

Nem todo mundo à procura de amor está pensando em filhos. O libertino italiano do século XVIII Giacomo Casanova usava uma "capa de segurança" para não engravidar as amantes. Sigmund Freud, o pai da psicanálise, era contra preservativos porque diminuíam o prazer sexual e a incidência de falhas era elevada demais. A fim de decidir qual método anticoncepcional usar, ou então nenhum, seria prudente saber até que ponto os preservativos hoje são confiáveis.

Os Centros para Prevenção e Controle de Doenças dos Estados Unidos (CDC) divulgam em seu site que "preservativos são de 85% a 98% eficazes em evitar a gravidez", ou seja, a ineficácia vai de 2% a 15%.

NO CORAÇÃO DO ROMANCE

Como vimos com as probabilidades de chuva no primeiro capítulo, a comunicação transparente especifica com clareza a classe de referência à qual a probabilidade se refere. Nesse site do governo, nenhuma classe de referência foi especificada. Uma mulher contemplando o uso de preservativos pode pensar uma destas coisas:

1. Ela engravidará de 2% a 15% das vezes que fizer sexo.
2. De 2% a 15% das mulheres que recorrem ao preservativo engravidam no primeiro ano de uso.
3. De 2% a 15% dos preservativos são defeituosos.
4. De 2% a 15% dos homens não sabem usar o preservativo com segurança.

Não existe maneira de a mulher saber. As mulheres que interpretam a afirmação em termos da alternativa de número 1 concluiriam que sexo uma vez por semana quase certamente resulta em gravidez, desse modo tornando o preservativo inútil. Quem pensa em termos da alternativa número 3 pode em vez disso acreditar que a solução é verificar cada preservativo cuidadosamente antes de usá-lo, enquanto a alternativa número 4 leva à conclusão de que a melhor estratégia é escolher um homem que saiba usar o preservativo direito. Mirta Galesic e eu apontamos essa ambivalência no *British Medical Journal*.[15] Após tomarem ciência do potencial mal-entendido, os CDCS melhoraram seu site e esclareceram que a eficácia do preservativo se refere à quantidade de mulheres em uma centena que sofrerão uma gravidez indesejada no primeiro ano de uso (alternativa 2). Se os estudiosos não especificam com clareza a classe de referência, as pessoas intuitivamente se decidem por uma e chegam a uma conclusão com base nela.

PROBLEMAS SEXUAIS

Um amigo meu, psiquiatra, costumava prescrever antidepressivos para pacientes com depressão leve. Ele sempre tomava o cuidado de explicar potenciais efeitos colaterais, incluindo perda de libido e impotência: "Se

PREPARADOS PARA O RISCO

você toma a medicação, tem 30% a 50% de chance de desenvolver um problema sexual". Muitos pacientes ficavam preocupados e não queriam tomar o remédio. Por fim, ele percebeu o problema e mudou de abordagem: "Em geral, a cada dez pacientes para quem prescrevo, de três a cinco relatam um problema sexual". Depois disso alguns pacientes ficavam menos apreensivos em tomar. Por quê?

Em sua explicação original, o psiquiatra pensara nos pacientes como a classe de referência e presumira que haviam feito o mesmo. Mas quando os pacientes eram consultados, na cabeça deles claramente era outra coisa: muitos acharam que haveria problemas em 30% a 50% de suas relações. Se você é uma pessoa que tende a ver as coisas pelo lado positivo, "de três a cinco pacientes a cada dez" não parece tão preocupante, porque pensa neles como os outros. Porém até o maior otimista do mundo enfrentaria maus bocados se as proporções se referissem ao seu número de relações. Por consequência, a rejeição ao medicamento cresceu. Só quando o psiquiatra parou de falar na probabilidade de um evento único e passou a se expressar em termos de incidência, que especifica automaticamente uma classe de referência, a confusão foi desfeita.

O que significa o paciente ter uma chance de 30% a 50% de desenvolver um problema sexual?	Analfabeto em matemática	Sabe matemática
1. De 30% a 50% dos pacientes medicados terão problemas sexuais.	33%	38%
2. Pacientes medicados terão problemas em 30% a 50% de suas relações sexuais.	33%	33%
3. Pacientes medicados acharão a relação sexual de 30% a 50% menos prazerosa do que o normal.	21%	10%
4. Outra possibilidade.	13%	19%

Tendo como inspiração a história do meu amigo, perguntamos a adultos mais velhos com diferentes níveis de conhecimentos matemáticos o que uma "chance de 30% a 50% de desenvolver um problema sexual" queria dizer.[16] Se o mal-entendido com a questão se deve à inteligência das pessoas, saber ou não matemática deve ser fundamental. Por outro lado, se o problema está na forma como o risco é comunicado, fará pouca diferença ser ou não analfabeto em matemática.

Só um terço dos analfabetos em matemática e uma quantidade alguns pontos percentuais acima de proficientes em matemática compreendem o que uma chance de 30% a 50% quer dizer (1). Quando propusemos a jovens adultos a mesma questão, mais de dois terços escolheram (1), porém mais uma vez, independentemente do grau de proficiência matemática, houve pouca diferença entre eles. A conclusão é que saber matemática — a capacidade de raciocinar com números — não fez quase diferença nenhuma. É mais um problema dos especialistas, que não sabem comunicar o que querem dizer, do que de inteligência das pessoas.

9
O que os médicos precisam saber

A medicina hoje se parece com a igreja do século XVI. Precisa de uma reforma. Poucos médicos têm formação para julgar e avaliar um estudo científico. Eu mesmo preferi me tornar cirurgião para evitar duas coisas: estatísticas e psicologia. Hoje percebo como são indispensáveis.

Günther Jonitz, presidente da Câmara de Médicos de Berlim

A MULHER FAZ UMA MAMOGRAFIA rotineira para prevenção de câncer de mama. O exame dá positivo, e ela fica apavorada, temendo o pior. Mas o que um resultado positivo significa de verdade? A surpreendente resposta é que muito provavelmente ela não sofre do problema. As mamografias resultam em muitos alarmes falsos. Neste capítulo, explicarei um método intuitivo que ajuda pacientes e médicos a compreender os resultados do exame. Embora seja tão simples que até uma criança do quarto ano consegue aprender, poucos médicos e pacientes estão familiarizados com ele. Para descobrir por que médicos aprendem tudo, menos avaliar riscos, comecemos observando o que acontece nos bastidores.

Por que os hotéis de luxo não queriam mais estrelas?

Desde a queda do Muro, Berlim mudou num ritmo vertiginoso. A única constante é a torrente diária de turistas caminhando nas ruas, passeando de Segway ou dirigindo um Trabant.[1] As opções de lazer são muitas: a cidade abriga três casas de ópera e uma das melhores sinfônicas do mundo. Para quem pode se dar ao luxo, existem 21 hotéis

O QUE OS MÉDICOS PRECISAM SABER

cinco estrelas na cidade. Ou melhor, havia. Em 2008, aconteceu algo inesperado. No intervalo de poucos dias, seis hotéis estrelados quase que evaporaram. Seria em razão das queixas de clientes insatisfeitos na internet? Relatos de baratas andando sob as camas king size? Ou hóspedes que morreram eletrocutados na banheira? Nada disso. Os hotéis não perderam suas estrelas; simplesmente se livraram delas. Alguns voltaram a exibir apenas uma, outros, todas as cinco, rebatizando-se como "hotéis exclusivos". Todos continuam na ativa, com o mesmo serviço excelente, os mesmos preços, nos mesmos ótimos locais. O Hilton, no Gendarmenmarkt, por exemplo, ainda oferece uma vista espetacular de uma das praças mais lindas da Europa. Apenas as estrelas não estão mais lá.

Esses hotéis abandonaram suas estrelas pelo mesmo motivo.

Por muitos anos, os hotéis de luxo receberam conferências de educação médica continuada (EMC), a que os profissionais têm de assistir para renovar sua licença. A indústria farmacêutica organiza esses eventos no mundo todo. Para seduzir os médicos, hotéis chiques em lugares atraentes são escolhidos, e as companhias farmacêuticas pagam a conta, às vezes incluindo cônjuges. Só nos Estados Unidos, a indústria gasta mais de 1 bilhão de dólares anuais com a EMC.[2] Campos de golfe e outras regalias aguardam os participantes. Já vi não só médicos como também enfermeiros contando sobre suas viagens para o Havaí em um hotel à beira da praia com todas as despesas pagas. Quando voltam, tendem a prescrever o remédio do laboratório patrocinador para seus pacientes, no mínimo como retribuição pelo favor. Mas trocas de favores não deveriam existir no sistema de saúde. Muitos profissionais parecem morder a isca. Entre médicos californianos, embora quase nenhum (1%) acreditasse que os agrados influenciavam o que prescreviam, um terço acreditava que influenciavam o que os demais prescreviam.[3]

Após anos de gastança desenfreada, as agências do governo desconfiaram que a prática fosse um modo de subornar os médicos. Na Alemanha, a indústria reagiu rapidamente para impedir investigações por corrupção e fundou uma organização chamada Autorregulação Voluntária da Indústria Farmacêutica (FSA). O grupo emitiu diretrizes proibindo a EMC de ser realizada em hotéis de luxo, exigindo a escolha de locais mais modestos.

Ao tomarem conhecimento do fato, seis hotéis berlinenses entraram em pânico e se livraram de suas estrelas. A EMC tinha virado um negócio superlucrativo. De modo similar, nos Estados Unidos, o hotel da rede Loews em Lake Las Vegas removeu o "resort" do nome para não perder as companhias farmacêuticas, e outros do mesmo padrão copiaram a tática. Conversei com o chefe da FSA, e ele explicou que a questão não era o número de estrelas, mas o luxo desnecessário para as conferências, como spas. Alguns hotéis, porém, acreditaram equivocadamente que a quantidade de estrelas era mais importante e preferiram não correr riscos.

Por que a EMC não é conduzida por órgãos médicos? Boa pergunta. Na verdade, alguns grupos oferecem seus próprios treinamentos, mas não conseguem competir com os recursos financeiros que a indústria tem à disposição. Não surpreende que a maioria dos médicos prefira praias e clubes de golfe a salas de aulas comuns com refeições frugais e sem acompanhantes inclusos. Se pagassem pelos cursos, o problema estaria resolvido, mas a opção não é muito bem recebida. Algumas associações médicas tentaram tornar a EMC independente dos interesses comerciais, de modo a eliminar qualquer viés nas evidências apresentadas. Poucas conseguiram. Consequentemente, milhões de médicos no mundo todo ficam sabendo apenas do que a indústria quer que saibam.

Ajudando médicos a entender resultados de exames

"A sala de conferências é no segundo andar", informou-me a mulher na recepção. Eu estava no magnífico lobby de um ex-hotel cinco estrelas em Berlim. O organizador da EMC me recebeu, e seguimos para lá. O lugar estava lotado com 160 médicos, a maioria de quarenta a sessenta anos, que passavam por quatro sessões de treinamento em um lindo dia de primavera. O auditório era equipado com a tecnologia mais moderna. Nos 75 minutos seguintes, como parte do curso, eu explicaria para os médicos como compreender melhor riscos e incertezas. Para os médicos e a companhia farmacêutica patrocinadora, era a primeira vez

O QUE OS MÉDICOS PRECISAM SABER

que isso acontecia. Fiquei impressionado com o fato de que a indústria financiasse palestras sobre a comunicação do risco quando nem mesmo as faculdades de medicina, em sua maioria, se ocupam do assunto.

Ao subir no palanque, comecei falando de um assunto não relacionado, a história que conto no primeiro capítulo deste livro sobre a confusão dos apresentadores de TV com as probabilidades de chuva. Consegui algumas risadas, deixando os médicos mais à vontade para o que viria a seguir.

Uma nova legislação era o motivo para eu estar ali, e não algum representante dos laboratórios. A indústria farmacêutica estava proibida de usar a EMC para promover medicamentos. Mas, na decisão sobre quais palestrantes independentes contratar, a empresa fez uma coisa inteligente: consultou os médicos e perguntou o que gostariam de aprender. No topo da lista ficou a arte da comunicação de risco. E assim acabei dando vários cursos. E descobri que era um modo valioso de gastar meu tempo; nunca tive um público tão ávido por aprender.

Nesse dia, havia 160 ginecologistas na plateia. Depois que relaxaram, passei às questões reais: terapia de reposição hormonal, Papanicolau, HPV, câncer de mama e outros exames e tratamentos que são parte de seu cotidiano. Comecei apresentando o seguinte problema:

Uma mulher de cinquenta anos, assintomática, realiza mamografia rotineira. O exame dá positivo, ela fica alarmada e quer saber se o câncer de mama é uma certeza, ou quais são as chances. Além dos resultados dos exames, não sabemos mais nada sobre a mulher. Quantos resultados positivos de fato indicam câncer de mama? Escolha a melhor resposta:

1. 9 em 10
2. 8 em 10
3. 1 em 10
4. 1 em 100

A maioria dos médicos pareceu em dúvida e ficou olhando para o chão. Tentei incentivá-los a falar: "Ninguém precisa ter vergonha. Seus colegas pelo jeito também não sabem". Percebi um suspiro coletivo de alívio. Continuei:

PREPARADOS PARA O RISCO

Agora vou fornecer a informação relevante para responder a essa pergunta sobre as chances de câncer após o resultado positivo. Primeiro, vou apresentá-la do modo como ficou costumeiro na medicina, em probabilidades:

- a probabilidade de que a mulher tenha câncer de mama é de 1% (prevalência);
- se a mulher tem câncer de mama, a probabilidade de testar positivo é de 90% (sensibilidade);
- se a mulher não tem câncer de mama, a probabilidade de que mesmo assim teste positivo é de 9% (taxa de alarme falso).

A mulher testa positivo. Ela quer saber se isso significa que tem câncer de mama com certeza ou quais são suas chances. O que você diz?

A melhor resposta é uma em dez. Ou seja, de cada dez mulheres que testam positivo no exame de imagem, uma tem câncer. As outras nove recebem um *alarme falso*. Contudo, as respostas dos 160 ginecologistas, monitoradas por um sistema de votação interativo que oferecia as quatro escolhas acima, foram as mais disparatadas (figura 9.1, gráfico de cima). Trinta médicos diriam à mulher que a chance de câncer era mínima, apenas uma em cem, após o exame dar positivo (lado direito). Outros — a maioria — achavam que de oito a nove mulheres em cada dez que testaram positivo teriam câncer (lado esquerdo). Imagine o medo e o pânico desnecessários provocados por esses profissionais. Apenas 21% dos médicos teriam informado corretamente a paciente, menos do que o esperado numa escolha feita ao acaso (25%, pois há quatro alternativas). Se as pacientes soubessem dessa divergência de opiniões, ficariam preocupadas, e com toda a razão.

Aguardei que digerissem os números e expliquei sobre um método simples para melhorar a compreensão: traduzir probabilidades em frequências naturais:

- Espera-se que dez em cada mil mulheres tenham câncer de mama.
- Das dez mulheres com a doença, nove testarão positivo.
- Das 990 sem câncer, 89 testarão positivo mesmo assim.

Médicos antes do treinamento

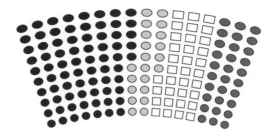

Médicos após o treinamento

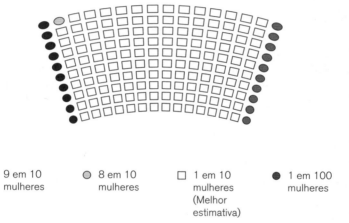

● 9 em 10 mulheres   ◐ 8 em 10 mulheres   ☐ 1 em 10 mulheres (Melhor estimativa)   ● 1 em 100 mulheres

Figura 9.1. A maioria dos ginecologistas não compreende o significado de uma mamografia que dá positivo. Acima: no início de uma sessão de educação médica continuada, perguntei a 160 ginecologistas o que diriam a uma mulher de cinquenta anos com um exame positivo sobre suas chances de estar com câncer de mama. Quase a metade (47%) dos médicos acreditava que sua chance é de nove em dez, 13%, de que é oito em dez, 21%, de que é uma em dez e 19%, de que é uma em cem! Se as pacientes soubessem dessa divergência de opiniões, ficariam alarmadas com razão. Abaixo: depois de aprender em um curso de 75 minutos em EMC sobre como pensar em frequências naturais, 87% dos médicos conseguiram encontrar a melhor resposta: uma em dez. Ou seja, de cada dez mulheres que testam positivo no exame, só uma tem câncer de mama; as outras nove receberam um alarme falso.

PREPARADOS PARA O RISCO

Agora é fácil perceber que cerca de 98 (89 + 9) deverão testar positivo, das quais apenas nove terão câncer de fato. É quase uma mulher em dez. Se pensarmos em cem mulheres e arredondarmos um pouco, fica até mais simples:

- Uma em cada cem mulheres tem câncer de mama.
- Essa mulher com câncer de mama provavelmente testará positivo.
- Das 99 sem câncer de mama, nove testam positivo mesmo assim.

Portanto, espera-se um total de dez mulheres que testem positivo. Só uma tem câncer.

Depois que os médicos aprenderam a traduzir probabilidades complicadas em frequências naturais, 87% conseguiram perceber que a melhor estimativa era uma em dez (figura 9.1, gráfico de baixo). Mas houve também os "casos perdidos", que continuaram a achar que a maioria das mulheres testando positivo teria câncer (lado esquerdo). Mas mesmo esses acabariam percebendo, se tivéssemos um pouco mais de tempo.

Os médicos muitas vezes acham que todo mundo entende de probabilidades e que só eles não nasceram com o gene da matemática. Por isso ensinar em grupo é tão importante: para mostrar que não estão sozinhos e não precisam se esconder. Eles se dão conta de que em geral existe uma solução simples para o que parece ser um problema complexo. Também aprendem a ler outras estatísticas confusas, como riscos relativos. Muitos participantes deixam o curso sentindo-se mais confiantes. Após minha primeira palestra de EMC, um representante da indústria veio falar comigo: "Muito útil", comentou, "mas é claro que continuaremos a usar os riscos relativos para anunciar os benefícios". "Não posso impedir que façam isso", falei, "mas continuarei ensinando os médicos a aprender o truque. E respeito sua companhia por apoiar um curso de alfabetização em risco para médicos."

Embora fosse considerado pelos médicos um dos cursos em que mais aprendiam, o programa foi suspenso após dois anos. A formação dos médicos é importante demais para ser deixada a cargo da indústria farmacêutica.

O QUE OS MÉDICOS PRECISAM SABER

Medo

No total pude ensinar cerca de mil médicos no EMC. Com base nisso, minha estimativa é de que cerca de 80% dos profissionais não compreendem o que significa um teste positivo, mesmo em suas respectivas especialidades. Eles não têm condições de aconselhar adequadamente os pacientes e tampouco sabem avaliar criticamente um artigo em um periódico médico de sua própria especialidade.

Há alguns anos, após uma palestra na conferência anual de uma importante sociedade médica, jantei com os presidentes e representantes de várias associações de saúde nacionais. Ao meu lado sentou uma mulher por quem eu tinha grande admiração. Era presidente de uma sociedade médica e conseguira promover mulheres capacitadas como chefes de departamentos, a despeito da resistência de seus colegas homens. Uma mulher de coragem. Após me contar sobre alguns episódios de machismo, ela falou:

"Posso perguntar uma coisa sobre a palestra?"

"Claro, fale."

"Você mencionou que de dez mulheres que testam positivo na mamografia, só uma tem câncer de verdade. É assim mesmo?"

"É só ver a pesquisa publicada." Fiquei surpreso que nunca tivesse feito isso.

"Sabe", ela continuou, "tem uma médica sueca no meu grupo que falou a mesma coisa, mas nunca acreditei nela."

"Por que você mesma não olhou?"

"Nem sei explicar", respondeu, "acho que simplesmente acreditei na tecnologia." E baixando a voz: "Fiz uma mamografia que deu positivo alguns anos atrás. Foi um choque, fiquei arrasada. Pensei que fosse morrer. Daí a biópsia mostrou que não era câncer, mas um alarme falso. Só que, depois desse susto, eu fico muito ansiosa antes do exame. É um ciclo de temer o pior e então relaxar após o resultado, e depois a mesma coisa entra ano, sai ano".

O analfabetismo em risco sabotou a vida emocional dessa mulher. Mulheres saudáveis de cinquenta a setenta anos que realizam mamografias regularmente podem esperar um alarme falso mais cedo ou mais tarde, como acontece às vezes ao passarmos pelos detectores nos aeroportos. Cerca de uma em cada três recebe um falso positivo em algum momento. Alguém precisa lhes dizer que um resultado suspeito provavelmente significa que há alguma coisa errada com o teste, não com seu corpo. Se outras mulheres reagirem como a presidenta da sociedade médica, milhões devem vivenciar um ciclo de medo em suas vidas. De fato, durante meses após um alarme falso, as mulheres costumam sofrer de ansiedade, infelicidade, problemas para dormir e impacto negativo na sexualidade.[4]

A paciente presume que seu médico conheça as evidências disponíveis. E umas poucas dão sorte. Contudo, os ginecologistas não são os únicos profissionais que muitas vezes se confundem com resultados de exames. Uma ignorância similar foi encontrada em outras especialidades, nos Estados Unidos, na Europa e na Austrália.[5]

Os profissionais nem sempre estão cientes, ou não admitem, que não compreendem estatísticas de saúde. Em um estudo australiano com cinquenta médicos, só treze afirmaram saber o que é "valor preditivo positivo" (a probabilidade de uma doença diante de um teste positivo). E, quando lhes pedimos para explicar, só um conseguiu.[6]

Qualquer um pode compreender resultados de um exame

COMO FUNCIONAM AS FREQUÊNCIAS NATURAIS

Já vimos que as frequências naturais nos ajudam a compreender o que significa um teste de HIV positivo e que é melhor trocar de porta, no problema de Monty Hall. Mas como isso é possível? Vamos olhar mais de perto para os dois modos de comunicar informação sobre mamografias que apresentei aos médicos no EMC. O primeiro, que confunde muita gente, usa *probabilidades condicionais*. Explicações de probabilidades condicionais, como a sensibilidade e a taxa de falsos positivos, podem ser encontradas na figura 9.2. Por exemplo, a sensibilidade é a probabilidade de receber um resultado positivo se a pessoa tem a doença, descrita como p(testar positivo|doença). Essa probabilidade é condicional porque não é

O QUE OS MÉDICOS PRECISAM SABER

Resultado do teste	Doença	
	Sim	Não
Positivo	(a) sensibilidade	(b) taxa de falsos positivos
Negativo	(c) taxa de falsos negativos	(d) especificidade

Figura 9.2. Um exame pode ter quatro resultados: (1) O resultado é positivo, e a paciente tem a doença. (2) O exame dá positivo, mas a paciente não tem a doença. (3) O exame é negativo, mas a paciente tem a doença. (4) O exame é negativo, e a paciente não tem a doença. As taxas em que os quatro resultados ocorrem são chamadas de (a) sensibilidade (ou taxa de verdadeiros positivos), (b) taxa de falsos positivos, (c) taxa de falsos negativos e (d) especificidade (taxa de verdadeiros negativos). Os dois erros que todo exame pode cometer estão sombreados.

a simples probabilidade de um evento A ocorrer, e sim de A considerando B (A ocorre se B ocorrer). Para compreender as probabilidades condicionais, precisamos fazer cálculos complexos que a maioria considera complicados (como representado pela carinha contrariada à esquerda na figura 9.3). A fórmula se chama regra de Bayes, cuja descoberta é atribuída ao pastor dissidente inglês Thomas Bayes (c. 1702-61).[7]

Como vimos, um modo mais simples de comunicar a mesma informação é com frequências naturais. Para representar um problema em frequências naturais, começamos com uma quantidade de pessoas (aqui, mil mulheres), que são divididas em com e sem a doença (câncer de mama); elas são separadas de novo em dois grupos segundo a nova informação (resultado do teste). Os quatro números na base da árvore da direita são as quatro frequências naturais. Os quatro números na base da árvore da esquerda são as probabilidades condicionais (figura 9.2). Ao contrário das probabilidades condicionais (ou frequências relativas), a soma das frequências naturais sempre resulta no número no topo da árvore. O segredo, nesse caso, é que elas realizam a maior parte do cálculo por você, facilitando a compreensão dos resultados (como mostrado pela carinha feliz na figura 9.3).

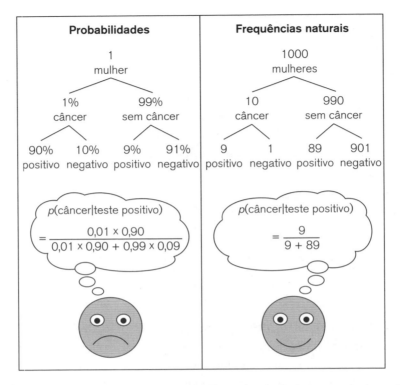

Figura 9.3. Qual a probabilidade de que uma mulher tenha câncer de mama se testar positivo em uma mamografia? Quando a informação é apresentada em probabilidades, a maioria dos médicos e pacientes fica confusa (cara infeliz), mas, se apresentada em frequências naturais, a maioria percebe a resposta correta (cara feliz). Só nove em 99 mulheres que testarem positivo de fato terão câncer de mama, o que corresponde a aproximadamente uma em dez. Os quatro números na base da árvore da direita são as quatro frequências naturais. Os quatro números na base da árvore da esquerda são chamados de probabilidades condicionais (ver figura 9.2).

FERRAMENTAS PARA PENSAR

Por muitos anos, os psicólogos afirmaram que, em função de sua capacidade cognitiva limitada, as pessoas estavam fadadas a não entender problemas como a probabilidade de uma doença dado um teste positivo.[8] Essa deficiência é usada como justificativa para a política pública paternalista mencionada no capítulo 1: melhor manter as pessoas longe

O QUE OS MÉDICOS PRECISAM SABER

de decisões importantes sobre riscos, sejam médicos ou políticos. Chega de paternalismo; precisamos ensiná-las a usar ferramentas para pensar.

Em meados dos anos 1990, o psicólogo Ulrich Hoffrage e eu demonstramos pela primeira vez que o problema não está apenas na cabeça das pessoas, mas na maneira como a informação é transmitida: quando os mesmos problemas são apresentados em frequências naturais, são compreendidos mais prontamente. Desde essa descoberta, meus pesquisadores e eu treinamos não apenas médicos, como também juízes, pacientes e outros a aprender esse método simples. Hoje escolas de vários países incluem árvores de frequência natural em seu material didático, ajudando as crianças a entender como pensar sobre risco. Em alguns casos, elas aprendem a trabalhar frequências naturais na prática, com cubos coloridos.[9] Hoje, organizações médicas importantes — como a Cochrane Collaboration, a International Patient Decision Aid Standards Collaboration e a Medicine and Healthcare Products Regulatory Agency (equivalente no Reino Unido da Food and Drug Admnistration norte-americana) — recomendam o uso de frequências naturais.

Se todo mundo seguisse essa recomendação, em vez de tratar as pessoas como se fossem incorrigivelmente analfabetas para o risco, muita gente se beneficiaria de menos ansiedade desnecessária com alarmes falsos sobre doenças, além de uma base melhor para tomar decisões informadas sobre muitas coisas.

Pré-natal

Imagine que você tenha 35 anos e esteja grávida. Em muitos países, os médicos aconselham mulheres a partir dessa idade a fazer um teste de rastreamento para Down. A síndrome de Down, ou trissomia 21, é a aberração cromossômica clinicamente mais frequente no nascimento. Crianças nascidas com a síndrome possuem 47 cromossomos, em vez dos usuais 46, resultando em capacidade mental e crescimento físico deficientes, além de um conjunto particular de características faciais. Para a mulher de 35 anos, a alegria de engravidar é mitigada por esses e outros defeitos congênitos. O risco de uma criança ter síndrome de Down, porém, não dá um salto súbito nessa idade, mas aumenta com a idade da mãe. É por isso que esse limite de idade faz pouco sentido em termos clínicos. A questão a perguntarmos é: qual o tamanho do risco em cada idade? Aos trinta anos, o risco de ter um bebê com síndrome de Down é de cerca de um em mil, variando conforme o país. Se a mãe tem 35, o risco aumenta para cerca de três em mil, e aos quarenta, cerca de dez em mil.

Muitas futuras mães acham esse acompanhamento pré-natal extremamente estressante. Dois exames são feitos, um exame de sangue no primeiro trimestre e, se o resultado for positivo, um segundo exame invasivo, como a biópsia das vilosidades coriônicas, ou amniocentese. O teste de primeiro trimestre inclui uma ultrassonografia, capaz de detectar o excesso de pele no pescoço de fetos com síndrome de Down, e exames de marcadores séricos. Podem ser feitos entre a 11ª e a 14ª semana de gestação.[10] Se o teste der positivo, as mulheres precisam decidir se realizam um exame invasivo como a amniocentese, que provoca aborto em uma de duzentas mulheres. Para a mulher de quase quarenta anos, esse risco equivale praticamente ao de ter um bebê com Down.

Portanto, é crucial compreender o que um teste de primeiro trimestre positivo quer dizer. Um estudo britânico revelou que para algumas grávidas e obstetras significa que a síndrome de Down é uma certeza absoluta, ou quase isso.[11] Outra vez, a ilusão de certeza está ligada à tecnologia médica. Mas nenhum exame é uma certeza absoluta. Primeiro, a sensibilidade de um teste feito no trimestre inicial da gestação é de cerca de 90%, ou seja, o teste detecta 90% dos bebês com síndrome de Down e deixa escapar o resto. Segundo, a taxa de falsos positivos é de cerca de 5%, significando que o exame identifica corretamente 95% de bebês sem síndrome de Down e falha nos 5% restantes.[12] Agora podemos perceber o que um resultado positivo significa para a mulher de quarenta anos:

- Cerca de 1% dos bebês têm síndrome de Down.
- Se o bebê tiver síndrome de Down, há uma chance de 90% que o resultado do teste seja positivo.
- Se o bebê não for afetado, ainda há uma chance de 5% de que o resultado do teste seja positivo.

O QUE OS MÉDICOS PRECISAM SABER

Vamos supor um resultado positivo: qual a chance de que o bebê realmente tenha síndrome de Down?

Em um estudo britânico, a pergunta foi feita a 21 obstetras. Apenas um soube responder corretamente. A maioria avaliou que as chances são muito altas, de 90% a 100%, ou muito baixas, perto de zero. No mesmo estudo, parteiras, gestantes e seus acompanhantes também responderam à pesquisa.[13] Nenhuma parteira, só uma em 22 mulheres e só três em vinte parceiros souberam dizer qual era a chance de nascer um bebê com síndrome de Down.

Outra vez, o problema se torna mais compreensível se simplesmente substituirmos as complicadas porcentagens por frequências naturais. Espera-se que:

- Cerca de dez em cada mil bebês tenham síndrome de Down.
- Desses dez bebês com síndrome de Down, nove terão resultado positivo no teste.
- Dos 990 bebês restantes não afetados, cerca de cinquenta testarão positivo.

Quantas gestantes com um resultado positivo de fato têm um bebê com síndrome de Down?

Com frequências naturais, é mais fácil perceber a resposta. De cada mil mulheres com quarenta anos de idade, espera-se que 59 bebês (9 + 50) testem positivo, e que apenas nove deles terão de fato síndrome de Down. As outras cinquenta mulheres receberam um alarme falso (figura 9.4). Em outras palavras, apenas uma de cada seis ou sete mulheres com resultado positivo de fato terão um bebê com síndrome de Down. Assim, a chance equivale a tirar seis jogando um dado. Mesmo com um teste positivo, é pequena a probabilidade de o bebê ter síndrome de Down.

Quando os 21 obstetras britânicos analisaram a mesma informação em frequências naturais, treze (comparado a apenas um anteriormente) compreenderam o significado do teste. Um pouco de arredondamento sempre ajuda os que ainda não entenderam. Para simplificar, pegue cem grávidas, não mil. Espera-se que uma tenha um bebê com síndrome de Down, que provavelmente testará positivo. Das 99 restantes, é

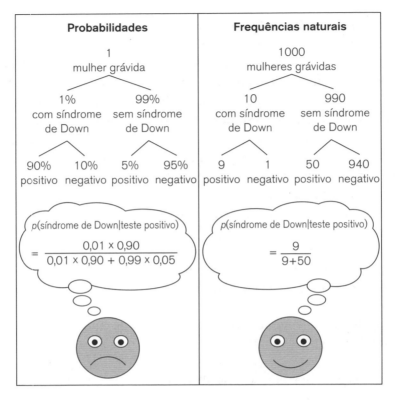

Figura 9.4. Qual a probabilidade de uma gestante de quarenta anos ter um bebê com síndrome de Down se o exame der positivo no teste de primeiro trimestre? Se a informação for apresentada em probabilidades, a maioria dos médicos e pacientes fica confusa (cara infeliz); se for apresentada em frequências naturais, a maioria enxerga a resposta correta (cara feliz). Apenas nove em 59 mulheres que testam positivo de fato têm um bebê com síndrome de Down, o que equivale aproximadamente a uma em cada seis ou sete.

esperado que mais cinco testem positivo, resultando numa chance de uma em seis ter um bebê com síndrome de Down.

Quanto mais cedo a gravidez, menores as chances. A gestação aos 35 anos, e não aos quarenta, reduz a chance de um bebê com síndrome de Down após um teste positivo para apenas uma em vinte. Isso significa que o bebê muito provavelmente não terá a doença. A árvore também ajuda a compreender como um teste negativo tampouco é uma certeza; cerca de um em cada dez casos de síndrome de Down passam batidos.

Quando tentamos elucidar os números, as frequências naturais ajudam a tomar uma decisão informada. Há bons motivos para não fazer o teste: quando a mulher é jovem, quando não quer se arriscar a perder o bebê ou quando jamais abortaria um feto com síndrome de Down. Se você se decidir pelo rastreamento pré-natal para essa condição específica, precisa saber o que o resultado dos exames quer dizer.

Novas tecnologias genéticas exigem pais e médicos preparados para o risco

O avanço futuro em exames de recém-nascidos para identificar problemas bioquímicos genéticos pode resultar num imenso crescimento na identificação precoce de tais condições, mas também em ainda mais alarmes falsos. Por exemplo, quando é feito o exame para detectar problemas metabólicos no bebê, oito falsos positivos são informados para cada positivo verdadeiro.[14] Poucos pais têm ciência de que os testes genéticos não são uma certeza. Casais que realizam esses exames como se fosse um angustiante rito de passagem podem prejudicar seu relacionamento emocional com a criança.

RELAÇÕES DISFUNCIONAIS ENTRE PAIS E FILHOS

Em um estudo realizado em Boston, foram comparados pais que recebem um alarme falso para um de vinte problemas bioquímicos com pais de crianças com resultados de exames normais.[15] As mães que tiveram o alarme falso relataram maior preocupação com o futuro do bebê, classificaram-se como menos saudáveis e afirmaram com maior frequência que seus filhos exigiam cuidados extras. Mas isso não foi tudo.

Um falso alarme significa que, após o estresse inicial do que é recebido como má notícia, a boa saúde da criança foi confirmada após novos exames. Ainda assim, as mães submetidas ao resultado falso positivo relataram com mais frequência ter filhos difíceis e relação disfuncional com eles. Os pais relataram o mesmo sentimento negativo, embora com menos intensidade. E metade de todas as crianças testadas para problemas bioquímicos genéticos mostrou comportamento problemático quatro anos após o resultado falso positivo. Quando a criança sente que os pais acham que pode haver alguma coisa errada com ela, às vezes acaba se comportando de acordo.

Se os pais tivessem sido informados sobre a taxa de erros do teste, a quantidade de estresse sofrida enquanto aguardavam o novo exame poderia ter sido reduzida. Em outras palavras, a proficiência em risco poderia ter moderado as reações emocionais sob estresse que prejudicaram a relação entre esses pais e filhos. Contudo, a maioria dos médicos não foi treinada para compreender testes de problemas genéticos, para começo de conversa, e desse modo não tinham como informar os pais corretamente. A idade da mulher no primeiro parto tem aumentado em muitos países, junto com as chances de ter um bebê com síndrome de Down. Embora vastos recursos sejam investidos na melhoria do diagnóstico pré-natal, pouco ou nada é investido em tornar médicos e pacientes mais aptos a compreender esses testes.

BEBÊS PROJETADOS

Quando o bebê nasce, é feito o exame do pezinho: uma amostra de sangue para identificar problemas genéticos é colhida com uma picada no calcanhar. O procedimento é rotineiro nos Estados Unidos e em outros países, muitas vezes sem que se peça o consentimento dos pais nem que se informe que o DNA da criança será armazenado pela clínica ou pelo governo. Por que não examinar a criança antes do nascimento? Os avanços na tecnologia genética permitem que embriões sejam examinados para centenas de fatores de risco genéticos, incluindo síndrome de Down, câncer de mama e anemia falciforme, usando uma amostra apenas de sangue materno. Pais que desejam um bebê ideal, e nada mais, optam por isso. Já existem empresas oferecendo serviços que vão de diagnósticos pré-implantação a testes genéticos diretos ao consumidor.

A tecnologia genética impactará nossos sentimentos e valores. Alguns pais veem a otimização genética como uma grande possibilidade

O QUE OS MÉDICOS PRECISAM SABER

e um direito básico; outros ficam moralmente horrorizados com a ideia de bebês projetados. Uma das coisas de que podemos ter certeza é que os exames genéticos levarão a mais abortos. Além do mais, se os pais se decidem por não realizar os testes porque preferem não saber e acabam tendo um bebê com problemas (ou com defeitos congênitos devastadores), podem ser severamente criticados por amigos e familiares, ou até estranhos na rua: se dava para descobrir antes, por que você não fez isso? No futuro, o monitoramento pode começar até antes do pré-natal. Por que não testar o DNA do pai e da mãe durante a gravidez? Ou, melhor ainda, fazer o teste antes do primeiro encontro?

As questões éticas envolvendo testes genéticos são motivo de muito debate. Mas pouco se comenta que a maioria dos médicos e pacientes não compreende os resultados dessa tecnologia tão fascinante quanto controversa. Se a maioria dos médicos já não é capaz de prever as chances de síndrome de Down após um teste positivo, o que esperar da avaliação dos resultados de centenas de exames? Se os médicos pecarem pela certeza excessiva, como no caso das mamografias e dos testes de primeiro trimestre, tenderão a "ver" as doenças genéticas que o bebê não tem. E, se os pais não aprenderem a pensar por si mesmos, usando frequências naturais, podem abortar bebês perfeitamente saudáveis.

O fracasso do ensino de medicina

Alguns psicólogos alegam que médicos, assim como os leigos, são vítimas das mesmas persistentes ilusões cognitivas. Se isso fosse verdade, as frequências naturais não ajudariam. Mas ajudam. A explicação não está simplesmente na cabeça dos médicos, em alguma idiossincrasia neural ou um software mental de qualidade inferior. Não culpemos os médicos, simplesmente.

A principal causa é o inacreditável fracasso das faculdades de medicina em oferecer treinamento eficaz em alfabetização para o risco. O progresso da medicina passou a ser associado a melhores tecnologias, e não a profissionais melhores que compreendam essas tecnologias. Os estudantes de medicina precisam memorizar toneladas de fatos sobre doenças comuns e raras. O que quase nunca aprendem é o pensamento estatístico e a avaliação crítica de artigos científicos em seu próprio campo. O aprendizado é dirigido para o desempenho na prova final, que revela pouca correlação com a experiência clínica.[16] Com uma boa dose de autoironia, os professores contam a seguinte piada:

> *Dois estudantes, um de biologia, outro de medicina, são instruídos a decorar a lista telefônica. O de biologia pergunta para quê. O de medicina, para quando.*

Como mudar isso? A responsabilidade moral recai sobre as faculdades de medicina. Quando dou palestras sobre o assunto para associações médicas, a resposta típica é que ninguém está interessado em levar a proficiência em risco a esses profissionais. Promover mudanças em uma universidade é como limpar um antigo cemitério. Todos os professores tentam enfiar o máximo de sua própria especialidade no currículo e na mente dos alunos, e simplesmente não há espaço para mais nada. É muita coisa, ponto. Felizmente, algumas universidades encontram espaço para a transformações. Alguns departamentos de medicina começaram a ensinar métodos de comunicação do risco, como frequências naturais, e elaboraram seu currículo. A maioria das faculdades, porém, nem sequer admite o problema. Afinal, os estudantes já aprendem bioestatísticas. Contudo, uma olhada na figura 9.1 revela como essas disciplinas são ineficazes.

Durante uma palestra na Câmara Austríaca de Médicos, expliquei certa vez o problema dos médicos que não entendem a evidência. No debate que se seguiu, um homem na plateia levantou a mão. Ele se apresentou como professor da Universidade de Medicina de Viena. A questão do analfabetismo matemático dos médicos, segundo ele, pode ser um problema em Nova York ou Londres, mas não na capital austríaca. Ele próprio lecionava bioestatística, e em suas aulas os alunos precisam saber lidar com números. Positivamente surpreso, eu o felicitei. Então outra mão se ergueu. A mulher se identificou como ex-aluna do professor. "Fiz o curso de bioestatística dele e posso garantir que não entendi nada."

O QUE OS MÉDICOS PRECISAM SABER

As faculdades de medicina devem tomar providências imediatas, antes que os pacientes se deem conta de que os médicos não compreendem os exames e tratamentos que recomendam. Enquanto a medicina defensiva mina a confiança nas motivações dos médicos, aqui é a confiança em sua competência profissional que está em jogo.

A PRIORIDADE SÃO OS ACIONISTAS, NÃO OS PACIENTES

Recentemente, dei uma palestra sobre como melhorar o sistema de saúde para os trinta principais executivos de uma empresa internacional de tecnologia médica, além de uma quantidade similar de políticos, representantes de planos de saúde e reitores de faculdades de medicina. O evento não era aberto ao público. Comentei como o analfabetismo em risco era generalizado entre pacientes e médicos; a desinformação recorrente dos folhetos informativos, anúncios e outras formas de comunicação; e o fato perturbador de que as instituições de ensino superior em medicina continuavam sem ensinar os estudantes a compreender estatísticas de saúde. No encerramento, defendi um sistema de saúde que promova pacientes e médicos informados.

Após minha palestra, foi realizada uma mesa-redonda com o CEO e um moderador. Perguntei ao diretor se sua empresa (enormemente lucrativa) consideraria uma responsabilidade ética fazer algo sobre essa questão crucial. O CEO deixou claro que sua responsabilidade principal era para com os acionistas, não os pacientes e médicos. Respondi que os bancos também atuavam com essa motivação antes da crise do subprime. Em algum momento no futuro, os pacientes perceberão com que frequência são mal informados ou mantidos na ignorância, como aconteceu com os clientes dos bancos. Quando a coisa chegar a esse ponto, a indústria de saúde poderá perder a confiança do público, como aconteceu com o sistema bancário. Surpreso com essa analogia, o CEO deu um suspiro antes de descartar apressadamente a possibilidade.

Em vez de pensar como resolver o problema, o reitor de uma faculdade negou que os alunos de medicina não aprendiam pensamento estatístico. Quando lhe perguntei na lata se tinha certeza de que os estudantes de seu departamento são capazes de ler e avaliar um artigo em um periódico médico, ele hesitou, ficou irritado e murmurou que alguns podiam ser e outros não. Então me prontifiquei a testar seus alunos e ajudar a desenvolver um currículo para assegurar que todo jovem médico finalmente seja capaz de compreender evidências científicas. Embora isso tenha servido para pôr panos quentes na situação, o reitor nunca me procurou. O resto do debate foi sobre planos de negócios, aí, sim, catalisando a atenção dos executivos de planos de saúde e dos políticos presentes. Médicos e pacientes que compreendem e estão preparados para o risco não são parte dos negócios.

A síndrome DAC (Defensiva-Analfabeta-Conflitante)

Os pacientes sabem que muitos médicos não compreendem os resultados de seus exames? E que os médicos praticam medicina defensiva, como vimos no capítulo 3? Até onde percebo, quase nunca. Por exemplo, um estudo sobre medicina defensiva na Espanha constatou que a maioria dos profissionais recomenda tratamentos que não utilizam para si.[17] Os médicos estariam avaliando mal as preferências dos pacientes? Não. Eles previam com precisão suas preferências, mas mesmo assim optavam por tratamentos que percebiam como uma salvaguarda legal para a classe. Sem saber disso, os pacientes acreditavam equivocadamente que o médico teria escolhido o mesmo tratamento para si, se estivesse no lugar deles.

A relação médico-paciente depende de ligação pessoal e confiança. Quanto mais os pacientes tomam conhecimento do analfabetismo matemático e da tomada de decisão defensiva da classe médica, mais essa confiança é minada. Os pais começarão a questionar os motivos de um médico recomendar uma ressonância magnética ou tomografia para seu filho, e as mulheres, a se questionar sobre a necessidade de uma cesárea. À medida que as pessoas perceberem que o excesso de exames e tratamentos nem sempre é o melhor caminho, talvez parem de seguir recomendações médicas por completo e se deixem levar pelo que encontram na internet. A saúde pública não merece esse destino.

O QUE OS MÉDICOS PRECISAM SABER

Existem três bombas-relógio no sistema de saúde atual que ameaçam implodir a confiança na classe médica. Os profissionais não buscam o melhor para o paciente porque:

1. praticam medicina defensiva (Defesa contra ações judiciais),
2. não compreendem estatísticas de saúde (Analfabetismo matemático),
3. põem o lucro na frente da virtude (Conflitos de interesse).

Vamos chamar isso de a síndrome DAC do nosso sistema de saúde. Essas condições muitas vezes operam juntas para produzir um atendimento ruim. A dificuldade com números é o problema menos percebido dos três. Os conflitos de interesse engendrados pela mudança de orientação da medicina da virtude para o lucro se tornaram um fenômeno internacional. Em países ocidentais, por exemplo, não é ilegal os médicos receberem "suborno" na forma de prêmios pagos pelas farmacêuticas por novas prescrições para seus medicamentos. Na China, onde a maioria dos hospitais é do governo e os salários são muito baixos, os médicos podem aumentar a renda substancialmente vendendo remédios e técnicas de imagem. Se não fizerem isso, ficam no prejuízo. Esses bônus extras podem inclusive ser maiores que seus salários.[18] A população precisa estar ciente de que a síndrome DAC leva a um excesso de "cuidados" médicos.

Cerca de 10 milhões de norte-americanas realizaram testes de Papanicolau desnecessário para câncer cervical — desnecessário porque, após terem se sujeitado a uma histerectomia completa, essas mulheres não tinham mais cérvix.[19] Um Papanicolau desnecessário não causa mal à paciente, mas para o sistema de saúde representa um desperdício de milhões de dólares que poderiam ter sido utilizados com maior proveito de outra forma. E esses procedimentos também tomam tempo e atenção dos médicos. Já em 1996 a Força-Tarefa de Serviços Preventivos dos Estados Unidos observou que o Papanicolau era desnecessário para essas mulheres, mas poucos deram ouvidos. Quinze anos depois, o Papanicolau desnecessário continua na lista dos cinco principais procedimentos a serem evitados.[20] Por que tantos médicos ignoram as recomendações das associações de classe?

A resposta é o sistema de gratificação por serviço, em que recebem por exame solicitado. Médicos responsáveis que não pedem exames desnecessários perdem dinheiro — é o C da síndrome, causado por um sistema com falsos incentivos.

Nos cuidados com a saúde, menos é (quase sempre) mais

Assim como nas finanças, nos cuidados com a saúde, as tecnologias complexas nem sempre são melhores e mais seguras. Um motivo para seu uso abusivo no mundo médico são os conflitos de interesse — o C na síndrome DAC descrita acima. Medidas que aumentam os rendimentos, como exames de imagem e cirurgias, são encorajadas. Por exemplo, alguns médicos realizam quantidade drasticamente maior de cirurgias de ponte de safena do que outros, mesmo em pacientes que não precisam. Em um caso, os colegas do cirurgião o defenderam dizendo: "Ah, ele tem quatro filhos na faculdade".[21] Quando os filhos se formarem, será que o profissional lançará mão do bisturi com mais parcimônia? Em hospitais particulares, a administração determina uma meta semanal de histerectomias, cirurgias do joelho e outras operações que os médicos devem cumprir, sejam quais forem os pacientes que entrarem pelas portas do pronto-socorro. E há conflitos não monetários que levam ao abuso de tratamentos, como quando os médicos precisam realizar uma determinada quantidade de cirurgias para obter a qualificação de especialistas. Um segundo motivo para o abuso da tecnologia no sistema de saúde é que muitos médicos recomendam tratamentos e exames desnecessários, e possivelmente prejudiciais aos pacientes, a fim de se protegerem de ação na Justiça — o D da síndrome de DAC. Tanto os conflitos de interesse como a medicina defensiva conduzem ao mesmo resultado: em vez de fazer o que é melhor para o paciente, os médicos desperdiçam seu tempo em exames e tratamentos desnecessários — mesmo quando há outros mais simples e eficazes disponíveis.

O QUE OS MÉDICOS PRECISAM SABER

EXAME CLÍNICO OU DE IMAGEM?

Tontura, náusea e vômito estão entre os sintomas mais comuns da síndrome vestibular aguda. Em raros casos, essa condição resulta de um perigoso infarto cerebelar ou do tronco encefálico. Quando o paciente entra no pronto-socorro com esses sintomas, os médicos precisam fazer o diagnóstico certo. Como descobrirão se o paciente teve um AVC? Um modo bastante utilizado é realizar uma ressonância magnética logo de cara. O potente aparelho utiliza campo magnético e ondas de rádio para gerar imagens bi ou tridimensionais de órgãos internos. O paciente precisa se despir por inteiro (ou quase), vestir avental hospitalar, e a parte do corpo sob investigação fica sob a máquina. A depender da pessoa, o procedimento pode provocar ansiedade ou claustrofobia. Se for necessário um material de contraste para obter imagens com mais qualidade, um acesso intravenoso permanece inserido em seu braço. O processo todo pode levar de quinze a noventa minutos e em geral custa por volta de mil reais.

A alternativa é um exame clínico — o que os médicos faziam muito antes da invenção da ressonância. Exige um médico experiente. O exame HINTS consiste de três testes e pode ser realizado em um minuto. Nada de tempo de espera, desconforto, veias furadas. É chamado de HINTS porque consiste dos exames para Impulso da Cabeça [*head impulse*], Nistagmo e Teste de Distorção [*skew test*]. Por exemplo, no exame de impulso da cabeça, o paciente olha para o nariz do médico. O profissional rapidamente move a cabeça do paciente dez a vinte graus para o lado. Uma reação normal ao movimento rápido da cabeça é o movimento ocular equivalente e oposto, possibilitando aos olhos permanecer fixos no alvo. Uma reação anormal ocorre quando o paciente é incapaz de manter o olhar focado no nariz do médico durante o movimento, movendo os olhos só depois que o movimento da cabeça cessou.

Em um estudo com 101 pacientes de alto risco com síndrome vestibular aguda, o diagnóstico foi feito tanto por imagem como por exame HINTS.[22] Enquanto a ressonância magnética não detectou infarto cerebelar em oito de 76 pacientes, o exame HINTS diagnosticou todos corretamente e não deixou passar nenhum. O exame clínico causou apenas um alarme falso entre os 25 pacientes com infarto cerebelar, o que é claramente o erro menos prejudicial. Esse simples exame foi sem dúvida melhor do que o emprego de uma dispendiosa tecnologia de imagem para detectar um perigoso AVC.

E quanto à tomografia computadorizada? Deixa escapar consideravelmente mais derrames do que a ressonância, leva a mais erros de diagnóstico e pode prejudicar o paciente por causa da radiação. Um simples exame clínico pode resguardar a segurança do paciente e ao mesmo tempo poupar tempo e dinheiro. E por fim, pode ser usado em qualquer lugar do mundo, incluindo países pobres. Menos é mais.

REGRAS DO TORNOZELO DO OTTAWA

Um homem torce o tornozelo correndo. É levado às pressas para o pronto-socorro mais próximo. Pode ser uma fratura. Para descobrir, a maioria dos pacientes com torção no tornozelo é submetida a um raio X, mesmo considerando que apenas um em sete tem fratura; os demais apenas recebem doses desnecessárias de radiação.[23] Existe uma alternativa que não seja realizar raios X indiscriminadamente dessa forma? Uma equipe de médicos no Hospital Ottawa desenvolveu uma série de regras simples para diagnosticar fratura do tornozelo. O procedimento examina a capacidade de a pessoa dar quatro passos (figura 9.5). Se não houver dor no maléolo (a região acima do peito do pé), não há necessidade de raio X. Outra questão é se há sensibilidade óssea no maléolo lateral, seja na parte posterior, seja na ponta. Caso haja, um raio X é pedido. Caso contrário, a mesma pergunta é feita com respeito ao maléolo medial. Mais uma vez, se há sensibilidade óssea, raio X. Se não houver, é feita a última pergunta: o paciente sente alguma dificuldade em sustentar o peso do corpo por quatro passos? Caso sinta, para a sala do raio X, caso contrário, não.

Essa regra é rápida e frugal. É rápida porque exige apenas quatro passos do paciente, e frugal porque a decisão talvez já possa ser tomada após a primeira ou segunda questão. É um exemplo de uma ampla classe de regras simples que são chamadas de árvores rápidas e frugais.[24]

206

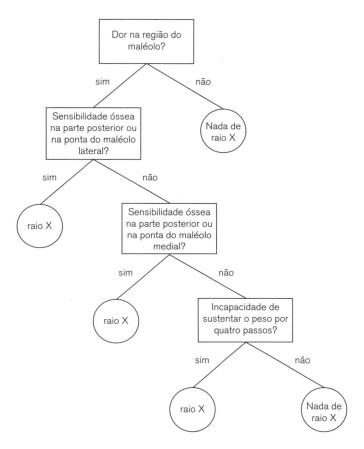

Figura 9.5. Regras simples para um atendimento mais seguro. Se o paciente torceu o pé, as regras do tornozelo do Ottawa permitem ao médico determinar se o paciente precisa de um raio X. O exame é rápido e frugal: o paciente dá quatro passos e no máximo quatro perguntas são feitas durante o exame para dor e desconforto ósseo. A regra pertence à classe das árvores rápidas e frugais e identifica fraturas corretamente, ajudando a evitar raios X desnecessários.

Uma árvore assim não é completa, com todos os ramos de informação possíveis, mas possibilita uma decisão após cada pergunta ou exame. Aqui, ela possibilita ao médico excluir fraturas rapidamente e mandar para o raio X apenas os pacientes que necessitam de um. Qual a eficácia desse exame rápido? Uma revisão de 32 estudos mostrou que as regras do tornozelo detectaram de forma correta as fraturas em mais de 98% de todos os casos. Elas são altamente eficazes em evitar radiação desnecessária nas pessoas. Como o exame clínico HINTS, podem ser empregadas em qualquer lugar do mundo, com ou sem tecnologia de ponta disponível. E, como qualquer exame clínico, dependem do conhecimento de médicos bem capacitados.

Considerando esses fatos, quantos médicos de pronto-socorro usam as regras do tornozelo em vez de raio X de modo indiscriminado? Menos de um terço dos médicos norte-americanos afirma usá-las, enquanto no Canadá essa proporção é superior a 70%.[25] O fato de mais norte-americanos serem sujeitados sem critério nenhum à radiação não se deve ao fato de seus médicos estarem menos informados sobre essas regras simples do que seus colegas canadenses. Eis uma carta para o *Western Journal of Medicine* que um médico da Califórnia escreveu em resposta a um artigo canadense promovendo as regras do tornozelo:

> Na minha terra isso é estupidez. Qualquer médico com algum tempo de prática sabe que o motivo para fazermos esses raios X é jurídico, não médico. [...] Vivemos em um país cujo sistema judicial serve na maior parte, parafraseando um advogado famoso, "a uma nação de advogados, por advogados e para advogados" e que estabeleceu um sistema judicial pelo qual os advogados ficam com uma parcela da ação, necessária ou não. Se alguém entrar no pronto-socorro se queixando do tornozelo, é melhor tirar logo a droga do raio X, ou quem vai pagar são os médicos, se já não tiverem feito isso.
>
> Enfim, por que tanta celeuma? Um fluoroscópio de 50 mil dólares pode fazer a leitura num piscar de olhos. Custa 30 mil dólares responder a um único litígio no tribunal, segundo nosso seguro contra ações por negligência. Meu conselho: compre um fluoroscópio, fotografe todos os tornozelos sintomáticos, tire raios X sempre e documente tudo.[26]

Os processos por negligência médica nos Estados Unidos levaram a uma prática clínica que não serve aos interesses do paciente. A medicina defensiva e os interesses financeiros andam de mãos dadas: a

O QUE OS MÉDICOS PRECISAM SABER

radiologia se tornou uma das profissões mais bem remuneradas, ao lado de seus antagonistas mais temidos: os advogados que tratam de ações judiciais por negligência médica. Contudo, dispor de mais ferramentas diagnósticas nem sempre é melhor, e nova tecnologia cara nem sempre é melhor. Regras clínicas simples, baseadas em exames físicos e histórico do paciente, podem reduzir de forma substancial o uso da radiologia e aumentar a segurança de quem busca um tratamento. Outros exemplos incluem o NEXUS, séries de regras no Canadá para a coluna cervical e tomografia da cabeça. As máquinas separam fisicamente os médicos dos pacientes. Não quer dizer que a tecnologia não ajuda, mas um bom médico sempre deve proceder a um exame clínico, apalpando e observando. De outro modo, a arte da cura se perde em meio ao ruído da medicina high-tech, movida a lucro.

SE NÃO QUEBROU, NÃO CONSERTE

Antigamente, as pessoas iam ao médico quando estavam doentes, e os profissionais não encorajavam pessoas saudáveis a recorrer ao sistema de saúde sem necessidade. Hoje as pessoas se submetem a consultas e exames mesmo quando estão bem, e os médicos encorajam pessoas saudáveis a serem diagnosticadas e tratadas. O que devemos fazer?

1. Realizar check-ups regulares;
   ou
2. Consultar o médico só quando o problema é sério e então se tratar.

Médicos sujeitos à síndrome de DAC definitivamente vão insistir que você realize check-ups regulares mesmo se estiver saudável. Vão medir sua pressão e fazer exame de colesterol, quem sabe exames de câncer ou talvez até o uso de tecnologias avançadas como imagens por ressonância magnética. Só por garantia. Se os médicos não sofrem da síndrome de DAC e são bem informados, eles lhe mostrarão as evidências: dezesseis estudos com um total de 180 mil adultos (abaixo dos 65 anos) investigaram se check-ups regulares diminuem a mortalidade por câncer, por doenças cardiovasculares ou a mortalidade em geral. A resposta é não para as três.[27] Os check-ups tampouco reduzem a morbidez — ou seja, sofrer com os sintomas. O único efeito resultante foi que o número de novos diagnósticos entre os que realizaram check-ups aumentou, deixando pessoas saudáveis preocupadas e levando a novos diagnósticos e tratamentos sem benefício observável. Mas, como tudo na vida, não existe estratégia à prova de tolices: não consultar o médico quando estiver claramente doente traz o risco de desconsiderar algo que já poderia estar curado. Cabe a você se decidir pela melhor estratégia.

Acesso livre à informação

Pacientes e médicos poderiam tomar decisões melhores se estivessem mais informados. No entanto, quem procura informação relevante descobre que é de difícil acesso e compreensão. Como será mostrado no capítulo a seguir, pacientes e médicos com frequência se confundem com os riscos relativos, articulação dupla e outros macetes (ver glossário). Há também outras barreiras que precisam ser transpostas. Eis alguns serviços necessários:

- *Acesso livre à Biblioteca Cochrane.* A Biblioteca Cochrane (<www.thecochranelibrary.com>) é um dos melhores recursos para os resultados de pesquisa médica. O site não tem fins lucrativos e resume o que se sabe sobre o tratamento de milhares de enfermidades. Cidadãos de muitos países, como Austrália, Irlanda, Noruega, Espanha, Suécia e Reino Unido, têm livre acesso à biblioteca on-line, patrocinada por suas organizações de saúde ou governos. Quem vive nos Estados Unidos, no Canadá e na Alemanha, não; a pessoa pode no máximo ler o abstract. Os governantes desses países não estão dispostos a gastar a pequena quantia de aproximadamente um centavo de dólar por cidadão a cada ano. Cidadãos bem informados pelo jeito não são uma prioridade de orçamento. Uma das graves consequências é que muitos médicos no setor privado tampouco têm acesso à informação tão necessária.

O QUE OS MÉDICOS PRECISAM SABER

- *Acesso livre a registros médicos.* Em muitos países, o paciente não tem acesso a seu próprio histórico médico. Tradicionalmente, os registros pertencem aos hospitais e médicos. O acesso ao histórico médico deveria ser um direito fundamental numa democracia. Precisamos de uma "revolução da informação" para permitir aos pacientes ver seus históricos médicos.
- *Acesso livre a periódicos médicos.* Repetidamente presenciamos médicos desconhecerem as evidências científicas relevantes. Um motivo é que muitos não têm acesso livre aos principais periódicos. Não me refiro apenas aos países em desenvolvimento. As empresas que os publicam, como Elsevier e Springer, bloqueiam o acesso a seus periódicos médicos e científicos em geral. Um médico, estudante de medicina ou paciente que queira ler um novo estudo na internet encontra o preço ao lado do abstract. Sem desembolsar de trinta a quarenta dólares por artigo, ou trabalhar em alguma instituição que pague as exorbitantes mensalidades, a pessoa não tem acesso. Há um movimento entre cientistas e universidades para boicotar as editoras que impedem que a informação científica seja distribuída. Afinal, os autores desses artigos, os pares que os revisam e os editores do texto em geral não são remunerados, e a pesquisa publicada na maioria dos casos foi bancada com dinheiro público. Na era digital, editoras de periódicos científicos pouco contribuem, mas detêm os direitos sobre o material, e cobram preços de assinatura exorbitantes das bibliotecas. Elas tampouco permitem aos autores divulgar sua pesquisa rapidamente postando-a em seus websites. Esse sistema precisa acabar, e o copyright precisa ir para editoras, organizações científicas ou outras instituições que queiram disseminar as evidências disponíveis, não fazer uma fortuna à custa do dinheiro público.

Além desses serviços, que continuam inacessíveis para a maioria, há outros que são abertos, mas pouco conhecidos. As fontes de informação confiável em inglês incluem:

211

- U.S. Preventive Services Task Force (<www.ahrq.gov/CLINIC/uspst-fix.htm>).
- Agency for Healthcare Research and Quality (<www.ahrq.gov>).
- Dartmouth Atlas of Health Care, que mostra a variabilidade absurda com que os médicos tratam os pacientes (<www.dartmouthatlas.org>).
- Bandolier Oxford (<www.medicine.ox.ac.uk/bandolier>).
- Foundation for Informed Medical Decision Making (<www.informedmedicaldecisions.org>).
- Harding Center for Risk Literacy, Max Planck Institute for Human Development (<www.harding-center.com>).
- Um grupo de jornalismo vigilante que classifica o que presta ou que não presta na cobertura da mídia (<www.healthnewsreview.org>).

10
Quem decide sobre sua saúde é você

Se você nunca fez uma mamografia, não são apenas
seus seios que precisam ser examinados.
Slogan da Sociedade Americana do Câncer, anos 1980

Queremos que o princípio da "decisão compartilhada"
seja a norma: ninguém decide por mim.
Departamento de Saúde do Reino Unido

QUANDO ERA CANDIDATO À PRESIDÊNCIA dos Estados Unidos, o ex-prefeito de Nova York Rudy Giuliani afirmou em uma campanha publicitária:

Tive câncer de próstata há cinco ou seis anos. Minha chance de sobreviver à doença — e graças a Deus, fiquei curado — nos Estados Unidos? Oitenta e dois por cento. Minha chance de sobreviver a um câncer de próstata na Inglaterra? Só 44%, com a medicina socializada.[1]

Para Giuliani, isso significava ter sorte por viver em Nova York, não York, uma vez que suas chances de sobreviver ao câncer de próstata pareciam quase duas vezes maiores. Era uma grande notícia. Mas também um grande equívoco. Apesar da impressionante diferença nas taxas de sobrevivência, a porcentagem de homens que morria de câncer de próstata era mais ou menos a mesma nos Estados Unidos e no Reino Unido.[2] Como a taxa de sobrevivência pode ser tão diferente quando a mortalidade é a mesma?

A resposta é que, nesse tipo de levantamento, as diferenças nas taxas de sobrevivência não nos informam nada sobre as diferenças nas taxas de mortalidade. Na verdade, nos últimos cinquenta anos, as mudanças na taxa de sobrevivência em cinco anos para os tumores sólidos mais comuns não tinham relação com as mudanças na taxa de mortalidade.[3] Há dois motivos que explicam isso.

O equívoco de Giuliani

O primeiro é chamado de *viés de antecipação diagnóstica*. Imagine dois grupos de pacientes com câncer de próstata invasivo. O primeiro é composto de britânicos, onde o exame de PSA não costuma ser realizado, e o câncer em geral é diagnosticado pelos sintomas. O segundo é de norte-americanos, onde o uso rotineiro do exame começou no fim da década de 1980 e se disseminou rapidamente, a despeito da falta de evidências de que salve vidas.

No grupo britânico, o câncer de próstata é detectado pelos sintomas, digamos à idade de 67 anos (figura 10.1, quadro de cima). Todos esses homens morreram com setenta anos. Todos sobreviveram apenas três anos, assim a taxa de sobrevivência em cinco anos é de 0%. No grupo norte-americano, o câncer de próstata é detectado mais cedo pelos exames de PSA, digamos à idade de sessenta anos, mas eles também morrem com setenta anos (figura 10.1, quadro de baixo). Segundo as estatísticas, todos nesse grupo sobreviveram por dez anos e assim sua taxa de sobrevivência em cinco anos é de 100%. A taxa de sobrevivência aumentou drasticamente, embora nada tenha mudado no momento do óbito: diagnosticados aos 67 ou aos sessenta anos, todos os pacientes morrem aos setenta. As taxas de sobrevivência incham com o diagnóstico feito mais cedo. Ao contrário do que muitos já ouviram dizer, não há evidência de que a detecção precoce e o tratamento subsequente para o câncer de próstata prolonguem ou salvem vidas.

O segundo motivo para as taxas de sobrevivência não informarem nada sobre viver mais é o *viés de sobrediagnóstico*. Um sobrediagnóstico ocorre quando o médico detecta anormalidades que não causam sintomas nem morte precoce. Por exemplo, o paciente pode ser corre-

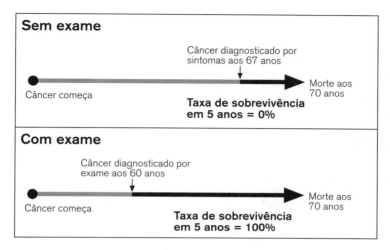

Figura 10.1. Viés de antecipação diagnóstica. Dois grupos morrem de câncer de próstata com a idade de setenta anos. Os homens do quadro de cima não fizeram exame de câncer de próstata e o câncer é identificado com a idade de 67 anos. Para eles, a taxa de sobrevivência em cinco anos é zero. Os do quadro de baixo fizeram exame e o câncer foi detectado mais cedo, aos sessenta anos. Para eles, a taxa de sobrevivência em cinco anos é de 100%. Com o exame, os aumentos das taxas de sobrevivência não querem dizer que vidas foram salvas ou prolongadas, fazendo com que essa estatística seja enganosa.

FONTE: Gigerenzer, Gaissmaier, Kurz-Milke, Schwartz e Woloshin, 2007.

tamente diagnosticado com câncer, mas, como a doença se desenvolve muito devagar, isso nunca teria sido notado.

Esse tipo de câncer é considerado de crescimento lento ou não progressivo.[4] O teste do PSA identifica ambos, progressivos e não progressivos, mas, como a maioria dos outros exames de câncer, não consegue diferenciar entre os dois. A figura 10.2 (quadro de cima) mostra mil britânicos com câncer progressivo que não realizaram exame. Após cinco anos, 440 seguem vivos, resultando em uma taxa de sobrevivência de 44%. A figura 10.2 (quadro de baixo) mostra mil norte-americanos que realizaram exame de PSA e sofrem de câncer progressivo. O exame, porém, também detecta 2 mil pessoas com câncer não progressivo — significando que não vão morrer em decorrência da doença. Somando esses 2 mil aos 440 que sobreviveram ao câncer progressivo, a taxa de sobrevivência salta para 81%. Mesmo

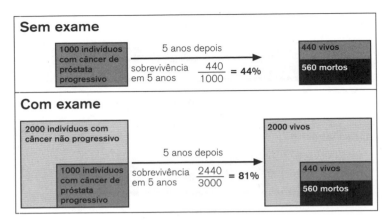

Figura 10.2. Viés de sobrediagnóstico. Quadro de cima: esses homens não realizaram exame, e sua taxa de sobrevivência é de 44%. Quadro de baixo: o exame detecta não só homens com câncer progressivo, como também muitos mais com câncer não progressivo, que por definição não leva a óbito. Isso incha a taxa de sobrevivência de 44% para 81%.

FONTE: Gigerenzer, Gaissmaier et al., 2007.

que a taxa de sobrevivência aumente drasticamente, o número de óbitos permanece igual.

Falar em sobrevivência pode ser útil para cirurgias ou outros tratamentos médicos (em que não é possível estabelecer um momento anterior do diagnóstico ou fazer sobrediagnóstico), mas no contexto do exame é sempre uma mensagem enganosa. A incompreensão do que os dados sobre sobrevivência comunicam transformou desnecessariamente muitas pessoas em pacientes e fez com que vidas saudáveis passassem a ser vidas turbulentas. Muitos homens diagnosticados com câncer não progressivo passam por cirurgia ou tratamento de radioterapia desnecessário e prejudicial. Até cinco a cada mil homens morrem um mês após a cirurgia, e cerca de dez vezes esse número sofrem complicações graves.[5] A quantidade que passa o resto da vida usando fraldas é enorme. Muitos foram levados a crer que a incontinência é o preço a pagar pela sobrevivência, e que sobrevivência significa apenas viver mais tempo.

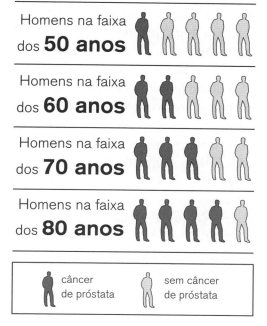

Figura 10.3. Mais homens morrem *com* câncer de próstata que *de* câncer de próstata. Estudos em autópsias indicam que cerca de um em cada cinco norte-americanos na faixa dos cinquenta anos tem alguma forma de câncer de próstata. Quando chegam à casa dos sessenta, são dois em cinco. A probabilidade aumenta com a idade. Octogenários sem câncer de próstata são exceção, não a regra. Mas apenas cerca de 3% dos homens morrem da doença. (Esses números são estimativas grosseiras e variam entre países e grupos étnicos.) O câncer de próstata é um mal frequente; a maioria nunca vai manifestar sintomas porque seu câncer cresce muito lentamente ou nem cresce.

É MAIS FÁCIL MORRER *COM* CÂNCER QUE *DE* CÂNCER

O câncer de próstata não é uma ocorrência fatal que surge do nada. Na verdade, é extremamente comum. Considere um grupo de cinco norte-americanos na faixa dos cinquenta anos. Um deles tem maior probabilidade de ter algum tipo de câncer de próstata (figura 10.3).[6] Quando esses homens chegam à casa dos sessenta e setenta, é esperado que dois ou três tenham câncer de próstata e, quando são octogenários, quatro em cada cinco o terão. Quase todo homem afortunado o bastante para viver uma vida longa acabará tendo câncer. Porém a maioria não vai notar, porque ele cresce muito lentamente ou não cresce. Felizmente, o risco de morrer de câncer de próstata é de apenas 3%. Mais homens morrem *com* câncer de próstata que *de* câncer de próstata.

Giuliani não é o único político que não conseguiu perceber a diferença entre taxas de sobrevivência e de mortalidade. Um relatório divulgado pelo Departamento de Estatísticas Nacional do Reino Unido observou que a sobrevivência em cinco anos para câncer de cólon era de 60% nos Estados Unidos, contra 35% na Grã-Bretanha. Os especialistas afirmaram que isso era "vergonhoso" e defenderam que a verba do governo para tratamento de câncer dobrasse. O então primeiro-ministro Tony Blair em seguida estabeleceu a meta de aumentar a taxa de sobrevivência em 20% nos dez anos seguintes: "Estamos atrás de outros países na prevenção, no diagnóstico e no tratamento".[7] A despeito dessas amplas diferenças na sobrevivência em cinco anos, a taxa de mortalidade para câncer de cólon na Grã-Bretanha era mais ou menos igual à dos Estados Unidos. Sobrevivência mais elevada não significa vida mais longa ou sistema de saúde melhor. Mesmo assim, o próprio Giuliani parece absolutamente convencido de que a cirurgia de próstata salvou sua vida, bem como de outros políticos norte-americanos, entre eles John Kerry. No fim da década de 1990, o Congresso lançou um selo postal da "Consciência do Câncer de Próstata", que promovia "check-ups e exames anuais". Giuliani e o serviço de correio dos Estados Unidos estavam obviamente na mesma sintonia. Até hoje, vemos anúncios com celebridades dando seu depoimento sobre como a detecção precoce salvou suas vidas.

Há alguma maneira de fazer os fatos chegarem às pessoas? Sim. Trata-se de uma simples ferramenta chamada quadro de ícones.

Exames para câncer de próstata

Um quadro de ícones traz transparência ao sistema de saúde. Pode ser usado para comunicar fatos sobre exames, medicações ou quaisquer outros tratamentos. Os diferentes tratamentos são colocados direta-

QUEM DECIDE SOBRE SUA SAÚDE É VOCÊ

mente ao lado uns dos outros em colunas e tanto os benefícios como as desvantagens são mostrados. Mais importante, nenhuma estatística enganosa como taxas de sobrevivência e riscos relativos pode integrar o quadro de ícones. Toda informação é dada em frequências simples. O objetivo não é dizer às pessoas o que fazer, mas fornecer os fatos principais, de modo que todos possam tomar uma decisão bem informada. Um quadro de ícones lança luz sobre a obscuridade da mera persuasão e é um antídoto contra o paternalismo.

Vamos comparar a declaração de Giuliani com um quadro de ícones para o câncer de próstata. O quadro resume os resultados de todos os estudos médicos usando as melhores evidências disponíveis a partir de ensaios clínicos randomizados.[8] Nesses ensaios, cerca de metade dos homens foi aleatoriamente designada a um grupo que realizava exame de PSA e toque retal e a outra metade serviu como grupo de controle (sem exames). Se um câncer era detectado no grupo com exames ou no grupo de controle, pelos sintomas, os pacientes em geral faziam tratamento para o câncer. O quadro mostra o que aconteceu com os homens após dez anos.

BOM PARA QUEM?

Primeiro, há alguma evidência de que a detecção precoce reduz a quantidade de mortes por câncer de próstata? Resposta: não houve diferença no número de homens que morreram de câncer de próstata, independentemente de terem feito exames ou não. Segundo, existe evidência de que a detecção do câncer em estágio precoce reduz o número total de mortes por qualquer causa? Outra vez, não. No decorrer de dez anos, um quinto dos homens que não realizaram exames morreram, assim como um quinto dos que seguiram à risca o protocolo de exames. Simplesmente não há evidência de que a detecção precoce seja benéfica; ela não reduziu nem a mortalidade, nem a mortalidade total por câncer de próstata.

Os estudos variam ligeiramente em suas estimativas sobre os benefícios (ou ausência deles). A estimativa mais otimista vem de um estudo

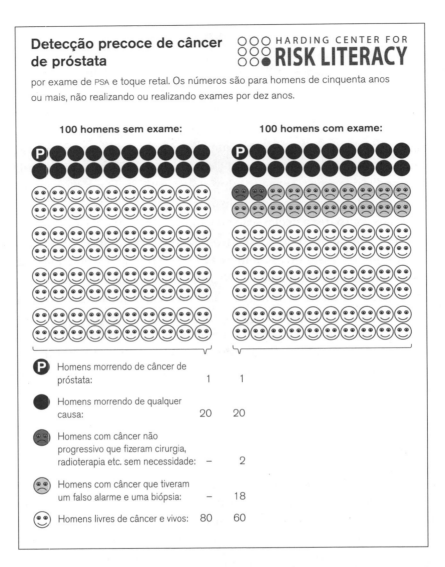

Figura 10.4. Quadro de ícones ilustrando os benefícios (ou falta de) e desvantagens do exame de PSA e toque retal. Cem homens de cinquenta anos ou mais não realizaram exames (à esq.) e o mesmo número realizou (à dir.). Após dez anos, cerca de vinte morreram em cada grupo, um deles de câncer de próstata. Nenhuma vida foi salva realizando exame de PSA, mas cerca de vinte homens no grupo examinado foram prejudicados (quadro da direita, segundo grupo). Dois se submeteram a radioterapia desnecessariamente, o que pode levar a incontinência e impotência. Dezoito receberam resultado falso positivo, fizeram biópsia desnecessária e sofreram com o estresse de achar que tinham câncer. Um quadro de ícones oferece a informação de maneira transparente — ou seja, sem usar riscos relativos, taxas de sobrevivência em cinco anos ou outras estatísticas enganosas. Para simplificar, o número de homens que morreram de câncer de próstata é arredondado de cerca de 0,8 para um em cem. Resumindo: os exames para câncer de próstata não demonstraram reduzir a mortalidade, apenas se revelaram prejudiciais. Com base em cerca de duzentos homens no grupo examinado e mesmo número no grupo de controle.

FONTE: Djulbegovic et al. (2010).
Ilustração usada com permissão de Harding Center for Risk Literacy.

QUEM DECIDE SOBRE SUA SAÚDE É VOCÊ

europeu que relatou redução da mortalidade no câncer de próstata em aproximadamente uma morte para cada mil homens.[9] Esse estudo está incluso no quadro de ícones. Mais uma vez, não foi encontrada diferença na mortalidade total.

Por que então muitos homens, como Giuliani, acreditam que a detecção precoce salva vidas? Provavelmente fazem parte dos dois em cada cem homens da figura 10.4 (lado direito) que têm câncer não progressivo; ou seja, uma forma de câncer que nunca teria causado problemas. Após a cirurgia ou radioterapia, esses indivíduos podem achar que sua vida foi salva pelo exame. Mas sem o exame e o tratamento na verdade continuariam vivos — e gozando de melhor saúde.

MAL NÃO FAZ?

O quadro de ícones também mostra os prejuízos para homens que se submeteram a exames. Há dois tipos de desvantagens: para homens sem câncer de próstata e homens com câncer de próstata não progressivo. Quando um indivíduo sem câncer tem resultados de PSA elevados repetidamente, o médico costuma pedir uma biópsia. Mas, ao contrário da mamografia, o teste do PSA não informa ao cirurgião onde inserir a agulha. Assim sendo, os homens muitas vezes são sujeitados ao pesadelo de inúmeras biópsias com agulha à procura de um tumor que nunca esteve lá. Esses alarmes falsos ocorrem com frequência porque muitos homens sem câncer têm PSA elevado.[10] De cada cem homens que realizaram exames, cerca de dezoito passaram por um ou mais alarmes falsos com a biópsia.

Homens com câncer de próstata não progressivo sofreram ainda mais. Se uma biópsia mostrava algum sinal de câncer, a maioria era forçada a fazer tratamentos desnecessários, como prostatectomia e radioterapia. Como mostra o quadro de ícones, de cada cem homens que se submeteram a exames, dois foram tratados sem real necessidade. Giuliani, como vimos, possivelmente é um deles. Entre 20% e 70% dos homens sem problemas antes do tratamento acabaram com incontinência ou impotência pelo resto da vida.[11] No total, vinte homens foram

PREPARADOS PARA O RISCO

prejudicados por biópsias, cirurgia ou radiação. Para esses infelizes, a detecção precoce na verdade diminuiu a qualidade de vida sem prolongar sua duração.

UM ALERTA DO DESCOBRIDOR DO PSA

Após uma palestra que fiz a uma organização de saúde, um homem se aproximou de mim e se apresentou como CEO de uma consultoria em gestão bancária. "A história que você contou é minha história. Meu médico sempre me aconselhou a não fazer o PSA, e o médico do meu pai falava a mesma coisa. Mas daí um outro resolveu pedir o exame, o câncer foi detectado, e aconteceu exatamente isso que você está falando. Estou com sessenta anos e vivo correndo para o banheiro." Um quadro de ícones pode poupar você da incontinência e da impotência.

Escutamos o tempo todo que a detecção precoce salva vidas. Uma história plausível, mas que parte de um pressuposto questionável. O resultado é o "Grande Equívoco da Próstata", como definiu Richard J. Ablin, descobridor do antígeno específico de próstata, o PSA. Ele condenou o teste de PSA e o grande negócio que isso virou:

> O exame não deveria de modo nenhum ser empregado na população masculina em geral acima dos cinquenta anos, uma invenção dos que lucram com isso. Nunca imaginei que minha descoberta de quatro décadas atrás pudesse resultar nessa desgraçada avidez pelo lucro. A comunidade médica deve enfrentar a realidade e impedir o uso inapropriado do exame de PSA. Isso economizaria bilhões de dólares e salvaria milhões de homens de tratamentos desnecessários e debilitantes.[12]

O exame de PSA pode ser útil para fins diagnósticos, como o pós-cirúrgico, mas, como medida preventiva, é inútil. Como não há prova de que salve vidas e existe forte evidência de que seja prejudicial para alguns, o Instituto Nacional do Câncer recomenda que homens assintomáticos não se submetam a exames rotineiros, e em seu site (<www.cancer.gov>) afirma que os homens deveriam considerar os benefícios e

QUEM DECIDE SOBRE SUA SAÚDE É VOCÊ

prejuízos antes de tomar uma decisão. Da mesma forma, a Força-Tarefa de Serviços Preventivos dos Estados Unidos adverte contra exames rotineiros de PSA e toque retal.

Mesmo assim, para muitos hospitais e médicos, a práxis é pedir exame automaticamente ou convencer o paciente a realizá-lo. Isso acontece por três motivos bem familiares, a síndrome DAC: muitos médicos e clínicos se protegem dos pacientes que poderiam processá-los recomendando exames (o D da medicina defensiva). Outros não estão inteirados das evidências médicas (o A do analfabetismo matemático). De uma amostra aleatória de vinte urologistas berlinenses, apenas dois sabiam sobre os benefícios e prejuízos dos exames de PSA.[13] E o lucro com isso pode ser substancial (o C dos conflitos de interesse). Só nos Estados Unidos, cerca de 3 bilhões de dólares são gastos anualmente na realização de exames e acompanhamento; se toda a população masculina fosse examinada, o primeiro ano custaria entre 12 bilhões e 28 bilhões de dólares ao contribuinte. Como medida de comparação, um painel de especialistas da OMS concluiu que a erradicação do sarampo no mundo todo custaria metade disso.[14]

Exames para câncer de próstata são um exemplo perfeito do desperdício de tempo e dinheiro no sistema de saúde. Os médicos poderiam usar esse tempo para cuidar dos pacientes, em vez de prejudicá-los ainda mais. Os bilhões desperdiçados poderiam ser usados para salvar vidas. Quando apresentei o quadro de ícones do exame de PSA durante uma palestra na conferência anual de planos de saúde, o diretor de uma empresa se aproximou de mim ao final. "Você está estragando nosso plano de negócios", disse ele, claramente irritado. "Para ter uma vantagem sobre os planos de saúde do governo, a gente custeia o exame de PSA. Agora você vem dizer que não serve pra nada." Por que não oferecem algo que ajude de fato seus clientes, em vez disso?

Permitam-me dizer com todas as letras: um médico que aconselha o paciente a fazer exame de PSA sem explicar os prós e os contras não é um bom profissional.

Vamos analisar melhor duas razões pelas quais o problema ainda persiste: a dificuldade da classe médica em compreender estatísticas de saúde e os conflitos de interesse provocados pelo lucro.

Médicos sabem ler taxas de sobrevivência?

Os doutores entendem as taxas ou metem os pés pelas mãos, como Rudy Giuliani? Nunca encontrei um estudo que perguntasse isso. Por esse motivo, alguns colegas e eu conduzimos uma pesquisa nacional com 412 médicos nos Estados Unidos.[15] Esses profissionais praticavam medicina familiar, medicina geral e medicina interna. A maioria com dez a vinte anos de experiência. A primeira questão era:

Quais das seguintes alternativas demonstra que exames de câncer "salvam vidas"?

1. Mais cânceres são detectados em populações submetidas a exames do que não submetidas a exames. (47%)
2. Cânceres detectados em exames apresentam taxas de sobrevivência em cinco anos melhores do que cânceres detectados pelos sintomas. (76%)
3. As taxas de mortalidade são mais baixas entre pacientes com exames do que sem exames em um ensaio clínico randomizado. (81%)

Quase metade (47%) dos médicos equivocadamente considerou que detectar mais cânceres provava que o exame salva vidas (1). O que não levaram em conta é que qualquer teste laboratorial eficaz disponível no mercado detecta câncer. E, como mostra o quadro de ícones para câncer de próstata, a detecção precoce nem sempre é uma bênção para o paciente. Embora alguns tipos de exames, como o Papanicolau, possam salvar vidas, a maioria não salva ninguém e prejudica uma grande quantidade de pessoas; às vezes até com resultados fatais. Um mês após a cirurgia para câncer pulmonar, 5% dos pacientes perdem a vida. Isso não ajuda muito nas campanhas de prevenção contra o câncer de pulmão, que fazem uso da tomografia computadorizada helicoidal. Esse exame não serve. Na verdade, é bom demais. É tão detalhado que detecta câncer pulmonar em igual proporção entre fumantes e não fumantes![16] Em outras palavras, o exame detecta câncer não progressivo em não fumantes — anomalia que, tecnicamente falando, é uma forma de câncer, embora assintomática. Detectar mais cânceres não é prova de que vidas sejam salvas. Todo médico deveria conhecer esse fato elementar.

QUEM DECIDE SOBRE SUA SAÚDE É VOCÊ

Como Rudy Giuliani, três quartos dos médicos falsamente acreditavam que taxas de sobrevivência em cinco anos mais elevadas provam que vidas são salvas (2). A maioria (81%) também acreditava, dessa vez com razão, que as taxas de mortalidade mais baixas são prova disso (3). Mas, se a maioria dos médicos acredita que tanto as taxas de sobrevivência como de mortalidade provam a mesma coisa, deve haver alguma confusão. Tiramos a prova na questão seguinte.

O resultado pode ser formulado como taxa de sobrevivência ou como taxa de mortalidade. Isso influenciará o que os médicos recomendam a seus pacientes? Foi perguntado aos médicos:

Imagine que um paciente saudável de 55 anos lhe pergunta sobre o exame para um câncer X. Responda à seguinte pergunta com base em dados para pacientes de cinquenta a 69 anos obtidos em um amplo experimento com norte-americanos adultos que durou cerca de dez anos.

	Sem exame	Com exame
Taxa de sobrevivência em 5 anos	68%	99%

Você recomendaria o exame para seu paciente?

A maioria dos médicos (quase 70%) afirmou que definitivamente recomendaria o exame. Mais tarde, foi feita aos médicos a mesma questão envolvendo o exame para um câncer Z, que era na verdade o mesmo que o câncer X. Mas agora a informação foi fornecida em taxas de mortalidade:

	Sem exame	Com exame
Taxa de mortalidade	2 mortes por mil	1,6 morte por mil

Dessa vez, apenas 23% afirmaram que recomendariam o exame (figura 10.5). Foi preocupante ver que a maioria dos médicos norte-americanos pode se deixar influenciar facilmente por taxas de sobrevivência.

Os alemães estão em situação melhor? Quando pesquisei 65 médicos alemães, constatei que, da mesma forma, poderiam ser facilmente

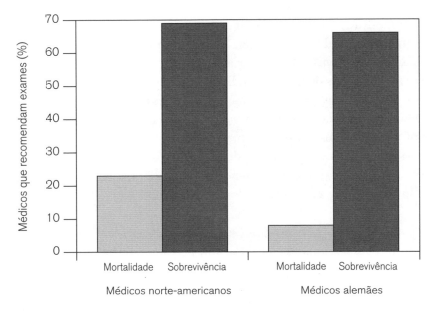

Figura 10.5. Os médicos compreendem de fato as taxas de sobrevivência em cinco anos? A maioria não. Se a informação é apresentada em termos de taxas de mortalidade, pouquíssimos médicos recomendam o exame para o paciente. Se a mesma informação é apresentada em termos de enganosas taxas de sobrevivência, a maioria recomenda o exame. Com base numa amostragem de 412 médicos norte-americanos e 65 médicos alemães.

FONTE: Wegwarth et al. (2011, 2012).

manipulados para recomendar exames.[17] Também pedi a esses médicos para explicar o que é viés de antecipação diagnóstica (ver figura 10.1). Apenas dois dos 65 conseguiram. E quando perguntei sobre sobrediagnóstico (ver figura 10.2), nenhum soube explicar o que era.

Em suma, a maioria dos médicos na Alemanha e nos Estados Unidos tirou conclusões equivocadas sobre as taxas de sobrevivência. Além do mais, quase metade dos norte-americanos acreditava erroneamente que detectar mais cânceres demonstra que vidas são salvas. Dessa forma, são levados a pedir exames para os pacientes. Para mudar isso para melhor, os quadros de ícones deveriam ser o padrão quando os médicos falam com os pacientes sobre os procedimentos médicos.

QUEM DECIDE SOBRE SUA SAÚDE É VOCÊ

Como instituições de prestígio nos tapeiam

USANDO LINGUAGEM DUPLA

As instituições podem distorcer a informação para influenciar médicos e pacientes. O que você faria para persuadi-los? Um truque é mostrado na figura 10.6. Veja se consegue perceber antes de prosseguir. A propaganda é do M. D. Anderson, um dos mais prestigiosos centros de tratamento de câncer dos Estados Unidos. Segundo o anúncio, a sobrevivência aumentou regularmente na clínica ao longo dos anos, em comparação com taxas para o país todo, muito inferiores. A instituição afirma: "Enquanto as taxas de mortalidade nacionais para câncer de próstata flutuaram de 1960 a 1990, as taxas de sobrevivência em cinco anos para câncer de próstata entre os pacientes do M. D. Anderson seguiram melhorando". Esse aumento na sobrevivência é apresentado como um "crescimento geral na longevidade". E aí está: sobrevivência é equiparada a viver mais tempo, e o aumento nas taxas de sobrevivência é comparado a taxas de *mortalidade* nacionais. Ao contrário de nós, muitos que nunca ouviram falar em viés de antecipação diagnóstica e sobrediagnóstico serão levados a crer que o centro obteve considerável progresso na luta contra o câncer. Esse truque comum, *a linguagem dupla*, significa mostrar taxas de sobrevivência para fazer o próprio sucesso parecer incrível e depois informar as taxas de mortalidade para fazer o sucesso dos outros parecer pequeno ou nulo.

CONFLITOS DE INTERESSE

Por que o público é tapeado de forma tão gritante? Acho que a culpa recai sobre dois grupos bem distintos. O primeiro consiste dos defensores irredutíveis dos exames, que não se recusam a aceitar as evidências científicas ou não conseguem entendê-las. O segundo grupo tem motivação comercial, e seu plano de negócios põe os pacientes em risco com tratamentos desnecessários. Esses dois grupos muitas vezes coabitam pacificamente: enquanto um ignora as evidências, o outro está

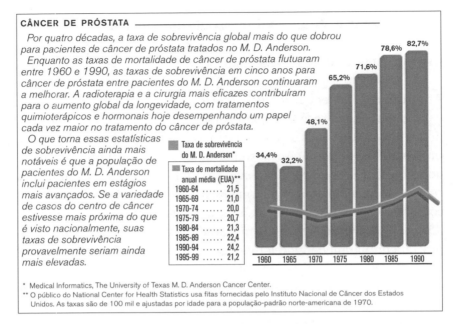

Figura 10.6. Anúncio com linguagem dupla para exame de câncer de próstata. O anúncio compara as taxas de sobrevivência no M. D. Anderson, um dos centros de câncer mais respeitados dos Estados Unidos, com as taxas de mortalidade no país. O leitor estatisticamente desinformado pode não perceber a diferença e ser levado a concluir que o centro fez considerável progresso em tratar os pacientes.

pensando no lucro. Um esquema que usam é oferecer exames a preços muito reduzidos ou mesmo de graça, de forma a se colocarem como um "líder de perdas". É a mesma estratégia empregada por supermercados e outros comércios: usar preço abaixo do custo para atrair clientes e estimular vendas mais lucrativas posteriormente. Nas palavras do dr. Otis Brawley, atual oncologista chefe da Sociedade Americana do Câncer, quando era diretor do Centro de Câncer da Geórgia, da Emory Healthcare, empresa de saúde ligada à universidade de mesmo nome:

> Na Emory percebemos que, se examinarmos mil homens no shopping center de North Lake no sábado que vem, poderíamos cobrar do Medicare e dos seguros-saúde 4,9 milhões de dólares em custos de assistência médica

QUEM DECIDE SOBRE SUA SAÚDE É VOCÊ

[por biópsias, exames, prostatectomias etc.]. Mas o dinheiro de verdade vem mais tarde — da assistência que a esposa vai receber nos próximos três anos porque a Emory cuida do marido dela, e do dinheiro que ganhamos quando ele vai para o pronto-socorro da Emory quando sente dor no peito porque foi onde fez os exames três anos atrás. [...]

A gente não faz mais o exame na Emory depois que eu virei chefe do Controle de Câncer. Mas me deixava incomodado que meu pessoal de relações públicas e financeiro viesse me dizer quanto dinheiro a gente ganharia com os exames, só que ninguém sabia dizer se salvavam alguma vida. Para falar a verdade, dava para ter estimado quantos homens deixaríamos impotentes, mas não deixamos. É um problema ético enorme.[18]

Precisamos de mais diretores como o dr. Brawley. Mas também precisamos de pacientes que compreendam e estejam preparados para o risco. Uma clínica que ofereça exame de PSA para homens desinformados sem fornecer um quadro de ícones já ganhou o cliente. Se o teste dá negativo, o paciente fica aliviado. Se dá positivo, o paciente se sente grato porque a clínica detectou o câncer precocemente, mesmo que ele venha a sofrer de incontinência em breve. Como observou o dr. Brawley, é antiético lucrar com a desinformação do paciente. A medicina não deveria jogar com o dinheiro das pessoas.

Mamografias

Usei exames de câncer de próstata para demonstrar a incrível quantidade de pacientes e médicos desinformados. Infelizmente, essa é a regra, não a exceção. A maioria tem uma crença igualmente exagerada na eficácia de outros exames, medicamentos e tratamentos para o câncer. Os truques são sempre os mesmos: sobrevivência, riscos relativos, linguagem dupla e outros. Os quadros de ícone podem servir em todos esses casos para acabar com a expectativa irreal do paciente. Consideremos a mamografia. Nos tempos do bom e velho chauvinismo, a Sociedade Americana do Câncer podia simplesmente dizer:

Se você nunca fez uma mamografia, não são apenas seus seios que precisam ser examinados.[19]

Hoje em dia felizmente isso seria inaceitável. Mas, embora piadas sobre a inteligência feminina sejam coisa do passado em termos de comportamento social, a atitude paternalista em relação à mulher não mudou muito. Já escutei muitas queixas sobre a pressão emocional que sofrem de seus médicos. "Não vai fazer o exame? Use o bom senso e pense nos seus filhos." E, por todo o Ocidente, a mulher ainda é tratada como criança: dizem a ela o que fazer, mas sem fornecer os fatos necessários para uma decisão bem informada. Um "sensível" folheto de conscientização deixado pela Fundação Arkansas de Assistência Médica explica:

Por que fazer uma mamografia? Porque você é mulher.[20]

Após essa resposta profundamente informativa, as mulheres contam com zero informação no resto do panfleto sobre os prós e os contras do exame para poderem decidir por si mesmas. Em lugar disso, a pessoa é orientada a convencer outras mulheres a seguir o exemplo: "Por isso você deve pedir a sua mãe, irmãs, filhas, avós, tias e amigas para fazer uma mamografia também".

Como empoderar a mulher para tomar uma decisão informada? O quadro de fatos é uma maneira.[21] Ao contrário do quadro de ícones para o exame de câncer de próstata, usamos números, em vez de ícones. Eles são todos expressos como frequências simples, sem riscos relativos ou enganosas taxas de sobrevivência em cinco anos. O quadro de fatos se baseia em ensaios clínicos randomizados com mulheres a partir dos cinquenta anos, divididas aleatoriamente em dois grupos: o primeiro realizou exames para câncer de mama com frequência, e o outro não fez exames. O quadro mostra o que aconteceu com as mulheres após dez anos.

QUEM DECIDE SOBRE SUA SAÚDE É VOCÊ

Detecção precoce do câncer de mama
por mamografia

○○○ HARDING CENTER FOR
○○○
○○● **RISK LITERACY**

Números para mulheres a partir de 50 anos que realizaram exames por 10 anos em média.

	1000 mulheres sem exame	1000 mulheres com exame
Benefícios		
Quantas mulheres morreram de câncer de mama?	5	4*
Quantas mulheres morreram de todo tipo de câncer?	21	21
Desvantagens		
Quantas mulheres sem câncer sofreram alarmes falsos, biópsias ou estresse psicológico?	–	100
Quantas mulheres com câncer não progressivo se submeteram a tratamentos desnecessários, como remoção completa ou parcial do seio?	–	5

* Isso quer dizer que cerca de 4 em 1000 mulheres (50 anos ou +) com exame morreram de câncer de mama dentro de 10 anos — uma a menos do que sem exame.

Figura 10.7. Quadro de fatos para detecção de câncer por mamografia, com base nos estudos disponíveis com centenas de milhares de mulheres a partir dos cinquenta anos. Para cada mil mulheres que realizaram exames, houve um óbito a menos por câncer de mama em dez anos. Mas não houve diferença entre os dois grupos em termos de quantos morreram de câncer em geral, incluindo câncer de mama. Entre as que realizaram exames, cerca de cem receberam falso alarme e cinco se submeteram a tratamento desnecessário, como lumpectomia e mastectomia.

FONTE: Gøtzsche, P. C., Nielsen, M. (2011). *Cochrane Database of Systematic Reviews* (1): CD001877. Onde nenhum dado para mulheres acima de cinquenta anos de idade estava disponível, os números se referem a mulheres acima de quarenta anos de idade.

BOM PARA QUEM?

Vamos olhar antes pelo lado positivo, o dos potenciais benefícios. Há duas perguntas que a mulher deve se fazer.

Primeira: há evidência de que a mamografia reduz a chance de morrer de *câncer de mama*? A resposta é sim. De cada mil mulheres que não realizaram exame, cerca de cinco morreram de câncer de mama, enquanto esse número foi quatro para as que realizaram. Em termos estatísticos, representa uma redução de risco absoluto de um em mil.[22] Mas, se você vê essa informação apresentada em uma matéria ou um folheto, ela quase sempre é mostrada como uma "redução de risco de 20%", se não mais.

Segunda: existe alguma evidência de que a mamografia reduz a chance de morrer de *qualquer tipo de câncer*, incluindo mamário? A resposta é não. Os estudos mostraram que, de cada mil mulheres que realizaram exames, 21 morreram de qualquer tipo de câncer, e o número foi o mesmo para mulheres que não se submeteram a nenhum teste.

Em termos simples, não existe evidência de que a mamografia salve vidas. Uma mulher a menos em mil morre com o câncer de mama diagnosticado, porém uma a mais morre com diagnóstico de outro câncer. Algumas morrem com dois ou três cânceres diferentes, em que nem sempre fica claro qual causou a morte. É por isso que a mortalidade total por câncer (incluindo câncer de mama) é o número mais confiável. Esse é o número que você terá dificuldade de encontrar. Afinal, o que as mulheres diriam se soubessem que foram orientadas a realizar uma mamografia sem provas de que salvava vidas?

MAL NÃO FAZ?

Agora vejamos as desvantagens. Primeiro, mulheres que não têm câncer de mama podem sofrer com alarmes falsos e biópsias desnecessárias. Isso aconteceu com cerca de cem em cada mil mulheres que realizaram exames. Uma quantidade incalculável de pacientes já sofreu com esse procedimento e as ansiedades relacionadas. Após alarmes falsos, muitas ficam preocupadas por meses, enfrentando dificuldades para dormir e vendo afetados seus relacionamentos com familiares e amigos. Além disso, mulheres que não têm câncer de mama, mas têm uma forma não progressiva ou de crescimento lento que nunca teriam percebido de outro modo, muitas vezes são submetidas a lumpectomia, mastectomia, quimioterapia tóxica ou outras intervenções que não lhes trazem benefício nenhum, apenas contribuem para diminuir sua qualidade de vida. Isso aconteceu com cerca de cinco mulheres em cada mil que realizaram exame. À parte os prejuízos temporários, como perda de cabelos, náusea e anemia, consequências mais graves da quimioterapia podem incluir fadiga de longo prazo, menopausa prematura e problemas cardíacos.

O quadro de fatos da mamografia permite à mulher tomar decisões informadas com base em seus valores pessoais. Quando o mostrei a um ginecologista, ele abandonou sua postura paternalista e começou a usá-lo. O médico me contou que um terço de suas pacientes, após examinar os fatos, respondeu "nem pensar", outro terço disse "agora não, mas a gente volta a falar sobre isso daqui a cinco anos", e as demais decidiram realizar o exame. Embora o quadro de fatos claramente mostre que não existe um bom motivo para pressionar a mulher a fazer exame, o que defendo na verdade não é substituir o antigo tratamento paternalista por outro, instruindo a mulher a não realizar o exame e ponto-final. Toda mulher *que deseja decidir por conta própria* deve ter acesso aos fatos necessários — sem que lhe digamos o que fazer.

O quadro de fatos não é como uma bula, que lista todos os efeitos colaterais possíveis em letras microscópicas, só para garantir o laboratório contra ações na Justiça. Ele é simples e transparente. Há outros prejuízos potenciais que o quadro de fatos não enumera porque não existem evidências confiáveis para eles. Por exemplo, algumas mulheres podem desenvolver câncer por causa de raios X; estimativas preliminares calculam esse número em um a cinco em 10 mil. E além disso muitas sentem dor nos seios quando apertados para fazer a imagem.

COMO ESCLARECER AS PACIENTES

O público compreende um quadro de fatos? Lisa Schwartz e Steve Woloshin, da Dartmouth Medical School, produziram quadros de fatos para medicações, exames e tratamentos. Eles mostraram que isso melhorava drasticamente a compreensão.[23] Por exemplo, menos de 10% das pessoas compreendiam corretamente o risco absoluto de uma redução de estatina, mas com ajuda de um quadro de fatos essa proporção saltou para mais de 70%. Os quadros de fatos aprimoram a conscientização do consumidor sobre os benefícios e efeitos colaterais e resultam em escolhas melhores de medicações. Também podem servir pra combater o bombardeio diário de notícias e anúncios médicos enfrentado por médicos e pacientes. Schwartz e Woloshin então apresentaram os resultados de diversos estudos com quadros de fatos para o Comitê Consultor de Comunicação de Risco da FDA, que votou por unanimidade que a agência governamental norte-americana adotasse o quadro de fatos como padrão.[24] Mas a recomendação não era obrigatória. No fim, depois que o *New York Times* cobriu a apresentação, dois senadores submeteram um projeto de lei ao Congresso obrigando a FDA a adotar o quadro de fatos para medicamentos. A lei foi incorporada à reforma do sistema de saúde que entrou em vigor em 2010. Ótimo, podemos pensar; antes tarde do que nunca. Infelizmente, a lei não esclarece duas questões básicas: quem produz os quadros de fatos e onde as informações devem ser divulgadas. É por isso que ainda não temos quadros de fatos em bulas ou anúncios de medicamentos.

Quem e onde? A resposta parece óbvia. Agências reguladoras como a FDA deveriam elaborar os quadros de fatos, uma vez que dispõem dos dados e já produzem relatórios sobre todos os remédios que aprovam. Esse quadro de fatos deve figurar em bulas e anúncios. E deve estar disponível na sala de espera de todo médico. Assim os pacientes finalmente teriam acesso fácil a informação clara.

Infantilização feminina

A escritora Barbara Ehrenreich expressou sua insatisfação com o modo como a indústria do câncer de mama infantiliza a mulher com fitas cor-de-rosa, ursinhos e linguajar fofo.[25] Ela se pergunta se o culto da fitinha rosa não teria substituído o feminismo. Quando a primeira dama Laura Bush viajou para a Arábia Saudita em 2007, que assunto vital levou às mulheres? Não o direito de dirigir, votar ou sair de casa desacompanhadas, mas a "conscientização sobre o câncer de mama". Em 2010, quando a Força-Tarefa de Serviços Preventivos dos Estados Unidos ousou recomendar que a mamografia para detecção do câncer de mama fosse feita só a partir dos cinquenta anos, choveram críticas de todos os lados.

234

QUEM DECIDE SOBRE SUA SAÚDE É VOCÊ

A convicção nos benefícios dos exames é tão firmemente arraigada que poucas mulheres estão dispostas a considerar evidências médicas em contrário. E, quando há questionamentos, muitas são convencidas com quatro truques simples. Você já deve saber reconhecê-los, a esta altura.

- Truque 1: Não mencione que a mamografia não reduz a chance de morrer de câncer. Fale apenas sobre a redução na mortalidade por câncer de mama.
- Truque 2: Diga que os exames reduzem a mortalidade por câncer de mama em 20% ou mais. Não revele que isso é o mesmo que uma redução de risco absoluto de uma morte em mil, o que soaria menos impressionante.
- Truque 3: Fale sobre aumento da sobrevivência. Por exemplo: "Se você fizer a mamografia e o câncer mamário for detectado, sua taxa de sobrevivência é de 98%". Não mencione a mortalidade.
- Truque 4: Não fale sobre cirurgia desnecessária, biópsias e outros riscos do sobretratamento. Se lhe perguntarem, diga que é bobagem.

Esses quatro truques têm sido incrivelmente eficazes em fazer a mulher optar pela mamografia. O truque 1 é onipresente. Pode ser encontrado em praticamente qualquer folheto informativo. O truque 2 é utilizado na maioria dos informativos médicos ao redor do mundo.[26] Muitos sites também recorrem a ele, embora pelo menos um em cada cinco forneça a informação em números absolutos transparentes. Os truques 3 e 4 podem ser encontrados em revistas, folhetos e sites do mundo todo, como ilustram os três exemplos a seguir.

TAPEANDO EM LINGUAGEM TRIPLA

Na edição em espanhol da *Newsweek*, Julio Frenk, ex-ministro da Saúde do México e atual reitor da Escola de Saúde Pública de Harvard, e sua esposa, Felicia Knaul, economista e autora de um livro sobre câncer de mama, escreveram:

Só a detecção precoce previne a morte por câncer de mama. Nos países ricos, onde a mamografia é comum, a detecção é feita cedo e o tratamento desse modo é mais efetivo. A probabilidade de sobrevivência em cinco anos após o diagnóstico de câncer em estágio inicial é de 98%.[27]

Trata-se de um número impressionante. Mas, como expliquei antes, taxas de sobrevivência elevadas não informam se vidas são salvas ou não. Dói na alma ver o Truque 3 sendo usado pelo reitor da Escola de Saúde Pública de Harvard, que não deveria se deixar levar desse jeito. O número apropriado a apresentar seria uma redução de risco absoluto de uma morte em mil, como mostrado no quadro de fatos.

A instituição Susan G. Komen for the Cure é uma das maiores, mais ricas e mais confiáveis organizações de combate ao câncer dos Estados Unidos. Seu logo é — adivinhe — uma fita cor-de-rosa. A Komen na verdade açambarcou o mercado da fita rosa, juntando-se, por exemplo, à M&M para vender confetes cor-de-rosa ricos em açúcar e gordura e à rede de fast-food KFC para promover frango frito e grelhado em baldes com a gravura de uma fita rosa — ambos alimentos que causam obesidade e câncer.[28] A organização investiu cerca de 2 bilhões de dólares em pesquisa, conscientização e combate ao câncer de mama, com cerca de 100 mil voluntárias no mundo todo. Uma de suas recomendações é que todas as mulheres, dos quarenta anos em diante, realizem mamografia anualmente. Em uma campanha publicitária, a Komen mostra o rosto de uma mulher junto a uma seta vermelha vertical, com as palavras: "O que é crucial para sobreviver ao câncer de mama? Você". A seta aponta para a providência que a mulher deve tomar: "FAÇA O EXAME JÁ". Sob a seta, o texto diz:

MENOS CONVERSA. MAIS AÇÃO. A detecção precoce salva vidas. A taxa de sobrevivência em cinco anos para câncer de mama quando identificado no começo é de 98%. E quando não é detectado? 23%.

Esse foi mais uma vez o Truque 3 em ação. A campanha não oferece mais nenhuma informação sobre prós ou contras.

Permita-me encerrar numa chave positiva. Podemos fazer alguma coisa acerca desses truques usados para iludir os pacientes? Sim. Uma

QUEM DECIDE SOBRE SUA SAÚDE É VOCÊ

das coisas em jogo é a reputação de quem lança mão deles. Por anos tenho falado que a tendenciosidade nos folhetos de saúde é uma das principais causas de desinformação entre pacientes e médicos. Esses folhetos são distribuídos por entidades importantes do mundo todo. Uma delas é a Deutsche Krebshilfe, a maior organização de combate ao câncer da Alemanha, que recebe cerca de 100 milhões de euros anuais em doações. Um dos folhetos combina os truques 2 e 3:

> Mulheres cujo tumor foi detectado em estágio inicial têm taxa de sobrevivência em cinco anos de mais de 98% após a operação. Estudos mostraram que, entre mulheres de cinquenta a 69, a mamografia reduz a mortalidade por câncer de mama em até 30%.[29]

Aqui a redução de cinco para quatro mortes a cada mil mulheres, em geral apresentada como 20%, é generosamente arredondada para 30%. Em entrevistas e palestras públicas, notei que a Krebshilfe corria o risco de perder credibilidade (e, por extensão, dinheiro) por seus panfletos enganosos. No fim, a diretora de relações públicas da organização viajou de Bonn a Berlim para perguntar se eu estava empenhado numa cruzada pessoal contra eles. Respondi: "De jeito nenhum. Pelo contrário, adoraria redigir seus folhetos, assim todo mundo poderia compreender as evidências". Como vim a perceber, ela não fazia ideia dos truques usados em inúmeros folhetos de câncer. Expliquei com toda a calma como funciona um cenário de fatos transparentes. A organização concordou com minha proposta e, com a ajuda de minha colega Odette Wegwarth, hoje existe toda uma nova geração de folhetos sobre diversos tipos de câncer. Os enganosos riscos relativos e taxas de sobrevivência em cinco anos foram cortados e substituídos por números absolutos. Pela primeira vez, os danos potenciais dos exames são mencionados, incluindo com que frequência ocorrem. Esse gesto louvável sem dúvida garantirá à organização a confiança do público. Nem todo mundo tem oportunidade de dar palestras públicas, mas podemos pressionar as organizações de saúde, a imprensa e outras instâncias que fornecem informação enganosa. Graças à internet é fácil tornar nossas queixas públicas, mas uma carta ao editor, à moda antiga, também funciona

237

O que sabem homens e mulheres?

Como a informação tendenciosa afeta o público? Para descobrir, consultamos mais de 10 mil homens e mulheres em nove países europeus: Áustria, França, Alemanha, Itália, Holanda, Polônia, Espanha, Reino Unido e Rússia europeia.[30] Foi perguntado aos homens sobre os benefícios do exame para câncer de próstata e às mulheres, para câncer de mama. Em todos os países, a maioria dos homens e mulheres superestimou tremendamente os benefícios ou não sabia (as partes escuras na figura 10.8). Os britânicos ficaram em último: 99% dos britânicos superestimaram demais os benefícios ou não sabiam. Na verdade, um quinto deles acreditava que duzentos a cada mil homens seriam salvos! É provável que o grosseiro erro de cálculo tenha se devido a um estudo de prevenção muito divulgado que no mundo todo foi saudado como tendo encontrado uma "redução de mortalidade em 20%" no câncer de próstata (Truque 2). Porém essa proporção impressionante nada mais foi que uma redução de 3,7 para três mortes a cada mil homens.[31] Inúmeros britânicos parecem ter caído na cilada. Mas a mulher britânica seria mais informada? Sim, quase quatro vezes mais! Em números absolutos, entretanto, isso não representa nem 4% da população feminina da Grã-Bretanha. Na verdade, um quarto de todas as britânicas acreditava que duzentas a cada mil mulheres seriam salvas! Seu equívoco grosseiro provavelmente se deveu ao fato de que a redução de risco absoluto — de cinco para quatro mortes a cada mil mulheres — sempre é apresentada como uma "redução de mortalidade em 20%" no câncer de mama (outra vez o Truque 2). Poucas sabiam que a melhor resposta é cerca de uma em mil. Mais uma vez, funcionou o mesmo truque de risco relativo que influenciou as britânicas no pânico da pílula (ver capítulo 1). Naquele episódio, gerou grande medo; dessa feita, falsas esperanças.

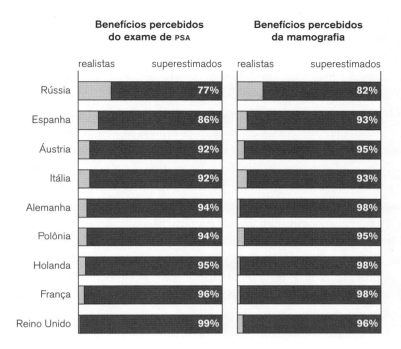

Figura 10.8. A vasta maioria dos europeus superestima o benefício do exame de câncer de próstata e de mama. Em entrevistas presenciais com mais de 10 mil cidadãos em nove países, perguntou-se aos homens: "Mil homens a partir dos cinquenta anos na população geral participam a cada dois anos de exame de PSA. Após dez anos, os benefícios são medidos. Calcule quantos homens a menos morrem de câncer de próstata no grupo que realiza o exame, comparado ao grupo que não realiza". As alternativas de resposta eram zero, um, dez, cinquenta, cem ou duzentos em mil, e "não sei". A mesma pergunta foi feita às mulheres em relação à mamografia. Os números mostram a porcentagem de homens/mulheres que superestimou a redução na mortalidade por câncer de próstata/mama. A principal razão parece ser a sistemática desinformação do público (exemplos no texto). Os russos saem-se melhores não porque disponham de mais informações, mas provavelmente porque recebem menos informação enganosa.

FONTE: Gigerenzer et al. (2009).

Por todos os países europeus, apenas 11% dos homens e 8% das mulheres tiveram uma ideia realista dos benefícios. O país que se saiu melhor foi a Rússia: 23% dos russos e 18% das russas deram respostas certas. O motivo provavelmente não é que o povo russo seja mais informado, mas sim que recebe menos informação enganosa.

Os que consultavam com mais frequência os médicos, os folhetos de saúde ou a internet fizeram melhores estimativas? De forma nenhuma. A internet não ajudou; a rede oferece acesso fácil a uma superabundância de informação enganosa, muitas vezes com interesses comerciais por trás. O contato mais frequente com o médico ou com folhetos tampouco melhorou a compreensão e foi até em certa medida associado às pessoas superestimando os benefícios. Assim, poucos europeus estão em posição de fazer uma escolha informada sobre exames para câncer de mama e da próstata.

Não conheço estudo similar na América do Norte ou na Ásia, mas ficaria surpreso se encontrasse pessoas mais bem informadas em algum lugar. Inclusive, uma pesquisa feita por telefone nos Estados Unidos revelou que a maioria se dizia "extremamente confiante" em sua decisão sobre exame para câncer prostático, colorretal e mamário, acreditava estar bem informada, mas não foi capaz de dar a resposta correta para uma única questão exigindo entendimento do assunto.[32] As pessoas têm o direito moral de estar informadas de maneira transparente, mas não são.

FATOS E FICÇÕES SOBRE OS EXAMES DE CÂNCER

(Lembrando que realizados em pessoas sem sintomas.)

1. *Se fizer exames, reduzirei minhas chances de ter câncer.* Não, exames não são prevenção. Assim como fazer um seguro contra acidente não reduz suas chances de sofrer um, o exame preventivo não reduz a incidência; pode apenas detectar o câncer já existente.

2. *Exame positivo significa que tenho câncer.* Não, a maioria das pessoas com resultado positivo em mamografias, testes de PSA ou sangue oculto nas fezes não tem câncer.

3. *Se o exame der negativo, posso ter certeza de que não tenho câncer.* Você pode se sentir mais confiante, mas não 100% seguro. Erros acontecem; nenhum exame é perfeito.

4. *Se estiver com câncer, vou morrer.* O câncer não necessariamente é uma sentença de morte. A maioria dos homens com câncer de próstata não morre do problema — pode nem saber que tem a doença e falecer por outra causa. Já o câncer pancreático mata a maioria em curto tempo.

5. *A detecção precoce me salvou porque após o tratamento continuo com vida.* Essa conclusão pode ser verdadeira ou não. Não é no caso de pacientes "sobrediagnosticados". Os exames podem detectar minúsculos tumores não progressivos e que não teriam afetado a saúde do indivíduo. Como consequência, as pessoas se sujeitam a consultas, exames, medicações e cirurgias sem necessidade.

6. *O fato de que as taxas de mortalidade declinam ao longo dos anos é prova de que os exames funcionam.* Não, a prova está nos ensaios randomizados (ver quadros de ícones e fatos). Por exemplo, as taxas de mortalidade para câncer do estômago declinaram desde a década de 1930 nos países ocidentais sem a realização de exames. O motivo é provavelmente a invenção da refrigeração e de outros métodos mais eficazes de conservar os alimentos.

7. *Por que a mortalidade total (ou a mortalidade total por câncer) é mais relevante para compreender os benefícios do que a mortalidade específica?* Primeiro, alguns pacientes têm múltiplos cânceres e é difícil determinar qual deles causou a morte. Segundo, a cirurgia em decorrência do exame pode matar tanto quanto curar, ou mais. Esses pacientes desafortunados são incluídos na taxa de mortalidade total, mas não na taxa específica. Terceiro, considere o fato aparentemente paradoxal de que o cigarro reduz a mortalidade por câncer em uma a cada mil mulheres (o mesmo efeito da mamografia).[33] O motivo é que o cigarro mata antes, assim a mulher não vive o bastante para ter câncer de mama. No caso, o cigarro parece reduzir a mortalidade por câncer de mama, mas na verdade aumenta a mortalidade total.

8. *Não seria melhor realizar exames para todo tipo de câncer?* Não, não seria, porque alguns causam mais males do que bem. Por exemplo, a Força-Tarefa de Serviços Preventivos dos Estados Unidos não recomenda exames para câncer de próstata, pulmão, pâncreas, ovário, bexiga e tireoide. O Papanicolau para câncer cervical, por outro lado, parece salvar vidas; isso ainda não foi testado em um ensaio clínico randomizado.

9. *O que posso fazer contra o câncer?* Como cerca de metade dos cânceres se deve a fatores comportamentais, a prevenção pode ser muito mais efetiva do que a detecção precoce. Cuidado com cigarro, obesidade, dieta pobre e consumo excessivo de álcool, e aumente a atividade física, como caminhar por três a cinco horas por semana. A mudança no estilo de vida também traz outros benefícios para a saúde de modo geral.

Combata o câncer com prevenção, não com exames

Prevenção e detecção precoce (exame) são coisas diferentes, embora os termos com frequência se confundam. Os chamados "programas de prevenção" recomendando exames são uma forma de propaganda enganosa. Por isso, mais de metade das alemãs (56%) acredita que exames previnem câncer.[34] Detecção precoce significa diagnosticar um câncer existente, enquanto prevenção significa reduzir as chances de que o câncer ocorra.

Como os fatos mostram, a guerra contra o câncer não é vencida com a detecção precoce. A melhor defesa é a prevenção e o desenvolvimento de terapias melhores.

O câncer é causado por células que não se comportam como deveriam. Cada indivíduo tem 30 bilhões de células que se originaram de um único óvulo. A cada segundo, 5 milhões de células se dividem no corpo e, se há divisões incorretas em excesso, isso resulta em câncer. Estaremos fadados à doença? A guerra contra o câncer é travada em três frentes: detecção precoce, medicamentos e prevenção.

MEDICAMENTOS CONTRA O CÂNCER

Desde que o presidente Nixon declarou guerra ao câncer, bilhões de dólares foram investidos no desenvolvimento de remédios. Quase todo mês, a descoberta empolgante de uma nova droga maravilhosa é proclamada pela mídia. Há alguns tratamentos eficazes, como para câncer testicular, mas em geral os resultados foram decepcionantes. Esses medicamentos são em geral anunciados como capazes de prolongar a vida em semanas ou meses. Contudo, nem essa breve extensão se confirma em todos os casos. Peguemos como exemplo o Avastin, o remédio para câncer mais consumido no mundo, com vendas na casa dos 6 bilhões de dólares em 2010. É usado para tratamento de cânceres avançados de cólon, mama, pulmão e rim, entre outros. Uma análise de dezesseis ensaios clínicos com mais de 10 mil pessoas mostrou que, quando o Avastin era acrescentado à quimioterapia, *mais* pessoas morriam em

QUEM DECIDE SOBRE SUA SAÚDE É VOCÊ

relação às que recebiam apenas quimioterapia.[35] Assim, não só o medicamento fracassou em prolongar a vida dos esperançosos pacientes em algumas semanas ou meses, como também na verdade a abreviou. Haja vista a quantidade imensa de dinheiro em jogo para a indústria farmacêutica (um tratamento com Avastin sai por 57 mil dólares anuais por pessoa), somos alimentados com falsas esperanças e remédios caros que podem fazer mais mal do que bem. E seus efeitos colaterais podem diminuir drasticamente a qualidade dos últimos meses ou anos de vida da pessoa.

Também alarmante, uma análise de 53 estudos que são referência na área publicados nos principais periódicos de drogas contra câncer revelou que os efeitos positivos declarados pela maioria (47) não podiam ser reproduzidos.[36] Em um caso, os cientistas que tentaram reproduzir um efeito repetidas vezes sem sucesso contataram o chefe dos pesquisadores de um estudo, que admitiu ter realizado o experimento seis vezes e obtido o resultado apenas uma, mas publicou esse resultado isolado porque causaria mais sensação. Pode ser bom para obter mídia, mas é má prática científica. O motivo para essa violação da honestidade das pesquisas é um sistema com incentivos errados: publicar em periódicos de prestígio vale a pena, estejam os resultados certos ou errados. Reproduzi-los é perda de tempo.

Também foram desenvolvidos medicamentos para prevenção, com sucesso limitado, a despeito da publicidade triunfante. Analisemos o exemplo do tamoxifeno, usado contra câncer de mama. Há algum tempo um anúncio de página inteira foi publicado em revistas de grande circulação e na primeira veiculação atingiu 41 milhões de leitores. O título, sobreposto às costas de uma mulher com sutiã de renda, diz: "Se você se preocupa com o câncer de mama, preocupe-se mais com ser 1,7 do que 36B" (figura 10.9).[37] Mas o que exatamente 1,7 quer dizer? Você pode achar que é um risco elevado e, se está sob risco elevado, deve tomar tamoxifeno (Nolvadex). O que de fato significa é 1,7% de chance de ser diagnosticada com câncer de mama nos próximos cinco anos; em outras palavras, uma chance de 98,3% de não desenvolver esse tipo de câncer. A lingerie provocante distrai a mente das duas perguntas que devemos fazer: quais são os prós e contras do tamoxifeno?

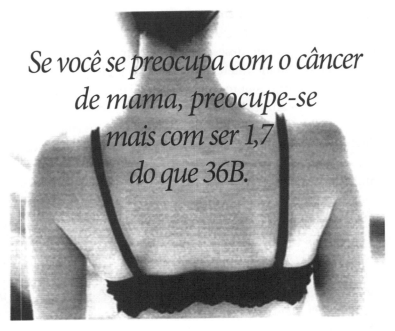

Figura 10.9. Anúncio do tamoxifeno.

A resposta é que, de cada mil mulheres que tomam tamoxifeno durante cinco anos, dezessete desenvolveram câncer de mama invasivo, em comparação com 33 que tomaram um placebo. Ou seja, dezesseis casos a menos. Porém o estudo não conseguiu mostrar uma redução da mortalidade por câncer de mama ou outras causas. Ao mesmo tempo, de cada mil mulheres que tomaram tamoxifeno, houve cinco casos adicionais de coágulos sanguíneos (trombos) nas pernas ou pulmões e seis outras mulheres tiveram câncer uterino invasivo. Para fazer os benefícios parecerem maiores e os prejuízos menores, algumas instituições usaram linguagem dupla: o benefício foi apresentado em termos de uma redução de risco relativo ("cerca de 49% a menos de diagnósticos de câncer invasivo"), enquanto as desvantagens foram apresentadas em termos de riscos absolutos, como acima.[38] Além desses efeitos colaterais perigosos, centenas de mulheres tiveram ondas de calor (fogacho) e corrimento vaginal, e algumas precisaram de cirurgia de catarata.

A despeito do sucesso ilusório dessas medicações, quase todo o dinheiro para pesquisa vindo da indústria e dos contribuintes é injetado nelas. Mas há um segundo meio de prevenção: fazer com que as pessoas assumam a responsabilidade por sua própria saúde.

Prevenção: o cidadão preparado para o risco

Cerca de metade de todos os cânceres está ligada a fatores comportamentais. Isso significa que mudanças no estilo de vida e no ambiente podem salvar até metade dessas pessoas que de outro modo teriam desenvolvido câncer. Isso pode ser mais bem ilustrado pelo fato de que imigrantes tendem a sofrer do tipo de câncer mais comum do país para onde se mudam. Por exemplo, japoneses de Osaka têm probabilidade muito menor do que norte-americanos (havaianos caucasianos) de ter câncer prostático e mamário, mas, quando migram para o Havaí, essa diferença se reduz substancialmente (figura 10.10). Não é que o estilo de vida do ambiente havaiano contribua para a má saúde de modo geral, mas sim para cânceres específicos. Em seu país natal, os japoneses sofrem muito mais com o câncer de estômago do que os norte-americanos, mas, depois que se mudam para o Havaí, a incidência de câncer de estômago quase desaparece. Um motivo para esse efeito surpreendente é a tradição japonesa de conservar peixes e outros alimentos com sal, vinagre e defumação, o que não é um costume no Havaí.

Muitos comportamentos que contribuem para o câncer são adquiridos na infância e na adolescência: as coisas que comemos e bebemos e nosso nível de atividade física. Eis os principais comportamentos causadores de câncer, com estimativas para os Estados Unidos:

O CIGARRO CAUSA DE 20% A 30% DE TODOS OS CÂNCERES

No início do século XX, o câncer pulmonar era quase desconhecido. Era tão raro que Isaac Adler, que escreveu o primeiro livro sobre o assunto em 1912, se justificou por perder tanto tempo com um assunto tão de-

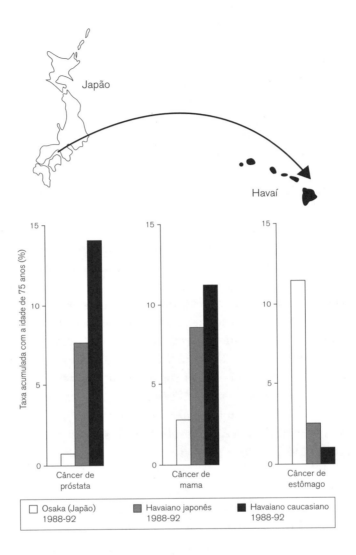

Figura 10.10. Imigrantes tendem a desenvolver o câncer local do país onde vivem. Taxas de câncer de mama e de próstata no Japão (Osaka) são baixas comparadas às de havaianos caucasianos. Entre os migrantes japoneses para o Havaí, porém, as taxas ficaram similares às da população local. Por outro lado, os japoneses têm taxas mais elevadas de câncer de estômago, mas, para os que migraram para o Havaí, a taxa baixou para mais próxima à da população local. Em grande medida, o câncer se deve ao estilo de vida, incluindo fatores ambientais, ao contrário de fatores genéticos isolados.

FONTE: Peto (2001).

QUEM DECIDE SOBRE SUA SAÚDE É VOCÊ

simportante. Na época, as pessoas fumavam cachimbo e charuto, que causam outros cânceres. Sigmund Freud, por exemplo, sofreu de câncer na boca nos últimos dezesseis anos de vida, resultado de seu hábito de fumar charuto. O cigarro só se popularizou durante a Primeira Guerra Mundial. Hoje, o câncer de pulmão é o principal causador de morte por câncer entre norte-americanos de ambos os sexos. No total, de um a três em cada dez fumantes desenvolverão câncer de pulmão. A fumaça do tabaco contém venenos, como o polônio 210, que é radiativo, além de chumbo e arsênico. O tabagismo mata cerca de 435 mil pessoas por ano, mais do que aids, acidentes de trânsito, homicídios, suicídio e terrorismo combinados.[39] Cerca de 90% dos cânceres de pulmão são atribuídos ao tabagismo.[40] Mas o câncer de pulmão não é o único originado do hábito de fumar. Quando uma pessoa fuma por trinta a quarenta anos, os carcinógenos são descartados com a urina e penetram na bexiga; antes de deixar o corpo, os genes da bexiga sofrem mutação, resultando em câncer no órgão.[41]

Um estudo que acompanhou 35 mil médicos britânicos por cinquenta anos revelou que não fumantes viviam em média dez anos mais que fumantes inveterados, que morriam mais cedo de câncer, doenças cardiovasculares e respiratórias.[42] O potencial letal da inalação passiva está igualmente determinado, embora nem sempre seja conhecido. Por exemplo, em 2011 apenas 61% dos adultos holandeses concordavam que o cigarro era perigoso para não fumantes.[43] Para reduzir a causa número um de câncer, há uma regra simples:

1. Não fume; se já é fumante, pare!

Largar o cigarro é difícil. O jeito mais eficaz é conscientizar e preparar os jovens para o risco antes que o hábito se instale. Isso pode ser feito com um programa lúdico de alfabetização em saúde para pré-adolescentes nas escolas, como delineado no capítulo 12. Se um programa assim for bem-sucedido a ponto de pelo menos uma em cada dez crianças ser forte o bastante para resistir à tentação, mais vidas estarão a salvo do câncer do que com todos os exames e campanhas juntos. Para quem já é fumante, também temos uma boa notícia: se você parar de fumar antes dos trinta anos, pode recuperar totalmente os dez anos de vida a menos, e se parar aos quarenta, cinquenta e sessenta, pode recuperar nove, seis e três anos, respectivamente.

Os piores adversários na guerra contra o câncer são a indústria do tabaco e outras que obtêm enormes lucros com produtos carcinógenos. O que vale a vida humana para um fabricantes de cigarros? Os cigarros podem causar cerca de uma morte por milhões de cigarros fumados com uma latência de muitas décadas, e as companhias de tabaco ganham cerca de um centavo de dólar de lucro para cada cigarro. Um milhão vezes um centavo dá 10 mil dólares. Essa é a etiqueta de preço em uma pessoa quando ela morre por tabagismo.[44]

OBESIDADE, DIETA E INATIVIDADE FÍSICA CAUSAM DE 10% A 20% DE TODOS OS CÂNCERES

As seguintes recomendações, feitas por organizações de câncer, são mais fáceis de seguir porque não envolvem vício:

2. Conserve um peso corporal normal[45]

Mantenha seu peso não muito longe do índice de massa corporal normal (IMC), principalmente durante a infância e a adolescência. O IMC é uma medida aproximada para saber se a pessoa é pesada demais para gozar de boa saúde. É o peso de uma pessoa dividido pelo quadrado de sua altura. Por exemplo, um homem de 88 quilos e 1,83 metro de altura tem um índice de massa corporal de 26,4. Tendo um IMC acima de 25, esse homem seria considerado "com sobrepeso"; se tivesse 30 ou mais, seria considerado "obeso".[46] O sobrepeso ou a obesidade quando jovem abrevia a vida substancialmente, enquanto as consequências são menores na idade adulta. A Sociedade Americana do Câncer estimou que o excesso de peso pode ser causador de um em cada sete cânceres, especificamente de mama, cérvix, cólon, vesícula biliar, rim, fígado, esôfago, ovário, pâncreas, próstata, estômago (nos homens) e útero.[47] Esse número está crescendo.

QUEM DECIDE SOBRE SUA SAÚDE É VOCÊ

3. Seja fisicamente ativo como parte de sua vida cotidiana

Limite hábitos sedentários como ver TV; use escadas em vez de elevadores. Seja moderadamente ativo, o equivalente a caminhar por pelo menos trinta minutos por dia. A maioria nas sociedades tecnológicas têm níveis de atividade abaixo do que o corpo humano está adaptado. A inatividade física foi ligada a risco aumentado de câncer de cólon, mama, pâncreas, próstata e melanoma.[48]

4. Evite fast food e refrigerante

Evite bebidas com adição de açúcar, incluindo refrigerantes e sucos de caixinha, e alimentos convenientes sempre disponíveis, como hambúrgueres, cachorro-quente, frango frito e batatas fritas. Tudo isso provoca ganho de peso. Substitua refrigerante por água, chá natural e café.

5. Limite alimentos de origem animal e coma sobretudo vegetais

Embora as evidências sejam bem menos claras, mal não faz limitar a ingestão de "carne vermelha" e evitar carne processada — carne preservada por defumação, cura, salga ou adição de conservantes químicos. Amantes da carne são aconselhados a comer aves, peixe ou carne de caça. Ovos não parecem aumentar o câncer. A recomendação do World Cancer Research Fund é comer ao menos cinco porções (400 g) de frutas e hortaliças de cores variadas diariamente, incluindo vermelho, verde, amarelo, branco, roxo e laranja, como brócolis, berinjela, tomate e alho, e limitar a ingestão de amido, como dos produtos com batata. Está comprovado que a carne vermelha ou processada aumenta a chance de câncer colorretal, e há evidência provável de que hortaliças sem amido e frutas protegem contra uma série de cânceres.

6. Evite o sal

Sal e alimentos conservados em sal são prováveis causas de câncer de estômago. O forte declínio do câncer de estômago no Ocidente durante o século xx é provavelmente uma consequência da refrigeração, não de exames ou medicamentos.

7. Evite suplementos dietéticos

Vitaminas, minerais e outros nutrientes devem ser consumidos no que comemos e bebemos, não com suplementos. Os suplementos podem ter efeitos adversos inesperados causadores de câncer. Suplementos são necessários apenas quando a pessoa tem alguma doença que dificulte a absorção natural de nutrientes.

8. Amamentação: bom para mãe e bebê

Está comprovado que a lactação protege a mãe do câncer de mama e evidência provável de que a criança é protegida do sobrepeso e da obesidade e, assim, do câncer. Sociedades de combate ao câncer recomendam amamentar exclusivamente até os seis meses e só introduzir outra alimentação depois. "Exclusivamente" significa apenas leite da mãe, sem água, outros alimentos ou bebidas. A amamentação era a forma exclusiva de alimentação para o bebê até o advento da comercialização do leite em pó na segunda metade do século xx.

O ABUSO DO ÁLCOOL CAUSA CERCA DE 10% DE TODOS OS CÂNCERES NOS HOMENS (3% NAS MULHERES)

Todo tipo de bebida alcoólica é uma causa provável de câncer.[49] Cerca de 13 mil cânceres anuais na Grã-Bretanha são resultantes do consumo de álcool. A maioria ocorre no fígado, trato digestivo superior, boca e garganta, cólon. Na Alemanha, a cada segundo, pessoas de dezoito a 25 anos, e a cada cinco segundos, adolescentes de doze a dezessete, bebem ao ponto da embriaguez pelo menos uma vez por mês. Na Irlanda, a situação é ainda mais grave.[50] Mulheres que consomem bebidas alcoólicas em grandes quantidades se arriscam a ter câncer de mama: 4% de todos os casos recém-diagnosticados de câncer de mama são atribuídos ao abuso do álcool.[51]

9. Limite bebidas alcoólicas

Não mais do que duas doses diárias para homens e uma dose diária para mulheres. Uma "dose" contém cerca de dez a quinze gramas de etanol. Observe que, para prevenir o câncer, o álcool deve ser inteiramente evitado, mas em pequena quantidade provavelmente ajuda contra doenças cardiovasculares.

A TOMOGRAFIA COMPUTADORIZADA CAUSA CERCA DE 2% DE TODOS OS CÂNCERES

Como mencionado antes, uma tomografia normalmente é cem vezes mais radiativa do que o raio X do peito. Algumas tomografias são convenientes ao paciente, mas outras levam em conta apenas o interesse de quem lucra com elas e faz seu marketing. Você deve aceitar realizá-la? O risco de morrer de câncer induzido por radiação de uma única tomografia computadorizada do corpo todo é mais elevado do que o risco de morrer num acidente de trânsito. Um em cada cinquenta cânceres nos Estados Unidos pode ser atribuído a radiação de tomografias.[52]

10. Limite a exposição à radiação, particularmente para crianças

Use tomografias e outras fontes de radiação com mais prudência e só consinta com exames de imagens absolutamente necessários para determinar um diagnóstico ou plano de ação, não apenas por segurança. Quando o médico disse "vamos ver o que a imagem mostra pra ter certeza de que sua filha está bem", lembre-se da síndrome DAC e de sua responsabilidade como pai ou mãe.

Qualquer um pode integrar essas medidas simples em sua vida. Isso não significa que o câncer possa ser prevenido com certeza, mas que as chances são diminuídas. Essas dez regras são mais eficazes em salvar vidas do que toda a pilha de exames e medicamentos anticâncer caríssimos. Mesmo quando o câncer está presente, as mudanças no estilo de vida podem ser tão eficazes quanto medicamentos caros, sem os efeitos adversos, promovendo a qualidade de vida. Em um estudo com 3 mil enfermeiras com câncer de mama, as que caminhavam de três a cinco horas semanais morreram menos de câncer que as demais.[53] E não parece fazer diferença se a pessoa caminha, corre, dança ou cuida da horta ou jardim. O estilo de vida pode ajudar muito na proteção contra o câncer.

Quem decide sobre sua saúde é você

As duas epígrafes neste capítulo, uma da Sociedade Americana do Câncer na década de 1980 e outra de trinta anos depois do Departamento de Saúde do Reino Unido, sinalizam uma grande transição. No século xx, o sistema de saúde não era voltado primordialmente para o paciente, mas para a venda de remédios, exames e outras coisas. Os pacientes em geral eram tratados de forma paternalista.

O século xxi precisa se tornar o século do paciente.[54] A luta por melhores sistemas de saúde costuma esbarrar na alegação de que para isso há uma ou outra alternativa: elevar os impostos ou limitar a assistência médica. A meu ver, há uma terceira opção: promover a alfabetização para o risco entre médicos e pacientes. Assim conseguiremos melhores cuidados gastando menos dinheiro.

Podemos todos mudar esse cenário, cada um contribuindo à sua própria maneira. As pessoas devem perguntar a seus médicos sobre os prós e os contras, não apenas esperar que lhes digam o que fazer. Os médicos podem disponibilizar quadros de ícones na sala de espera, no lugar de revistas velhas. As organizações podem começar a informar os pacientes de uma maneira compreensível, em vez de apenas tentar aumentar as taxas de participação em campanhas. O que devemos fazer é mudar nosso estilo de vida e assumir a responsabilidade por nossa própria saúde.

11
Bancos, vacas e outras coisas perigosas

Qualquer tolo com alguma inteligência pode criar coisas maiores, mais complexas e mais violentas. O que requer um toque de gênio — e muita coragem — é ir na direção oposta.
E. F. Schumacher

É preciso dar duro para limpar o raciocínio e deixá-lo simples.
Steve Jobs

O QUE FAZER QUANDO A CRISE ASSOMA no horizonte e estamos preocupados com nosso dinheiro e nosso futuro? Enterrar a cabeça no chão e esperar que os especialistas deem conta do recado? Ao tirar a cabeça do buraco, o que provavelmente encontraremos será mais burocracia, mais tecnologia e menos liberdade individual. O que muito dificilmente veremos serão cidadãos mais proficientes em lidar com a incerteza.

Em vez de contribuir para a selva jurídica de papelada e restrições, sugiro que perguntemos primeiro: existe solução simples para um problema complexo? Em outras palavras, existe algo semelhante a uma heurística do olhar ou a 1/n que resolve um problema mais rápido, melhor e com mais segurança?

Regras simples para um mundo mais seguro

Os bancos têm uma missão social. Pegam dinheiro emprestado de quem não precisa em troca de juros e repassam para os que precisam a uma taxa maior. Essa transferência possibilita às pessoas pagar por sua instrução, construir uma casa ou começar um negócio. As comunidades podem investir em escolas, estradas, aeroportos e salas de concerto. Sem os bancos, a riqueza cresceria muito mais devagar. A atmosfera de comodidade do tradicional sistema bancário — conta-corrente, transferências, cartões de crédito, máquinas automáticas — é captada no *modelo de negócios 3-6-3*:

Pague 3% no dinheiro aplicado,
empreste a 6% de juros
e vá para o golfe às 3.

O sistema bancário era seguro (e entediante, a não ser pelo golfe) entre 1940 e 1970. Na década de 1970, porém, testemunhamos nove crises bancárias pelo mundo afora e mais de cinquenta por década nos anos 1980 e 1990.[1] Ainda assim, a maioria dessas crises não cruzou as fronteiras nacionais; por exemplo, a crise de poupanças e empréstimos norte-americana não atingiu a Europa. Então, na crise de 2008, os especialistas foram pegos de surpresa. Embora os prejuízos iniciais fossem mais ou menos os mesmos da crise japonesa de 1990, a crise norte-americana do subprime foi global. As pessoas perderam empregos e fortunas e parte de suas pensões no mundo todo. Bancos poderosos quebraram e países inteiros se viram à beira do colapso. Quase nenhum especialista financeiro percebeu o desastre global iminente, embora muitos tenham desenvolvido poderes sobrenaturais de ver em retrospecto. Do modo como entendemos hoje, o efeito dominó global aconteceu porque instituições financeiras do mundo todo retiveram títulos tóxicos ligados a hipotecas, fizeram empréstimos sobretudo de curto prazo e tinham pouco capital. De repente, o sistema bancário se tornou radiativo.

A ROUPA NOVA DO BANQUEIRO

No conto de Andersen, "A roupa nova do imperador", dois sujeitos se oferecem para produzir o traje imperial mais magnífico. O tecido é

BANCOS, VACAS E OUTRAS COISAS PERIGOSAS

diáfano como uma teia de aranha, afirmam os vigaristas, e invisível para pessoas burras, que não estão à altura de seu cargo. Impressionado, o imperador encomenda o traje e manda seu velho e honesto ministro supervisionar os tecelões. Os dois explicam o padrão intrincado e as cores para o homem, que não vê roupa nenhuma, mas os cobre de elogios mesmo assim, por medo de ser considerado tolo. Um segundo enviado para supervisionar o trabalho também elogia o material inexistente. O imperador também não vê sua nova roupa, mas, como não quer parecer um tolo na frente dos demais, junta-se aos elogios e condecora os tecelões com títulos de nobreza. Quando desfila com seu novo traje, com a cauda do manto segura pelos dois patifes, os súditos aplaudem e exclamam admirados. Então uma criança protesta: "Mas ele está sem roupa". A multidão começa a sussurrar entre si e finalmente todos criam coragem para admitir que o imperador está nu.[2]

O famoso conto de Andersen é de oportuna relevância. Hoje, os banqueiros tecem tramas magnificamente intrincadas chamadas "modelos de risco", prometendo uma segurança que não existe. Segundo eles, essas novas roupas medem o risco de forma precisa.

Em 1998, foi elaborada uma primeira legislação internacional para regularizar o capital necessário a um banco para não quebrar, conhecida como Acordo de Basileia (ou Basileia I).[3] Esse acordo tinha trinta páginas e os cálculos podiam ser feitos com papel e caneta. Alguns objetaram que era simples demais e, com base em uma emenda de 1996, houve uma revisão em 2004 que produziu algo bem mais robusto, o Basileia II. Com uma porção de detalhes acrescentados e novos e complexos modelos de risco, o Basileia II tinha 347 páginas. Alguns anos após a criação dessa obra-prima feita sob medida para tornar o mundo um lugar mais seguro, veio a crise financeira de 2008. Isso provocou uma regulamentação ainda mais complexa, Basileia III, que ficou em 616 páginas. Enquanto o acordo de Basileia I se traduzia em dezoito páginas de legislação primária nos Estados Unidos, o Basileia III exigiu mais de mil páginas. Perguntei a regulamentadores de bancos centrais: quem entende as consequências do Basileia III? A resposta unânime foi: provavelmente ninguém.

Quando falei perante o parlamento alemão sobre a ilusão de certeza oferecida por esses intrincados modelos de risco, poucos políticos ou lobistas de banco admitiram abertamente que não entendiam suas consequências. A despeito da roupa nova dos banqueiros, o sistema bancário hoje é tão perigoso e frágil quanto antes. Muito pouco mudou para impedir a próxima crise financeira mundial. É como se nossos governos fossem formados por crianças inocentes.

A ILUSÃO DO PERU

A matemática financeira tem suas raízes nos jogos de azar; ou seja, nos riscos conhecidos. O sedutor nessa matemática é permitir que o risco seja estimado com apenas um número. O mais popular deles é chamado "value at risk". Nenhuma avaliação ou compreensão dos ativos é necessária; você só precisa olhar para o número. Porém o mundo do dinheiro é de incertezas, não de riscos conhecidos. Essa diferença crucial explica por que os números do risco falharam em quase todas as crises financeiras: Segunda-Feira Negra, crise asiática, crise do ponto-com de 2000, crise do crédito de 2008. Em 2012, o JPMorgan Chase perdeu bilhões, ainda que seu value at risk previsse riscos muitos pequenos. Segundo os cálculos, esses eventos não deveriam ter acontecido (capítulo 3). O que esses números fornecem não é nada muito além de uma ilusão de certeza. Por isso, não ajudam a prever o desastre. Na verdade, são um risco potencial e causa de colapsos financeiros.[4]

Em 2003, Robert Lucas, provavelmente o macroeconomista mais eminente de todos, afirmou que a macroeconomia havia sido capaz de criar mecanismos para impedir o desastre econômico: "Seu problema central de prevenir a depressão foi solucionado, para todos os fins práticos, e na verdade solucionado por muitas décadas".[5] Cinco anos mais tarde, o mundo foi sacudido pela pior crise financeira desde a Grande Depressão. A ilusão do peru é a crença de que um risco pode ser calculado quando não pode. Riscos podem ser calculados quando vigoram as três condições explicadas no capítulo 5:

- baixa incerteza: o mundo é estável e previsível,
- poucas alternativas: não muitos fatores de risco precisam ser estimados, e
- quantidade elevada de dados disponível para fazer essas estimativas.

Nenhuma dessas condições se apresenta no mundo do investimento bancário. Por exemplo, as redes financeiras globais geram efeitos dominó imprevisíveis, e os grandes bancos precisam estimar milhares de intrincados fatores de risco, além de milhões de correlações entre eles. Os números resultantes são ilusões de certeza, não estimativas de risco precisas. A ilusão é motivada pelo desejo de muitos regulamentadores, teóricos das finanças e investidores de medir e precificar os riscos, e desse modo evitar a incerteza, por não saber lidar com ela usando regras do polegar. Existe espaço tanto para as regras simples como para as complexas, a depender do estado do mundo:

REGRAS DE SEGURANÇA

Sendo assim, como minimizar o risco de outra crise financeira? As finanças precisam de uma revolução científica. Precisamos romper com os modelos de risco tradicionais e encontrar novas ferramentas. Como no caso das regulamentações de Basileia, o modo tradicional é introduzir sistemas reguladores complexos e, se não funcionarem, torná-los

Mundo instável, globalmente conectado	**Mundo estável e previsível**
Muitos fatores de risco	**Regras do polegar simples**
Pequena quantidade de dados	**Quantidade elevada de dados**

| **Regras do polegar simples** | **Modelos de risco complexos** |

ainda mais complexos. Esse é o rumo adotado por muitos governos e organizações. Uma visão diferente é perguntar: existe um conjunto de regras simples que pode resolver esse problema complexo?

Uma dessas regras envolve a alavancagem; ou seja, a razão entre os ativos, ou o passivo, de um banco e seu capital. Para promover a mudança, trabalhei com o Banco da Inglaterra em regras simples para um mundo financeiro mais seguro. Quando perguntei a Mervyn King, o diretor do Banco da Inglaterra até 2013, quais regras simples reduziriam o risco de novas crises, ele não pensou duas vezes. Respondeu com uma única regra:

Não utilize razões de alavancagem acima de 10:1.

Alavancagem significa pegar dinheiro emprestado para investir. Quanto mais você toma emprestado, em relação à sua quantidade de capital, mais elevada a razão de alavancagem. A alavancagem aumenta os ganhos potenciais, mas também os prejuízos. O conceito se aplica não só aos bancos, como também aos indivíduos. Eis um exemplo simplificado. Adam e Betty supõem que o mercado imobiliário está em recuperação e compram casas de aluguel para vender em cinco anos. Cada um tem 100 mil para investir. Adam compra uma casa por esse valor, enquanto Betty compra dez casas com entrada de 10 mil em cada uma e uma hipoteca de 900 mil a uma taxa de juros de 5%. Betty usa alavancagem, Adam não. A razão de alavancagem é a soma total devida dividida pela quantia que a pessoa tem de fato. Se ambos acertam sobre a recuperação do mercado e cinco anos depois as casas são vendidas por 150 mil cada, Adam fatura 50 mil, só que Betty ganha bem mais. Ela recebe 500 mil, menos os 225 mil dos juros, resultando em 275 mil. E ainda por cima receberá dez vezes mais com o aluguel dos imóveis do que Adam. Claramente, a alavancagem é uma ótima ideia, contanto que as previsões se revelem verdadeiras.

Mas se o mercado imobiliário sofrer uma queda e as casas forem vendidas por apenas 70 mil, Adam perde 30 mil — não lucrou, mas pelo menos também não ficou devendo. Betty, porém, precisa devolver o dinheiro emprestado mais os juros, que somam 1,125 milhão. Ela recebe

BANCOS, VACAS E OUTRAS COISAS PERIGOSAS

700 mil da venda das casas, e assim termina com 425 mil em dívidas. Dependendo da situação em que se encontra, pode ter de declarar falência.

Do mesmo modo, os bancos não só investem o dinheiro que têm, como também pegam dinheiro emprestado de outros.[6] Um sistema bancário absolutamente seguro teria alavancagem zero, embora algum grau de alavancagem possa ser crucial para o crescimento. Contudo, antes da crise financeira de 2008, as razões de alavancagem estavam em níveis astronômicos. No auge do crescimento, alguns bancos tiveram razões de alavancagem de 50:1.[7] É o mesmo que financiar uma hipoteca de 100 mil com uma entrada de 2 mil.

A simples regra de alavancagem provavelmente teria salvado bilhões de dólares perdidos na crise financeira. No futuro, poderia criar uma rede de segurança robusta. Os bancos canadenses sobreviveram relativamente bem à crise do crédito porque eram restringidos pelas razões de alavancagem e tinham exigências de empréstimo mais rígidas. Em nossos estudos, a razão de alavancagem é capaz de prever quais grandes bancos falharam, mas os complicados modelos baseados em risco, não.[8] A regra de alavancagem sozinha não será suficiente para impedir outra crise financeira, mas pode nos poupar de muitos prejuízos. Os bancos também precisam ser impedidos de acomodar o balanço patrimonial para simular uma alavancagem baixa. E a alavancagem pode ser flexibilizada para os bancos menores, onde as consequências não são tão drásticas.

A razão de alavancagem é uma regra do polegar que privilegia uma aproximação grosseira, porém correta, em detrimento de cálculos teoricamente precisos, mas que na prática se revelam equivocados. Ela forçaria os bancos a se tornar menos frágeis, adquirindo mais capital. Uma maneira de obter mais capital seria proibir os bancos de fazer pagamentos em dinheiro para seus acionistas e obrigá-los a reter o dinheiro até que reunissem capital suficiente. No entanto, mesmo depois que a crise do subprime ficou escancarada, os órgãos reguladores norte-americanos permitiram que os bancos pagassem grandes dividendos para os acionistas, o que enfraqueceu significativamente as instituições. A quantia despendida pelos grandes bancos com os acionistas foi de cerca de metade do repasse do governo com o Programa de Alívio de Ativos Problemáticos (TARP).[9]

POR QUE A ALAVANCAGEM NÃO É CENTRAL À REGULAMENTAÇÃO BANCÁRIA?

Os lobistas dos bancos criam toda uma teia de argumentos para convencer o público leigo e os políticos de que não devem ser sujeitados à regulamentação, para que possam continuar assumindo riscos, como de costume. A meu ver, o mais surpreendente é que os danos que causam parecem ter sido apagados de sua memória. Vamos examinar quatro argumentos e em seguida seus reais motivos.

O primeiro argumento com que os lobistas bancários tentam confundir o público e os políticos é que os bancos são inteiramente capazes de calcular os riscos. Essa é a ilusão do peru. Conforme mencionado, os modelos de risco complexos fracassaram repetidas vezes em prever ou prevenir crises. Além do mais, desde 1996, os bancos têm permissão para usar seus próprios modelos de risco, o que significa que as estimativas de risco podem ser manipuladas com facilidade.

O argumento seguinte é que uma regra simples, como a alavancagem, poderia ser facilmente explorada. Na verdade, são as regras complexas que costumam ser manipuladas pelos bancos e, quanto maior a complexidade, mais fácil é encontrar brechas legais e distorcer as milhares de estimativas. Tudo isso levou a atividades improdutivas e consequências adversas, como uma corrida pela complexidade entre banqueiros e regulamentadores. A violação de regras simples, por outro lado, é mais fácil de detectar.

O terceiro, um mantra bastante conhecido, é: "Um dólar em capital é um dólar a menos circulando na economia".[10] Capital não é reserva. Capital é o dinheiro que o banco recebeu dos donos, se for um banco privado, ou de seus acionistas se for uma corporação. O capital pode ser empregado na economia, assim como o capital de uma pessoa pode ser investido em um imóvel; não é uma reserva guardada no colchão.

Por fim, outro mantra recorrente é que o capital custa caro e aumenta as despesas dos bancos. Vamos pôr isso em escala. Entre todos os tipos de corporações, os bancos são de longe os que mais contraem empréstimos. A vasta maioria das corporações norte-americanas (não financeiras) pegam emprestado menos do que metade de seus ativos, enquanto alguns grandes bancos tomam emprestado mais de 97%. Corporações muito bem-sucedidas, como Apple, Bed Bath & Beyond e Citrix, pegam pouquíssimo dinheiro emprestado, quando pegam. As corporações podem na verdade se expandir mais rapidamente sem fazer empréstimos — por exemplo, obtendo dinheiro extra com a venda de ações.

Essas justificativas furadas vêm com roupas inexistentes. Não são usadas porque seus autores acreditem nelas, e sim porque os governos oferecem incentivos para os banqueiros assumirem riscos indevidos, e os banqueiros se aproveitam dessas oportunidades. Grandes bancos contam com o dinheiro do contribuinte para serem resgatados. É por isso que o excesso de empréstimos custa pouco para os bancos, mas não para outras corporações.

SÓ O MAIS GORDO SOBREVIVE

Os bancos de investimento são contrários à regulamentação da alavancagem, e afirmam que se trata de uma violação dos princípios do livre mercado. Será que têm razão? Em um livre mercado, um banco que assuma riscos de calotes excessivamente elevados quebra, enquanto outros mais prudentes sobrevivem. Mas muitos bancos, como JPMorgan Chase, Barclays e Deutsche Bank, tornaram-se grandes demais para quebrar. Gozam de uma garantia potencial de resgate, que serve de incentivo para correrem riscos excessivos e elevarem sua alavancagem. No dia em que assumir riscos indevidos levar a prejuízos pesados, os mesmos bancos que hoje empunham a bandeira da liberdade financeira amanhã podem abandonar o setor privado e buscar a "proteção do Estado", como um banco socialista. Esse foi um dos motivos para os banqueiros não tomarem precauções suficientes. Eles pensaram: "A chance de algo dar errado é pequena, mas, se acontecer, todos os bancos estarão em apuros, e o governo terá de nos socorrer". Em outras palavras, os lucros vão parar no bolso dos executivos, e os prejuízos, nas costas dos contribuintes. Não é exatamente um livre mercado — é uma irresponsabilidade moral.

Hoje, os grandes bancos não vivem mais num ecossistema onde impera a sobrevivência darwiniana do mais apto. O sistema financeiro se transformou na sobrevivência do mais gordo. Inclusive, as fusões entre bancos às vezes são motivadas mais pelo inchaço do que pela aptidão. Instituições grandes demais para quebrar não deveriam existir no mercado. Para impedir isso, temos outra regra simples:

Os que usufruem dos benefícios quando a economia vai bem também devem arcar com os prejuízos das crises financeiras periódicas.

Há mais de uma maneira de assegurar que o sistema bancário não possa mais contar com resgates do governo, ou seja, com o dinheiro do contribuinte: tornar os bancos menores e menos interconectados ou separar claramente a atividade de investimentos do sistema bancário regular. Só assim um banco de investimento poderia ser punido por seu comportamento arriscado. Os bancos talvez argumentem que já levam os riscos em consideração quando calculam o "value at risk". Mas, conforme mencionado, como esses cálculos pressupõem riscos conhecidos e não capturam a incerteza, são de pouca valia. Na verdade, essas medidas de risco talvez não sejam muito mais do que uma desculpa para os bancos continuarem engordando e se entregando a um estilo de vida arriscado e nada salutar.

PENSE POR SI MESMO

Não é preciso experiência em finanças para compreender a diferença entre riscos conhecidos e desconhecidos — ou perceber que a crença de que os riscos podem ser medidos com precisão em um mundo incerto consiste numa ilusão de certeza. Tudo que temos a fazer é procurar regras simples e robustas para um mundo mais seguro. Quero incentivar as pessoas a ter confiança para formar suas próprias opiniões e expressar seus questionamentos. Teremos um sistema financeiro mais seguro se houver mais pressão pública dos cidadãos que não querem pagar pela jogatina irresponsável de outros. Se não nos deixarmos intimidar pelo jargão enganador, mas em vez disso exigirmos que os políticos implementem a transparência, seria um primeiro passo. Isso é tudo? Não, também podemos trocar um banco grande, que assume riscos indevidos, por outro menor e mais responsável. E não devemos mais nos deixar seduzir por promessas de ganhos particularmente elevados adquirindo produtos arriscados, e sim nos contentar com um retorno mais modesto e mais realista. Se todo mundo — empresas e governos inclusos — comprasse apenas produtos financeiros que de fato compreende, os bancos de investimento causariam menos estragos. Os políticos, cercados constantemente de lobistas, talvez estejam de mãos atadas ou com o rabo preso, tornando-se incapazes de defender essa mudança, e os banqueiros, enquanto puderem embolsar os lucros e repassar os prejuízos para o contribuinte, também vão se mostrar compreensivelmente titubeantes. As esperanças estão depositadas no cidadão corajoso e preparado para o risco.

Riscos catastróficos

Sem dúvida nem sempre é fácil ser corajoso e estar preparado para o risco quando os governos e a mídia jogam com nossos medos. Temos sorte de viver numa era em que a mortalidade infantil é mais baixa e a expectativa de vida mais alta do que nunca. Contudo, muitos acreditam que o mundo está mais perigoso e incerto do que no passado. Crises após crises são trombeteadas na mídia — doença da vaca louca, SARS, gripe aviária, gripe suína, *E. coli* e o que mais ainda vier a surgir. Doenças, terrorismo, enchentes, furacões e outros desastres fazem muitas vítimas, mas também ajudam os governos a ser reeleitos e a mídia a inflar seu público e seus lucros. Os cenários tenebrosos alimentam as preocupações do eleitor e consumidor de informação. Um truque dos mais batidos é explorar o medo de riscos catastróficos e incrementar os negócios retratando desastres horríveis nas manchetes, sejam reais ou imaginados. O surgimento e o desaparecimento dessas ameaças são bastante similares. Nos noticiários, uma nova cepa de vírus ou algum outro tipo de perigo aparece junto com os alertas dos especialistas de que muitas pessoas poderão morrer. O cidadão começa a se preocupar e exige que o governo faça alguma coisa. O governo reage na defensiva, em geral com medidas drásticas. Meses mais tarde, a mídia para de falar no assunto e tudo é rapidamente esquecido. Um ano depois, o mesmo padrão se repete, com todo mundo preocupado com a divulgação de uma nova crise.

Mas não é melhor prevenir que remediar? Examinemos duas famosas catástrofes imaginadas: a doença da vaca louca e a gripe suína. Em ambos os casos, o temor de um cenário de horror impediu a avaliação de risco equilibrada. Mas as duas situações também mostram como comunicar o risco de maneira que a população não entre em pânico.

PÂNICO DO BOI

Vamos começar com algumas perguntas.[11]

Quantas pessoas foram mortas pela doença da vaca louca na Europa em dez anos?
Cerca de 150.

Que outra causa levou à morte do mesmo número de pessoas na Europa nos mesmos dez anos?
Ingerir óleo aromatizado para lamparina.

Quem em sã consciência bebe óleo aromatizado? Em geral, crianças, atraídas pelas cores bonitas e pelo perfume. Sou integrante do Instituto Federal Alemão de Avaliação de Risco. O instituto levou mais de dez anos para aprovar uma regulamentação continental que obrigasse a indústria a produzir frascos de óleo à prova de crianças. Quase ninguém estava interessado no problema. A morte do gado catalisava as atenções.

No primeiro capítulo, defini risco catastrófico como uma situação real ou imaginada em que muitos morrem subitamente, tendo o Onze de Setembro como exemplo primordial. Devido ao padrão evolucionário de medo e fuga, as pessoas tendem a evitar essas situações, mas bem menos ansiedade é gerada quando uma quantidade igual ou maior de

BANCOS, VACAS E OUTRAS COISAS PERIGOSAS

mortes é mais distribuída ao longo do tempo. A doença da vaca louca (encefalopatia espongiforme bovina) também foi apresentada assim. Um artigo na *Nature* previu 100 mil mortes. Enquanto isso, causas de grande mortalidade que se distribuem ao longo do tempo, como carros, motos ou cigarros, não provocam tanta preocupação. Crianças que bebem óleo aromatizado não morrem em grandes ondas, mas em números que se mantêm constantes a cada ano, e consequentemente prestamos pouca atenção no problema. Se essas 150 crianças tivessem morrido num único dia ou em um breve intervalo, tenho certeza de que ganhariam as manchetes, alarmando muitos pais.

A doença de Creutzfeldt-Jakob é uma enfermidade fatal que torna o cérebro esponjoso. É tão rara que apenas cerca de cinquenta pessoas, na maioria idosos, morre dessa doença anualmente no Reino Unido (na Alemanha, são setenta). Os primeiros sintomas podem ser memória falha, sonolência e dificuldade motora, e no fim a vítima não consegue mais falar, engolir ou ficar de pé. É similar à doença da vaca louca. Em meados dos anos 1990, uma nova variedade da doença de Creutzfeldt--Jakob foi identificada em dez adultos jovens. Os especialistas comunicaram ao governo britânico que a causa mais provável da nova variedade era o consumo do gado infectado com a doença da vaca louca. Os governos tendem a agir na defensiva, e assim foi iniciada uma execução em massa no Reino Unido e em vários países europeus. Nos Estados Unidos, com menos casos de animais e pessoas infectados, foram empreendidas tentativas similares de espalhar o pânico, supostamente promovidas por vegetarianos, mas sem sucesso. O impacto econômico da epidemia da vaca louca na Europa foi arrasador. Além do sacrifício do gado e da incineração das carcaças, o comércio ficou paralisado, porque outros países temiam que a doença da vaca louca invadisse suas fronteiras. Os prejuízos chegaram a aproximadamente 38 bilhões de euros.[12] Esse foi o custo de nossa reação à doença, não da doença em si.

No fim da década de 1990, os especialistas receavam que a doença da vaca louca no Reino Unido pudesse ter atingido as ovelhas. O governo estava desesperado para não criar pânico no consumidor de carne ovina, e portanto não se pronunciou sobre a possibilidade. Quando Sir John Krebs (hoje lorde Krebs) se tornou o primeiro diretor da nova

Agência de Padrões Alimentares do Reino Unido, em 2000, escolheu uma abordagem diferente. A despeito das preocupações oficiais, ele e seus colegas decidiram que o melhor a fazer era adotar uma postura franca e confessar a incerteza. Pesquisas com grupos focais mostraram que a frase "Há um risco teórico de encefalopatia espongiforme bovina em ovelhas" não era bem compreendida. Então a mensagem foi formulada de outro modo: "Pode haver risco de encefalopatia espongiforme bovina em ovelhas. Não achamos ser o caso e não aconselhamos a suspensão do consumo de carne ovina, mas, se você estiver preocupado, eis o que pode fazer. [...] Estamos criando testes para descobrir se há risco de fato e voltaremos a informar assim que tivermos os resultados". Levantamentos feitos após o anúncio mostraram que quase dois terços do público tomaram conhecimento do fato e que não houve queda significativa no consumo da carne ovina.

Na Alemanha, a encefalopatia espongiforme foi tratada de maneira bem diferente. No auge da doença da vaca louca na Grã-Bretanha, Irlanda, França e Suíça, o governo alemão transmitiu a ilusão de certeza e declarou que o país estava livre do problema. "Nossa carne bovina é segura" — foi o coro tranquilizador dos funcionários do governo. A importação de carne inglesa foi proibida. Os complacentes consumidores passaram a consumir apenas a carne procedente dos abatedouros e frigoríficos da Alemanha, onde, ao contrário da Grã-Bretanha, as pessoas sabem criar um gado feliz e saudável. No ano 2000, quando um grande número de testes foi realizado nos rebanhos e a doença foi encontrada, a nação entrou em choque. Poucos ousaram comer carne depois disso. "É verdade", escreveu um leitor preocupado para o *Rheinische Post*, "que posso ser contaminado pela doença da vaca louca se ficar muito tempo sentado no meu sofá de couro?"[13] A ilusão de certeza se desfizera, e os ministros da Saúde e da Agricultura renunciaram. Então os demais países baniram a carne alemã, e a Alemanha começou a sacrificar e incinerar seu gado como todo mundo. Nenhum cidadão morreu por causa da doença da vaca louca ou, mais precisamente, da variante da doença de Creutzfeldt-Jakob. À parte as incontáveis cabeças de gado perdidas, os dois ministros que perderam o emprego foram as únicas vítimas — não por comer carne, mas pelo modo como lidaram com a incerteza.

BANCOS, VACAS E OUTRAS COISAS PERIGOSAS

Olhando em retrospecto para essa execução em massa suscitada por nossas ansiedades, as evidências apontam para sua total falta de necessidade. Provavelmente não passou de um medo injustificado do risco catastrófico. A doença da vaca louca ilustra como o medo pode levar governos inteiros a combater perigos que matam apenas alguns, mas não os que matam muitos todos os anos.

PÂNICO DO PORCO

Em março de 2009, Edgar Hernández, de cinco anos, apresentava um quadro de febre alta. Os médicos constataram que o menino tinha o vírus H1N1. Logo depois, o México anunciou 157 mortes por carne suína, e a máquina de produzir crises globais entrou em funcionamento. Quatro dias depois, Edgar estava recuperado, e o governo mexicano corrigira sua estimativa para apenas sete mortes. Mas nada conseguiu impedir as engrenagens de continuar a girar. Em junho, a Organização Mundial de Saúde decretou a gripe suína uma pandemia. Especialistas da OMS estimaram que o número de infectados no mundo seria de 2 bilhões! Isso levou a uma enorme preocupação com o risco catastrófico. O Egito mandou sacrificar todo o gado suíno do país. Uma manchete inglesa dizia: "Gripe Suína Pode Matar 65 mil no Reino Unido, Alerta o Governo". A TV e os jornais iniciaram a contagem de corpos. O pior ainda estava por vir, quando chegasse o inverno, a temporada da gripe — essa era a mensagem.

Como na doença da vaca louca, o medo do risco catastrófico se propagou pelo mundo. Os governos gastaram bilhões de dólares para estabelecer estoques de vacinas e antivirais, como o Tamiflu. Mais uma vez, a receita seguida foi "melhor prevenir que remediar". Só que ninguém soube fazer isso de modo seguro. Não havia base científica para a estimativa de 2 bilhões de casos de gripe suína feita pela OMS. Também faltavam evidências de que os medicamentos funcionassem quando os governos começaram a comprá-los da indústria farmacêutica. A FDA, por exemplo, havia declarado um ano antes da epidemia que o Tamiflu não se revelara capaz de impedir complicações como hospitalização ou

PREPARADOS PARA O RISCO

morte.[14] E, embora os órgãos reguladores japoneses tivessem chegado à mesma conclusão, três quartos do consumo mundial dos medicamentos ocorreram no país. Da mesma forma, o governo britânico desperdiçou 500 milhões de libras em Tamiflu e outros antivirais sem dispor de evidências de que fossem eficazes. A ministra da Saúde da Polônia, por outro lado, se recusou a comprar o remédio. Como médica, afirmou que não era sua função ajudar a indústria farmacêutica a engordar os lucros. Dois anos após o pânico, o governo alemão literalmente queimou centenas de milhões de euros incinerando as vacinas não usadas.

Posteriormente foi verificado que o Tamiflu não protege de consequências letais, conforme se presumia.[15] O Tamiflu pode quando muito reduzir o tempo médio da gripe, de cinco para quatro dias, o que havia sido a conclusão anterior da FDA. Por que então a OMS incentivou os governos a estocar antivirais? O *British Medical Journal* trouxe alguma luz à questão: boa parte dos especialistas que prestaram consultoria à OMS tinha ligações financeiras com as companhias farmacêuticas que produziam os medicamentos.[16] Por orientação desses profissionais, os governos desperdiçaram bilhões de dólares que tanta falta fazem em outras áreas do sistema de saúde. Isso sem mencionar que o efeito de longo prazo de espalhar esses cenários tenebrosos é que as pessoas se tornam perigosamente céticas. Quando houver uma emergência real e os antivirais e vacinas forem de fato necessários, a confiança da opinião pública nos governos e na OMS terá sido minada de forma tão profunda que pouquíssima gente dará ouvidos à necessidade de se vacinar.

Em uma entrevista para o *British Medical Journal*, perguntaram-me se o problema era que as pessoas comuns não compreendem riscos, em especial durante uma pandemia. Respondi que o problema não era a dificuldade de comunicar a incerteza, e sim o fato de que a incerteza simplesmente não era comunicada.[17] Como é possível transmitir incerteza de forma clara sem criar cenários tenebrosos?

Em novembro de 2009, no auge do pânico da gripe suína, usei o mesmo método de lorde Krebs para a doença da vaca louca: ser transparente sobre a incerteza, fazer comparações com os riscos conhecidos e explicar o que pode ser feito. No Instituto Max Planck para o Desenvolvimento Humano em Berlim, do qual sou diretor, os funcionários, alu-

268

Figura 11.1. Lembra essas notícias de risco catastrófico? ["Cuidado! A dengue assassina está de volta!", "Nova doença letal pode ser resultado da Gripe Aviária", "Gripe suína causa pânico na Cidade do México", "Vírus letal da SARS é encontrado em lágrimas de pacientes", "Rastreando o vírus mortal da Gripe Aviária", "Insetos infectados matam casal no Texas"] O medo é despertado sempre que a ameaça aparece, seja imaginária ou real. Quando a notícia some, alguns meses depois, tendemos a esquecer do assunto e aguardar que a catástrofe seguinte ocupe as manchetes.

nos e pesquisadores estavam reunidos para uma sessão de instruções. Primeiro, admiti abertamente que ninguém podia dizer àquela altura se a gripe suína se tornaria a grande catástrofe alardeada pela mídia ou uma pequena marola prestes a desaparecer, como fora a gripe aviária não muito tempo antes. Mas havia alguns fatos que poderíamos utilizar para chegarmos a uma conclusão. Primeiro, a gripe suína típica dura de quatro a cinco dias, depois passa. Segundo, a gripe comum e doenças semelhantes matam cerca de 10 mil pessoas por ano na Alemanha, enquanto houve apenas cerca de vinte mortes atribuídas à gripe suína na época. Para pôr esse número em perspectiva: na Alemanha, cerca de doze pessoas morrem todos os dias em acidentes de trânsito e nove de tabagismo passivo. Terceiro, o argumento era de que a grande catástrofe ainda viria porque a gripe ataca mais no inverno. Mas havia também algumas lições a tirar do hemisfério Sul, onde o inverno já acabara. Não ocorrera nenhuma epidemia de gripe catastrófica por lá. Na verdade, mesmo sem a vacina, morreu menos gente por causa da gripe na Austrália e na Nova Zelândia do que a média de períodos anteriores. Mesmo assim a OMS manteve sua estimativa absurda. Também comentei que, sem que a maioria soubesse, a OMS mudara sua definição do termo "pandemia" naquela primavera. A partir de então uma pandemia não queria mais dizer uma doença disseminada que mata grande número de pessoas, mas apenas uma doença disseminada em geral.

Para quem estivesse preocupado, dirigi o seguinte questionamento: o que você pode fazer nessa situação de incerteza? Uma coisa que todo mundo deve fazer é prevenir a disseminação do vírus: cobrir a boca e o nariz quando espirrar, lavar as mãos e, se estiver doente, ficar em casa. Outra medida que você pode tomar é se vacinar, embora os benefícios e os prejuízos não sejam tão bem conhecidos. No fim, a coisa mais importante é aprender a viver com um elemento de incerteza e ter coragem de formar uma opinião individual. Sem motivo para pânico.

Após minha palestra, os funcionários deixaram o auditório mais relaxados. A explanação da incerteza não os deixara apreensivos nem infelizes. Como no caso de lorde Krebs e as ovelhas infectadas com encefalopatia espongiforme bovina, aconteceu o contrário. E, tanto em um exemplo como no outro, nenhuma catástrofe aconteceu.

No fim das contas, a grande assassina não foi a gripe suína, mas a velha e conhecidíssima gripe comum. E, assim que a mídia parou de falar sobre o assunto, ele desapareceu rapidamente da memória. Sem uma tecnologia diagnóstica sofisticada e um sistema de gestão de crises globais, teria provavelmente aparecido e sumido sem que ninguém notasse.

O medo de risco catastrófico é parte da natureza humana. E a mídia explora essa tendência fazendo com que nos preocupemos com coisas que merecem pouca consideração. Portanto, minha primeira lei pessoal da comunicação de risco na mídia é a seguinte:

Quanto mais noticiado o risco à saúde, menor o perigo.

Por exemplo, em 2003 a SARS e o bioterrorismo eram os medos midiáticos do momento nos Estados Unidos. Ambos mataram juntos menos de uma dúzia de pessoas, mas geraram mais de 100 mil artigos na mídia, muito mais do que matérias sobre tabagismo e inatividade física, que mataram quase 1 milhão de norte-americanos.[18] Da mesma forma, quando o Instituto Robert Koch observou que a gripe suína não era a principal assassina da temporada, a imprensa ignorou. Assim, ao ler notícias sobre saúde, relaxe. Muito provavelmente, não é dessas coisas que você vai morrer.

Governos

Quando comparamos as políticas públicas em relação aos riscos financeiros e aos riscos catastróficos, uma intrigante contradição emerge: por que os governos querem tanto proteger seus cidadãos dos riscos catastróficos, de vacas a porcos, e hesitam tanto em resguardar essas mesmas pessoas dos riscos da ruína financeira ocasionados pelos bancos de investimento? Sem dúvida é mais fácil combater bancos do que vírus. Uma resposta possível é a influência dos lobistas sobre os políticos. A indústria farmacêutica tem particular interesse na intervenção, e força os governos a estocar vacinas e medicamentos. A indústria bancária tem pouco interesse na intervenção, e seus lobistas atuam para manter a regulamentação em um mínimo possível e resistir à "vacinação" de razões de alavancagem prudentes. Os lobistas representando os interesses daqueles que pagam pelas consequências, os contribuintes, são minoria. Por exemplo, inúmeros governos despenderam gastos prodigiosos com o Tamiflu, produzido pela Roche, sem exigir nenhuma prova de sua utilidade. Quando a International Cochrane Collaboration, a principal organização de medicina baseada em evidências, solicitou à Roche os dados sobre os benefícios do Tamiflu (algo que o laboratório se negou a mostrar por anos), a maioria dos governos a ignorou. Só mudaremos essa distorção se deixarmos de aceitar passivamente o que governos e médicos nos dizem e analisarmos com olhar crítico as evidências e o que está sendo feito com o dinheiro dos contribuintes. Informar-se e manifestar-se em público são passos importantes para conquistar uma democracia participativa.

III
Comece cedo

Uma nova verdade científica não triunfa convencendo seus adversários e fazendo-os ver a luz, mas antes porque eles acabam morrendo e surge uma nova geração já familiarizada com ela.
Max Planck

A informação mais interessante vem das crianças, porque elas contam tudo o que sabem e depois param de falar.
Mark Twain

12
Revolucione a escola

Quando as pessoas estão bem informadas,
podem se incumbir do próprio governo.
Thomas Jefferson

TILLY SMITH, UMA MENINA DE DEZ ANOS, estava na praia com seus pais em Phuket, na Tailândia, em 2004. De repente, a maré começou a recuar. Os barcos sacudiram violentamente. Enquanto os turistas pegavam os peixes se debatendo na areia, ela disse: "Mãe, a gente precisa ir embora da praia. Acho que vai ter um tsunâmi". Pouco antes das férias, Tilly assistira a um vídeo sobre tsunâmis no Havaí em sua aula de geografia e aprendera a perceber os sinais iminentes. Seus pais levaram a advertência a sério e alertaram os demais, depois avisaram os funcionários do hotel para evacuar o resto da praia. Foi uma das poucas praias em Phuket onde ninguém morreu nem ficou ferido com gravidade.[1]

Bilhões são investidos no desenvolvimento de sistemas de alerta de tsunâmi, sem dúvida uma coisa boa. Mas só a tecnologia não vai ajudar. O maior terremoto já medido — 9,5 em magnitude — aconteceu na costa do Chile, em maio de 1960. Causou um imenso tsunâmi que se moveu em direção ao Havaí. Lá, a tecnologia funcionou como planejado: o sistema de alerta automatizado entrou em ação e as sirenes de tsunâmi dispararam horas antes de a ilha ser atingida. Porém a maioria dos que escutaram não sabia ao certo o que significava aquele som e não saiu de onde estava. Houve 61 mortes no Havaí nesse dia. A tecnologia tem sua eficácia limitada quando as pessoas não a compreendem. Uma criança preparada para o risco pode ser tão efetiva quanto um sistema de alerta sofisticado.

Em outubro de 2009, a *Nature* publicou um artigo de quatro páginas intitulado "Escola de risco", comparando minha visão sobre o grau de alfabetização estatística do público com a visão paternalista predominante de que as pessoas nunca serão capazes de compreender o risco e precisam de um empurrãozinho para ajustar seu comportamento.[2] Não tenho nada contra um pouco de incentivo, mas, como filosofia para o século XXI, essa ideia é preocupante. Não queremos que as futuras gerações cuidem direito de suas vidas apenas quando motivadas ou forçadas por outros. Nossos filhos merecem coisa melhor.

As tecnologias modernas inevitavelmente trazem novos riscos, e os sociólogos nos alertam que vivemos em uma "sociedade de risco", ameaçada pelos perigos criados pela própria evolução do conhecimento.[3] Contudo, a nova tecnologia traz tanto oportunidades como perigos e, em vez de nos lamentarmos, precisamos de uma nova geração que esteja apta a lidar com eles. Em suma: uma "sociedade de risco" exige uma sociedade "alfabetizada em risco".

Alfabetizando em risco

Há alguns séculos, poucos sonhavam com uma sociedade em que praticamente todos soubessem ler e escrever. Isso hoje é uma realidade. Atualmente, poucos sonham com uma sociedade em que quase todo mundo saiba interpretar os riscos. Mas isso será uma realidade em breve se trabalharmos para isso. A fim de chegar lá, precisamos começar bem antes da universidade. Mesmo crianças pequenas podem aprender a compreender riscos e probabilidades quando ensinados de forma lúdica. A alfabetização em risco logo nos primeiros estágios da educação será de grande auxílio para a nova geração poder lidar com as incertezas da vida e fazer do paternalismo um fantasma do passado.

O currículo para alfabetização em risco a que aspiro inclui três matérias:

- alfabetização em saúde;
- alfabetização financeira;
- competência em risco digital.

Há também três classes de habilidades:

- pensamento estatístico;
- regras do polegar;
- psicologia do risco.

Pensamento estatístico diz respeito a alfabetização quantitativa, como compreender as probabilidades de chuva; as regras do polegar se referem a tomar boas decisões em um mundo incerto; e a psicologia do risco lida com as forças emocionais e sociais que pautam nosso comportamento, de forma individual e em grupos. As três habilidades não devem ser ensinadas de maneira abstrata, mas como ferramentas para a resolução de problemas do dia a dia, como cuidar da saúde, do dinheiro ou das mídias digitais. Um bom ensino começa por narrativas que sejam motivadoras e tenham relação com a vida das crianças, e só então passamos a princípios abstratos.

Qual será o resultado? Para começar, redução de obesidade, câncer e problemas de saúde em geral. Ao contrário da atual, com suas contas estratosféricas de celular e dívidas no cartão, as novas gerações saberão lidar melhor com o dinheiro. E serão capazes de usar e controlar as mídias digitais, não serem controladas por elas. Com esses recursos, as crianças se tornarão cidadãos amadurecidos, habituados a fazer questionamentos e a assumir a responsabilidade por suas decisões.

Mas seria isso o sonho ingênuo de um intelectual em sua torre de marfim? Para ilustrar, consideremos uma das tarefas estatísticas mais difíceis, a inferência bayesiana, que já encontramos diversas vezes.

PREPARADOS PARA O RISCO

Alunos do quarto ano são capazes de dar conta disso

Crianças conseguem raciocinar corretamente sobre problemas que confundem os médicos? Quando sugeri que sim, se lhes déssemos a informação em frequências naturais, alguns professores acharam a ideia ridícula, pois crianças até dez anos ainda não aprenderam proporções ou porcentagens. Um professor de educação expressou descrença similar e insistiu que não podíamos cobrar tal coisa de crianças do quarto ano, que ainda eram muito pequenas para resolver esses problemas difíceis.

Mas educadores às vezes subestimam o que seus alunos conseguem fazer. Claro que não perguntaríamos a eles sobre testes genéticos, porque podem não estar familiarizados com o assunto ou com números de três dígitos. Foi muito divertido elaborar problemas capazes de cativar a imaginação infantil. A pesquisa consistiu de seis problemas em frequências naturais apresentados a 176 alunos do segundo e do quarto ano de escolas berlinenses, com e sem o uso de ícones.[4] Eis um deles:

Escola de Magia Ravenclaw

* De cada 20 alunos na Escola de Magia Ravenclaw, 5 têm varinha de condão.
* Desses 5 alunos, 4 também usam chapéu mágico.
* Dos outros 15 sem varinha, 12 também usam chapéu mágico.

Imagine um grupo de alunos da Escola Ravenclaw que usa chapéu mágico. Temos duas perguntas:

1. Há mais alunos com varinha?

Mais provavelmente sim

Mais provavelmente não

2. Quantos dos que usam chapéu mágico também têm varinha?____de____

A primeira pergunta é a mais fácil. Entre alunos do segundo ano, 88% responderam corretamente: "mais provavelmente não". No quarto ano, praticamente todos (96%) acertaram. A segunda questão é mais difícil e exige raciocínio quantitativo. Se olharmos com calma, veremos que é o mesmo tipo de questão que poucos médicos saberiam responder se a pergunta fosse sobre uma condição clínica, em vez de uma vari-

278

nha mágica. É importante ressaltar que nenhuma criança ainda havia aprendido porcentagem ou proporção. Mesmo assim, 14% dos alunos do segundo ano e 51% dos alunos do quarto ano deram a resposta correta: que apenas quatro de cada dezesseis alunos com chapéu mágico também têm uma varinha. As crianças receberam seis problemas como esse. Com ícones, os alunos do segundo ano resolveram 22% dos problemas (figura 12.2), quantidade que iguala a porcentagem de médicos que resolveram o problema do exame fornecido em probabilidades condicionais (ver figura 9.1, gráfico de cima). A turma do quarto ano conseguiu resolver 60% dos problemas. Mesmo quando o texto vinha desacompanhado de ícones, as crianças menores conseguiram resolver 11% e as maiores, 40%.

Alunos do quarto ao sexto ano em Beijing se saíram igualmente bem, ainda que também não houvessem estudado razão e proporção na escola. Nem todas as crianças conseguiram dar a resposta certa, mas o desenvolvimento entre o segundo e o quarto ano é rápido. Em suma, com a ajuda de ícones, a maioria dos alunos do quarto ano consegue resolver problemas que médicos não são capazes. Mas frequências naturais e ícones também ajudam crianças com dificuldades de aprendizado incomuns a adquirir competência aritmética? De forma surpreendente, essas crianças conseguiram resolver os problemas com igual sucesso e se valeram dos ícones quase com o mesmo proveito das demais crianças. Isso indica que o problema é menos questão de genes anormais e mais o modo como a informação é comunicada.

Agora você e também seus filhos pequenos têm uma ferramenta para compreender as probabilidades tanto no caso de exames como de varinhas de condão. As crianças poderão aprender essas ferramentas úteis para o raciocínio tão logo repensemos a atual forma de ensino.

Dois primeiros princípios para o ensino

ENSINE RESOLUÇÃO DE PROBLEMAS NO MUNDO REAL

Nossas crianças aprendem álgebra, geometria, cálculo. Em outras palavras, ensinamos a matemática da certeza, não da incerteza; ou seja, do pensamento estatístico. Quantos de nós necessitamos resolver equações

Figura 12.1. Frequências naturais podem ser representadas em números ou ícones. Para crianças e adultos numericamente analfabetos, os ícones ajudam a tornar as soluções mais transparentes.

do segundo grau, calcular a intersecção de um cubo e um plano ou pensar em números irracionais, seja no trabalho ou na vida doméstica? Supostamente, o aprendizado de disciplinas abstratas como álgebra e geometria melhora o raciocínio e a competência de resolução de problemas. Se isso fosse verdade, não haveria tantos médicos confusos com estatísticas de saúde ou advogados que não compreendem provas

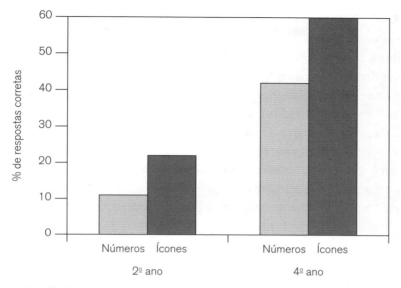

Figura 12.2. Qual a probabilidade de que um aluno da Escola de Magia Ravenclaw tenha uma varinha de condão se ele tem um chapéu mágico? As crianças conseguem resolver problemas complexos (os assim chamados problemas bayesianos) se forem formulados em frequências naturais. Quando ícones (como na figura 12.1) são acrescentados aos números, um quinto dos alunos do segundo ano e mais da metade da turma do quarto ano compreendem as perguntas. Com essa técnica, crianças conseguem resolver problemas de diagnóstico que desafiam os médicos.

com base em amostras de DNA.[5] Além disso, nem o psicólogo E. L. Thorndike, na década de 1920, nem estudos contemporâneos encontraram alguma evidência desses efeitos positivos.[6] Isso sugere que, se quisermos uma geração capaz de solucionar os problemas que virão pela frente, é melhor começar a municiar as pessoas das capacidades cognitivas necessárias, não de princípios abstratos.

Para isso, o pensamento estatístico é o ramo da matemática mais útil para a vida — e o que as crianças consideram mais interessante. Lecionar pensamento estatístico significa proporcionar as ferramentas para resolver problemas no mundo real. Ele não deve ser ensinado como matemática pura. Em vez de resolver mecanicamente dúzias de problemas com ajuda de fórmulas, as crianças e os adolescentes deveriam aprender a encontrar soluções para problemas da vida real. É isso que os ensinará a resolver problemas — e também aprender que pode haver mais do que uma única resposta apropriada, antes de mais nada. Igualmente importante é encorajar a curiosidade, como pedir que as respostas sejam dadas na forma de experimentos. Por exemplo: "É possível beber água plantando bananeira?". Não diga a resposta às crianças; deixe que descubram por si mesmas. E pode apostar que farão isso. O importante para a vida diária precisa ser ensinado antes, e o importante para a matemática, mais tarde. A orientação para a resolução de problemas no mundo real, não para a matemática abstrata, torna essenciais a contextualização transparente, as ferramentas proativas e as regras do polegar inteligentes.[7] Para implementar essas mudanças, precisamos ensinar os professores.

NÃO ENSINE PARA PROVAS, ENSINE PARA A VIDA

O estadista romano Sêneca, que foi tutor de Nero, afirmou há cerca de 2 mil anos: *"Non vitae, sed scholae discimus"*. Não estudamos para a vida, mas para a escola. Pouca coisa mudou desde então — as pessoas se preparam para provas e vestibulares, não para a vida. As crianças primeiro memorizam, depois passam no teste, e no fim esquecem. O ciclo se repete infinitamente na escola e na faculdade.

Assim como muitos responsáveis pelas políticas públicas, quem está por trás dos movimentos de reforma na educação em geral presume que professores e alunos precisem de cenouras e varas ou de um empurrãozinho cognitivo para serem persuadidos a dar seu melhor. Uma nova estirpe de executivos do mundo corporativo pressupõe que planos de negócios são o caminho para melhores escolas, substituindo professores experientes por outros menos experientes com salários mais baixos, ou pelo ensino à distância, ou então remunerando os professores de acordo com a média das notas dos alunos.

O sistema de ensino finlandês se baseia numa visão bem diversa do docente.[8] Na Finlândia, a profissão de professor é altamente valorizada, como deveria ser em qualquer país. Pouquíssimas universidades formam professores, e a competição para entrar nesses programas de elite é muito acirrada: apenas um em cada dez candidatos é aceito. Há pouca

REVOLUCIONE A ESCOLA

tolerância para a incompetência. Os professores têm um profundo senso de responsabilidade profissional e são movidos por uma motivação intrínseca, não pela promessa de premiações em dinheiro ou pelo medo de perder o emprego. Possuem uma ampla escolha do que lecionar, e jamais fariam os alunos se submeter a provas padronizadas. Em vez disso, elaboram suas próprias provas para avaliar as carências de seus alunos, embora até mesmo esse tipo de teste seja raro. As escolas finlandesas costumam superar as europeias e norte-americanas em quase todos os aspectos, corporificando o ideal da excelência. Também exibem a menor variação na qualidade, promovendo o ideal da igualdade.

Talvez a característica mais importante seja que o sistema finlandês põe a responsabilidade acima da responsabilização. Parte de seu sucesso se baseia numa regra do polegar que encontramos na caixa de ferramentas dos líderes de sucesso:

Contrate direito e deixe que a pessoa faça seu trabalho.

Essa regra ajuda a criar um clima de excelência e confiança. Em um sistema onde a ênfase é colocada nas provas, há outras maneiras de evitar que os alunos só aprendam para elas e depois joguem na lixeira mental o que aprenderam. Eis uma sugestão:

Não inclua na prova apenas o conteúdo recente, mas coisas que foram aprendidas antes e outras que ainda estão por ser aprendidas.

Essa regra simples serve de incentivo para não esquecer, bem como para aprender a pensar criativamente sobre novos problemas. E também cria um efeito dominó. As escolas sinalizariam que resolver problemas desconhecidos é uma competência importante. Afinal, a mera memorização está definitivamente ultrapassada após a chegada da internet, que oferece acesso aos fatos com uma agilidade maior do que nunca. O aluno hoje precisa aprender a pensar de forma independente e a avaliar o oceano de fatos disponível on-line.

Quando essas crianças preparadas para o risco crescerem, finalmente haverá médicos, especialistas financeiros e advogados que compreendem as incertezas. E os clientes e pacientes não serão tapeados e saberão as perguntas certas a fazer. Formarão a base de uma sociedade capaz de lidar com os riscos de maneira bem informada e sem estresse.

Alfabetização em saúde

No mundo ocidental, no século xxi, podemos esperar viver mais do que nunca; isso significa que o câncer será bem mais comum, também. Lidamos com o câncer como encaramos outras crises: depositamos nossas fichas na tecnologia. O Santo Graal da pesquisa do câncer é encontrar um comprimido que retarde, cure ou previna a doença. A ênfase vai para a quimioterapia, os medicamentos e as vacinas. Uma aspirina por dia previne contra o câncer colorretal, segundo dizem. É verdade? Provavelmente não.[9] Como vimos no capítulo 10, a detecção precoce do câncer também tem benefício muito limitado: salva poucas ou nenhuma vida e causa danos a muitas.

A melhor arma contra o câncer de que dispomos são cidadãos conscientes e preparados para o risco. Eis o motivo.

Estima-se que 50% de todos os cânceres se devam a fatores comportamentais: tabagismo, obesidade, alcoolismo, fast food, falta de atividade física e tomografias computadorizadas desnecessárias. O cigarro é a causa número um, seguido de perto pela obesidade. Esses cânceres poderiam ser prevenidos com um estilo de vida saudável. Mas não adianta dizer para um adolescente de quinze anos parar de fumar; a essa altura, normalmente é tarde demais. Nessa idade, os humanos são mais dependentes do que nunca da opinião dos colegas. A promoção de estilos de vida saudáveis precisa começar mais cedo, antes da puberdade. Como proceder? Em vez de apontar o dedo, precisamos tornar os jovens competentes para compreender os riscos de um estilo de vida pouco saudável e como seus desejos são orientados pela indústria. Isso não só vai diminuir a incidência de câncer, como também promover a saúde em geral.

Um programa de alfabetização em saúde se baseia em dois princípios:

- A criança deve ter entre cinco e dez anos de idade quando o programa começar, antes da puberdade.
- A criança deve ser alfabetizada em saúde na escola, junto com os colegas, de modo que a influência dos demais traga um efeito mais positivo do que negativo quando chegarem à puberdade.

O conteúdo do currículo pode incluir:

- Competências como cozinhar e praticar esportes.
- Conhecimentos sobre a relação entre cigarro e câncer de pulmão, quais venenos a fumaça contém e como o hábito pode alterar as feições faciais, estragar os dentes e intensificar o odor corporal.
- A capacidade de compreender como as pessoas são manipuladas pela indústria a adotar estilos de vida prejudiciais e as técnicas usadas pelos publicitários para influenciar seus desejos.

Competência e experiência prática são essenciais. Hábitos alimentares se formam cedo, e o prazer de cozinhar é o melhor antídoto contra a obesidade e o fast food. Ressuscitem Julia Child! As crianças poderiam até assumir o refeitório um dia por semana e preparar o almoço dos demais. Princípios psicológicos são cruciais: enquanto campanhas normalmente se concentram nos danos de longo prazo, os adolescentes fumam pelos benefícios de curto prazo, como se sentir adulto e parecer cool. Um programa de alfabetização em saúde chamado ScienceKids descobriu que crianças participativas assumiam maior controle de sua saúde. Em casa, conversavam sobre questões de saúde e também influenciavam o comportamento dos pais.[10]

Aposto uma coisa:

Se gastássemos com programas de alfabetização em saúde e em risco o mesmo que gastamos para desenvolver medicamentos contra o câncer, muitas vidas seriam salvas.

Talvez não possamos impedir todo mundo de levar um estilo de vida prejudicial, mas, se salvarmos ao menos cerca de 10% a 20%

da próxima geração, teremos conseguido um benefício maior do que o obtido com a pesquisa de novas drogas contra o câncer. Também veríamos mais adolescentes livres de obesidade, tabagismo e alcoolismo, bem como adultos mais saudáveis de modo geral.[11] Não precisamos esperar que cheguem à idade adulta para constatar se isso será bem-sucedido. A eficácia de um programa de alfabetização em saúde pode ser medida quando as pessoas entrarem na adolescência, verificando a quantidade dos que fumam, bebem, são obesos ou têm outros problemas de saúde. E as competências aprendidas pelas crianças não melhoram a saúde simplesmente, também ajudam a conquistar maior autocontrole.

Alfabetização financeira

Você tem uma dívida de 3 mil dólares. A taxa de juros nominal é de 12% ao ano. Mensalmente, você paga trinta dólares. Quando sua dívida estará quitada?

a. em menos de cinco anos (15%)
b. entre cinco e dez anos (31%)
c. entre onze e quinze anos (18%)
d. entre dezesseis e vinte anos (10%)
e. nunca (26%)

Fizemos essa pergunta a mais de mil alemães maiores de dezoito anos.[12] Entre parênteses, a porcentagem de cada resposta. Quase metade achou que a dívida seria quitada em menos de cinco ou dez anos. Na realidade, a dívida nunca será paga. Não deve ser muito difícil entender isso. O banco cobra 12% de juros sobre a dívida total, somando 360 dólares todo ano. O cliente paga trinta por mês, resultando em 360 dólares por ano. Ambas as somas são iguais, ou seja, o devedor paga apenas os juros e nunca será capaz de começar a pagar a dívida em si. Apenas um quarto dos alemães entendeu que ficariam pagando pelo resto da vida. Os jovens se mostraram tão sem noção quanto os mais velhos; o único fator que fez diferença foi o consumo de TV. Para cada hora diária na frente da televisão, a probabilidade de saber a resposta era menor.

O cliente em geral não sabe nada sobre investimentos e confia cegamente no gerente de seu banco, passando menos tempo numa conversa que decidirá o futuro de seu dinheiro do que vendo um jogo de futebol. Muitos dos que fizeram empréstimos NINJAS (sem renda, sem emprego, sem bens) e perderam tudo, exceto a roupa do corpo, na crise do subprime não perceberam que suas taxas de juros eram variáveis, não fixas, e que os juros baixos iniciais não passavam de isca. Talvez tenham presumido que suas hipotecas eram como financiamentos de carros, cujas taxas são prefixadas. Foram presa fácil da ganância de alguns bancos, que os convenciam a fazer empréstimos que não conseguiriam pagar, dando a casa como garantia. Mas, como vimos neste livro, não só as pessoas comuns, como também boa parte dos profissionais se beneficiaria de maior alfabetização financeira.

Apenas quando ensinarmos a próxima geração a raciocinar sobre o dinheiro poderemos protegê-la de ser facilmente explorada. Por que não alfabetizar financeiramente as crianças na escola? Um currículo pode ser organizado em torno dos mesmos princípios da alfabetização em saúde: habilidades como administrar o dinheiro da mesada, saber lidar com contas de celular e as armadilhas das dívidas e compreender a psicologia envolvida no valor do dinheiro, na vida dos alunos e em outras culturas.

Competência em risco digital

A tecnologia de comunicação digital — a internet, o Facebook, óculos virtuais e coisas que ainda não podemos imaginar — influencia profundamente como passamos nosso tempo, nossa noção de privacidade e o modo como pensamos. A tecnologia digital oferece imensas oportunidades, e não é isso o problema. O problema está em nós, seja os que estão no leme da nova tecnologia, seja os que são controlados por ela. As mídias digitais já mudaram a forma como as pessoas conduzem suas relações sociais e os riscos que estão dispostas a correr. Em uma entrevista, três alunos do ensino médio em Connecticut explicaram por que trocavam mensagens no celular enquanto dirigiam.[13]

> Roman diz que não vai parar: "Sei que eu deveria, mas não tem como. Se alguém comentou alguma coisa no meu Facebook eu preciso ver. Eu preciso". Da mesma forma, Maury não dá motivos, mas expressa uma necessidade de contato constante: "Eu interrompo a ligação mesmo que a nova ligação seja desconhecida — preciso saber quem é. Eu corto uma amiga pra atender à ligação não identificada. Preciso saber quem tentou ligar. E, se meu celular tocar, eu preciso atender. Não consigo não fazer isso. Preciso saber quem é, por que estão ligando". Marilyn acrescenta: "Eu nunca ponho no mudo quando estou dirigindo. Se chega uma mensagem eu olho. Não tem como. Mas pelo menos aparece a mensagem na tela, assim fica mais fácil ver quem é enquanto estou dirigindo".

Esses três estudantes estão dispostos a correr o risco de sofrer um acidente para satisfazer sua necessidade de se conectar digitalmente. Quando lhes perguntaram qual foi a última vez que não quiseram ser interrompidos, houve silêncio. "Estou só esperando ser interrompido agora mesmo", afirmou um. A interrupção se tornou uma conexão social. Mesmo na presença física de amigos reais, há uma forte compulsão por ser contatado por alguma pessoa on-line.

A tecnologia digital assumiu o controle da noção de risco e das relações sociais desses jovens. Também mudou a relação entre pais e filhos. Como podem monitorá-los o tempo todo, muitos pais fazem exatamente isso; o resultado é maior ansiedade dos pais. Eis a agonia de uma mãe:

> Eu mando uma mensagem. Ninguém responde. E eu sei que eles estão com o celular. Racionalmente sei que não tem muito motivo pra ficar preocupada. Mas a mensagem sem resposta fica na minha cabeça.

Essa mãe afirmou invejar sua própria mãe, porque essa preocupação não existia no passado. As crianças iam para a escola e voltavam para casa. A mãe trabalhava e chegava por volta das seis. Hoje algumas crianças alimentam a fantasia de que seus pais sempre estarão à sua espera, de braços abertos — mas não sem antes terem ligado duas vezes enquanto voltavam para casa. A capacidade de ficar a sós com os próprios pensamentos e emoções, em privacidade, é incompatível com o espírito da conexão digital; os adolescentes assumidamente não conseguem se afastar do celular. Um estudo revelou que dois terços dos britânicos se concentram de tal forma na tela quando estão digitando que perdem a visão periférica.[14] Reza a lenda que, depois que alguns pedestres começaram a colidir com postes, em algumas cidades os postes foram revestidos com proteção acolchoada.

Mas ao menos são felizes esses adolescentes viciados nas mídias digitais? Um estudo sobre uso excessivo de internet entre mais de cem jovens de catorze a dezessete anos revelou que apenas 10% estavam felizes com seu tempo de lazer (comparado a 39% no grupo de controle), 13% com seus amigos (versus 49%), 3% consigo mesmos (26%) e apenas 2% com sua vida em geral (29%).[15] Esses adolescentes praticamente não leem mais e pararam completamente de ir a eventos e se socializar.

A competência no risco digital é a capacidade de aproveitar os benefícios da tecnologia digital e ao mesmo tempo evitar os prejuízos. Tem um componente cognitivo e um motivacional: alfabetização em risco e autocontrole.

ALFABETIZAÇÃO EM RISCO DIGITAL

Para nos alfabetizarmos em risco, precisamos ter uma compreensão básica dos fatos e princípios psicológicos relevantes em um mundo digital. Um deles diz respeito aos danos potenciais de usar o celular e dirigir ao mesmo tempo. Como mencionei na introdução, o tempo de reação de uma pessoa de vinte anos falando ao celular cai para o nível de um septuagenário. Enquanto escutar música no carro não acarreta problemas para a condução do veículo, motoristas distraídos por uma conversa ao celular não "enxergam" o sinal vermelho e outros obstáculos mesmo quando estão olhando para eles, sofrem mais colisões traseiras e se envolvem em um número igual ou maior de acidentes do que motoristas com 0,08% de álcool no sangue. E usar headset com microfone não faz a menor diferença nisso. Consequentemente, estima-se que 2600 pessoas morram todo ano nos Estados Unidos e cerca de 330 mil fiquem feridas em acidentes provocados por motoristas distraídos.[16] Saber que milhares são mortos todo ano, porém, pode não ser suficiente para mudar o comportamento de todos; também precisamos de autocontrole digital.

A despeito das muitas incógnitas sobre como as mídias digitais mudarão nosso comportamento, há princípios que nos ajudam a enxergar o que possivelmente acontecerá e o que não deve ocorrer.

Exigência precoce de competência linguística. Pais competitivos querem proporcionar a seus filhos alguma vantagem para conseguirem entrar nas melhores universidades. Até recentemente, um em cada três bebês nos Estados Unidos assistia a DVDs educativos para aprender inglês mais cedo, mais rápido e melhor. Programas como Baby Einstein e Brainy Baby ensinam palavras novas para ampliar o vocabulário. Mas esses pais excessivamente zelosos parecem não entender um princípio psicológico básico do aprendizado da língua materna. O aprendizado depende em grande parte da interação social, como o contato olho no olho. Muitos bebês vivem grudados em telas, alguns até ignorando seus pais, mas os testes confirmam que a criança não aprende nada. Por exemplo, quando os pais leem todos os dias para seus bebês de oito a dezesseis meses de idade, revelou-se que a pontuação em um teste de linguagem aumentou em sete pontos. Por outro lado, para cada hora assistindo a um DVD educativo todos os dias, a pontuação dos bebês decresceu em dezessete pontos.[17] Aprendizagem sem interação social pode transformar o Baby Einstein num Baby Homer Simpson.

Multitasking. A revolução digital trouxe novas possibilidades de realizar diversas tarefas ao mesmo tempo. Adolescentes leem e escrevem no celular e escutam música enquanto fazem lição de casa. Alguém poderia pensar que a experiência do *multitasking* facilita nossa vida. Mas nossa psicologia nos obriga a concentrar a atenção consciente em uma coisa apenas e, se tentamos realizar diversas tarefas simultaneamente, a performance em todas é prejudicada. Na verdade, estudos indicam que pessoas habituadas ao *multitasking* se distraem com mais

REVOLUCIONE A ESCOLA

facilidade com informações irrelevantes, têm memória mais curta e demoram mais para passar a uma nova tarefa.[18] Todas essas são habilidades em que essas pessoas supostamente deveriam se destacar.

O *multitasking* só funciona se todas as tarefas, exceto uma, forem assumidas pelo inconsciente, ou seja, quando são realizadas no piloto automático. Por isso podemos dirigir e conversar ao mesmo tempo, mas só se a condução do veículo for automatizada por nosso inconsciente ou por meio de dispositivos como o *cruise control*. Se algo inesperado acontece no trajeto, paramos de falar imediatamente e nos concentramos no problema. Para o *multitasking* funcionar seria necessário que o inconsciente assumisse ainda mais tarefas. Esse pode ser nosso futuro. Nas palavras do filósofo inglês Alfred North Whitehead: "A civilização avança estendendo o número de operações que podemos realizar sem pensar a respeito".[19] O inconsciente poderá ficar bem atarefado na revolução digital.

AUTOCONTROLE DIGITAL

Por autocontrole digital refiro-me à capacidade de controlar as tecnologias digitais para não ser controlado por elas. As mídias sociais deveriam estar a serviço das pessoas, não o contrário. Alguns se tornam viciados em tecnologia. Já em 2005, um levantamento do AOL revelou que uma em cada quatro pessoas não conseguia viver sem e-mail por mais de três dias. Quase metade acorda e começa o dia lendo e-mails e continua lendo e-mails pessoais durante o trabalho.[20] Segundo a Kaiser Foundation, metade das crianças americanas de oito a dezoito anos misturam lição de casa com distrações, principalmente on-line. "Preciso parar com isso e fazer minha lição de casa", alguns dizem, "mas não consigo." O vício digital pode resultar em estresse tecnológico-social: quanto mais tempo passado na internet, menos as pessoas conseguem manter suas amizades. Para evitar ser controlado pelo meio e reduzir as consequências negativas, o desenvolvimento do controle pessoal logo na infância é essencial.

A internet é uma reserva de informação imensa. Cada vez mais, recorremos mais a ela do que a nossa própria memória. A busca, a memória e outras capacidades cognitivas são "terceirizadas". A maioria não é mais capaz de memorizar longos poemas ou histórias, assim como perdemos a habilidade de fazer contas de cabeça desde a chegada da calculadora de bolso. As mídias digitais continuarão intensificando esse processo. No melhor dos mundos, tanto a mente como as mídias se enriquecem e se tornam mais adaptadas uma à outra. Novas capacidades criarão novas ferramentas, que por sua vez inspirarão novas habilidades, e assim por diante.

Como no caso da alfabetização em saúde, provavelmente é tarde demais para dizer a um jovem de dezoito anos para não usar o celular e dirigir ao mesmo tempo. Em vez de condenar comportamentos, precisamos começar a ensinar a alfabetização e o autocontrole digitais bem mais cedo. A meta é formar uma nova geração dotada do conhecimento e da disposição para assumir o controle de suas próprias vidas.

Todo mundo pode aprender a lidar com o risco e a incerteza

Comecei este livro observando que, quando as coisas dão errado, dizem que precisamos de aprimoramento tecnológico, leis mais rígidas e mais burocracia. Uma ideia está ausente dessa lista: cidadãos preparados para o risco. Em vez disso, o paternalismo é visto como solução.

Ser paternalista significa tratar adultos como crianças. O paternalismo restringe a liberdade das pessoas, queiram elas ou não, sob a alegação de que é para seu próprio bem. O paternalismo *rígido*, como a legislação antitabagismo, impõe um comportamento na base da coação e pode ser defendido moralmente caso proteja as pessoas de serem prejudicadas por outras. O paternalismo *moderado*, como considerar qualquer cidadão um doador de órgãos a menos que tenha manifestado vontade em contrário, serve de empurrão cognitivo para fazer com que as pessoas se comportem de determinada maneira. A ideia é que os governos orientem a escolha sem coagir. Como política pública geral, coagir e tocar a população como um rebanho de ovelhas, em lugar de capacitá-la para a competência, não é uma visão promissora da democracia.

A mensagem deste livro sobre a liberdade humana é mais otimista. Não estamos fadados a ficar à mercê de governos e especialistas que sabem o que é melhor para você e para mim. Como mostrei em questões de saúde e de finanças, eles são uma espécie rara: normalmente, o médico e o gerente de banco ou consultor de investimentos são influenciados por conflitos de interesse, tomam decisões defensivas ou não são capazes de compreender as evidências. Por isso temos de pensar por nós mesmos e tomar a responsabilidade em nossas mãos. Como vimos, é possível melhorar a competência em lidar com o risco e a incerteza. E não é difícil. Até crianças do quarto ano do Ensino Fundamental conseguem aprender a fazer o que adultos supostamente não conseguem.

Há uma terceira maneira de sustentar uma democracia, para além do paternalismo rígido ou moderado: investir nas pessoas. Como John Adams, o segundo presidente norte-americano, disse em 1765: "A liberdade não pode ser preservada sem o conhecimento geral distribuído entre as pessoas" — todas as pessoas, homens e mulheres, ricos e pobres. Essa visão é conhecida como democracia participativa. As palavras de Adams continuam valendo para a nossa sociedade tecnológica. Pensamento crítico exige conhecimento. Para obter conhecimento, precisamos ter coragem de tomar nossas próprias decisões e de assumir a responsabilidade por elas. Ouse saber.

AGRADECIMENTOS

ESTE LIVRO CONTA A HISTÓRIA DE COMO TOMAMOS — ou não — decisões em um mundo incerto. Foi escrito deliberadamente para não soar acadêmico. Sinto-me muitíssimo afortunado por ter à disposição os recursos da Sociedade Max Planck para minha pesquisa e com este trabalho quero dar algo de volta aos contribuintes que financiam nossa sociedade, bem como às pessoas de outros países. Alguns colegas não gostam de escrever de modo compreensível para o grande público. Creio ser um dever, pelo menos entre os que compartilham da visão de que a ciência não deve ficar mais distante das pessoas do que já está. Misturando relatos reais e conceitos psicológicos, espero provocar os leitores e motivá-los a assumir o controle de suas vidas e tomar decisões mais bem informadas. Se alguém se apaixonar pelo tema e quiser aprender mais sobre a pesquisa em que se baseia, recomendo meus livros *Rationality for Mortals* (Nova York: Oxford University Press, 2008) e *Heuristics* (Nova York: Oxford University Press, 2011) para começar. Outras referências à literatura acadêmica são fornecidas na bibliografia deste livro.

Muitos caros amigos e colegas leram, comentaram e ajudaram a dar forma às diversas versões do manuscrito: David Aikman, Gerd Antes, Hal

PREPARADOS PARA O RISCO

Arkes, Sylvia Arkes, Peter Arnold, Lucas Bachmann, Jürgen Baumert, Will Bennis, Nathan Berg, Gaby-Fleur Böl, Kyle Chan, Lorraine Daston, Wendy Doniger, Markus Feufel, Wolfgang Gaissmaier, Mirta Galesic, Atul Gawande, Mike Gazzaniga, Thalia Gigerenzer, Sophie Hartmann, Cora Haselbeck, Günther Jonitz, Sujit Kapadia, Mervyn King, John Krebs of Wytham, Mota Kremnitzer, Kevin Laland, Ilana Lowy, Modesto Maidique, Julian Marewski, Laura Martignon, Kevin McConway, Jan Multmeier, Eileen Munro, Emma Murphy, Rick Peevey, Linda Pickney, Jürgen Rossbach, Matthias Rothmund, Heide Sattler, Sascha Schroeder, Lisa Schwartz, Birgit Silberhorn, Özgür Simsek, Johann Steurer, Nassim Taleb, Peter Todd, Rona Unrau, Oliver Vitouch, Georg von Wintzingerode, Odette Wegwarth, Maren Wöll e Steven Woloshin.

Também quero agradecer aos meus alunos de graduação, de pós e pesquisadores no ABC Research Group, que continua a desafiar e moldar minhas ideias.

Agradecimentos especiais a Rona Unrau, que editou todo o original, incluindo as notas. Ela me ajudou muito a conseguir clareza de exposição. Rona representou uma assistência maravilhosa. Agradeço também a Brittney Ross, da Viking, por sua imensa ajuda em proporcionar uma estrutura clara ao livro. Também sou grato a Jürgen Rossbach, que fez as ilustrações, e a Christel Fraser, por editar as referências bibliográficas. Lorraine Daston, minha esposa, e Thalia Gigerenzer, minha filha, ofereceram apoio intelectual e emocional durante os anos em que trabalhei neste livro. Sou grato pela ajuda da família, amigos e colegas.

Apesar do generoso apoio da Sociedade Max Planck, o "transporte" do conhecimento para o público geral exige doadores privados. A pesquisa relatada neste livro está baseada em parte na pesquisa do Harding Center for Risk Literacy. O nome do centro é uma homenagem a David Harding, um investidor londrino. Após ler meu livro *Calculated Risks* (Nova York: Simon and Schuster, 2002), ele comprou exemplares para todos seus empregados e quando jantávamos certa noite doou uma soma substancial para financiar um centro dedicado a divulgar a alfabetização em risco.

As pessoas são cruciais, mas o ambiente também é. *Preparados para o risco* é inspirado na pesquisa que conduzi no Instituto Max Planck

296

AGRADECIMENTOS

para o Desenvolvimento Humano, onde fui diretor por mais de uma década. Tive sorte de contar com o apoio único da Sociedade Max Planck e de me valer de seus extraordinários recursos e esplêndida atmosfera intelectual. Trata-se de um paraíso da pesquisa.

GLOSSÁRIO

1/n. Aloque seus recursos igualmente para cada uma das *n* alternativas. Também conhecido como heurística de igualdade.

ALAVANCAGEM. Técnica para aumentar a quantidade de ganhos (e perdas) tomando dinheiro emprestado e investindo. A alavancagem é usada por indivíduos e bancos. A razão de alavancagem pode ser definida grosso modo como os ativos divididos pelo capital. Por exemplo, uma pessoa que tenha 10 mil e compra uma casa que custa 100 mil tem uma alavancagem de dez para um.

ANALFABETISMO MATEMÁTICO. Incapacidade de lidar com números. O analfabetismo estatístico é a incapacidade de raciocinar sobre números que representam riscos. Como o analfabetismo comum, é um problema que tem solução. Não se trata de um defeito fortuito na capacidade de pensar da pessoa, mas está ligado à formação e é promovido pela comunicação de risco enganosa. O analfabetismo com números (A) é parte da síndrome DAC entre médicos, um problema central na saúde moderna. Ver *Síndrome DAC*.

AVERSÃO AO RISCO. A tendência a preferir uma opinião segura a outra com menor grau de certeza. Às vezes a aversão ao risco é tida como um traço de personalidade. Porém poucas pessoas são naturalmente avessas ao risco ou atraídas por ele. A maioria costuma ser as duas coisas, mas em diferentes domínios, como o fumante inveterado que receia ter câncer por causa do milho transgênico. A aversão ao risco não é um traço geral, mas um domínio específico. A *imitação social do medo* explica que há um padrão específico de riscos socialmente adquiridos que os indivíduos estão dispostos a correr ou ansiosos em evitar.

CAIXA DE FERRAMENTAS ADAPTATIVA. O repertório da heurística (regras do polegar) que uma pessoa, instituição ou cultura tem à sua disposição para lidar com a incerteza de forma inteligente.

CLASSE DE REFERÊNCIA. A classe de eventos ou objetos a que uma frequência relativa se refere. Na interpretação pela frequência do conceito de probabilidade, não existe probabilidade sem uma classe de referência específica. Essa visão exclui probabilidades de evento único que por definição não especificam uma classe de referência.

CONFLITOS DE INTERESSE. Uma pessoa ou instituição tem dois ou mais interesses que estão em conflito entre si. Considere a saúde e os bancos. Por um lado, médicos e gerentes de banco querem o melhor para o paciente ou cliente; por outro, isso pode significar que vão perder dinheiro. Como resultado, o paciente talvez seja submetido a um exame de imagem dispendioso ou a uma cirurgia desnecessária, e o cliente do banco é convencido a aplicar seu dinheiro em investimentos que são mais lucrativos para o banco do que para ele. Os conflitos de interesse (C) são parte da síndrome DAC, um dilema-chave na saúde moderna. Ver *Síndrome DAC*.

CULTURA DE ERRO. O modo como um indivíduo ou instituição lida com o erro. Uma cultura de erro positiva admite erros de modo a aprender sobre suas causas e criar um ambiente mais seguro. Uma cultura de erro negativa esconde os erros a fim de se proteger, concentra-se na

GLOSSÁRIO

culpa, não na eliminação das causas, e tende a repetir os erros no futuro. Ver *Tomada de decisão defensiva*.

DETECÇÃO PRECOCE. O uso de exames de imagem para pessoas assintomáticas com o propósito de reduzir a morbidez ou mortalidade. Detecção precoce (exames) não é o mesmo que prevenção. Exames são feitos para detectar uma doença já existente, enquanto a prevenção significa diminuir a chance de ficar doente. A confusão entre os dois termos é acentuada pelo uso da expressão "prevenção secundária" para exames de imagem. A detecção precoce pode ou não reduzir a mortalidade. Por exemplo, se não houver terapia eficaz, a detecção precoce, incluindo o tratamento, não reduzirá a mortalidade.

DILEMA VIÉS-VARIÂNCIA. Uma teoria estatística que explica os efeitos menos é mais; ou seja, quando e por que a simples heurística pode levar a previsões mais precisas do que métodos mais complexos. A ideia-chave é que o erro total consiste de três componentes:

Erro total = viés² + variância + ruído

O ruído é um erro (medida) irredutível, enquanto os dois outros tipos de erro podem ser influenciados. O viés é a diferença entre a estimativa média e o estado real e a variância é a variabilidade (instabilidade) das estimativas individuais (baseadas em diferentes amostras) em torno da estimativa média. Por exemplo, 1/n não possui parâmetros livres e desse modo tem apenas viés (faz a mesma alocação independente de amostras específicas). Modelos com muitos parâmetros livres tendem a ter menos viés, porém mais variância. Variância demais é um motivo pelo qual "menos pode ser mais".

DIVERSIFICAÇÃO. Um princípio de alocação de recursos. O objetivo é evitar o prejuízo de depositar todas suas fichas numa coisa só. Em investimento financeiro, 1/n é uma heurística de diversificação simples, enquanto o portfólio de média-variância é complexo.

ENSAIO CLÍNICO RANDOMIZADO. Estudo projetado para estimar os prós e contras de um tratamento utilizando a randomização como método de controle. Os participantes são aleatoriamente separados em um grupo para tratamento e outro para controle. Após determinado período, os dois grupos são comparados em critérios como mortalidade para determinar se o tratamento foi eficaz. A randomização possibilita o controle de variáveis — como idade, formação escolar e saúde — que poderiam ser explicações alternativas (além do tratamento) para uma diferença observada entre grupos.

ERRO. Um teste laboratorial pode resultar em um de dois erros, um falso positivo ou um falso negativo. Esses erros podem provir de várias fontes, incluindo erro humano (o assistente do laboratório confunde duas amostras ou insere o resultado errado no computador) e condições clínicas (um teste de HIV positivo como resultado de enfermidades reumatológicas e doenças hepáticas que não têm nada a ver com o vírus). Os erros podem ser reduzidos, mas não completamente eliminados, e podem ser até erros positivos, indispensáveis à adaptação e sobrevivência, como ilustram os erros de cópia (mutações) no DNA.

ERROS BONS. Erros que aceleram a aprendizagem e levam à inovação.

ESPECIFICIDADE. A especificidade de um teste é a porcentagem de indivíduos que são corretamente classificados como sem a doença. Formalmente, a especificidade é a *probabilidade condicional* P(negativo|sem doença) de um resultado de teste negativo na ausência de doença. A especificidade e a taxa de falsos positivos somam 100%.

EXAMES DE IMAGEM. Ver *Detecção precoce*.

FALSO NEGATIVO. Um falso negativo (ou falha em detectar) ocorre quando o exame dá negativo (um teste de gravidez que não identifica sinais de gravidez), mas a condição está de fato presente (a mulher está grávida).

FALSO POSITIVO. Um falso positivo, ou alarme falso, ocorre quando por exemplo a mulher testa positivo para gravidez, mas não está grávida.

GLOSSÁRIO

FREQUÊNCIA. Um número de observações em uma classe de eventos. As frequências podem ser expressas como relativas, absolutas ou naturais. As frequências relativas são uma das três interpretações da probabilidade (além dos *graus de convicção* e do *projeto*).

FREQUÊNCIAS NATURAIS. As frequências que correspondem ao modo como os humanos encontravam informação antes da invenção dos livros e da teoria da probabilidade. Ao contrário das probabilidades e frequências relativas, trata-se de observações "brutas" que não foram normalizadas com respeito às taxas-base do evento em questão. Por exemplo, um médico observa um grupo de cem pessoas, em que dez manifestam uma nova doença. Dessas dez, oito apresentam sintomas, enquanto quatro das noventa sem doença também mostram os sintomas. Decompor esses cem casos em quatro números (doença e sintoma: 8; doença sem sintoma: 2; sem doença e com sintoma: 4; sem doença e sem sintomas: 86) resulta em quatro frequências naturais: 8, 2, 4 e 86. As frequências naturais facilitam as inferências bayesianas. Por exemplo, um médico que observa uma nova pessoa com o sintoma pode ver facilmente que a chance de que seu paciente também tenha a doença é 8/(8 + 4), ou seja, dois terços. Essa probabilidade é chamada de probabilidade a posteriori. Se as observações do médico, porém, são transformadas em probabilidades condicionais ou frequências relativas (por exemplo, dividindo a frequência natural 4 pela taxa-base 90, resultando em uma taxa de falsos positivos de 0,044 ou 4,4%), o cálculo fica mais difícil. As frequências naturais ajudam as pessoas a "enxergar" as probabilidades posteriores, ao passo que as probabilidades condicionais tendem a confundir a mente. Ver *Regra de Bayes*.

FREQUÊNCIAS RELATIVAS. Uma das três interpretações da probabilidade (as outras são *graus de convicção* e *projeto*). A probabilidade de um evento é definida como sua frequência relativa em uma classe de referência. Em termos históricos, as frequências passaram à teoria das probabilidades mediante tabelas de mortalidade, que forneciam a base para calcular taxas de seguro de vida. As frequências relativas estão restritas a eventos repetidos que podem ser observados em números grandes.

GRAUS DE CONVICÇÃO. Uma das três interpretações da probabilidade (além das *frequências relativas* e do *projeto*). A probabilidade de um evento é o grau subjetivo de convicção que a pessoa tem nesse evento. Historicamente, graus de convicção justificada entraram na teoria da probabilidade a partir de aplicações num tribunal, como a credibilidade da testemunha. Os graus de convicção são limitados pelas leis da probabilidade (como a regra de que as probabilidades precisam totalizar um), o que significa que as convicções precisam seguir essas leis para poderem ser consideradas probabilidades subjetivas.

HEURÍSTICA. Uma regra do polegar, ou *heurística*, é uma estratégia consciente ou inconsciente que ignora parte da informação para elaborar melhores juízos. Ela nos possibilita tomar uma decisão rápida, com pouca procura por informação, mas mesmo assim com precisão. As heurísticas são indispensáveis em um mundo onde nem todos os riscos são conhecidos ("incerteza"), enquanto a teoria da probabilidade é suficiente em um mundo onde todos os riscos são conhecidos ("risco"). Uma mente racional necessita de ambos os jogos de ferramentas. As classes de heurísticas incluem (1) heurística baseada em reconhecimento, como a heurística de reconhecimento; (2) heurísticas de um único bom motivo, como a heurística do olhar; (3) heurísticas sequenciais, como a de ficar com a melhor opção; e (4) heurísticas sociais, como imitar os pares. A ideia muito difundida de que as heurísticas representam sempre a segunda melhor opção e de que mais informação e cálculo é sempre melhor é incorreta. Ver *Menos é mais* e *Dilema viés-variância*.

HEURÍSTICA DE RECONHECIMENTO. Se uma de duas alternativas é reconhecida e a outra não, inferimos que a alternativa reconhecida possui o valor mais elevado com relação ao critério. Essa heurística leva a inferências precisas quando há uma correlação entre o reconhecimento e o critério (como o tamanho de uma cidade).

HEURÍSTICA DO HIATO. Se um cliente não fez uma compra em nove meses ou mais, classifique-o como inativo. A regra pertence à

GLOSSÁRIO

classe das heurísticas de um único bom motivo. É usada pelos gerentes para prever quais clientes comprarão no futuro. Já demonstrou superar métodos de otimização complexos. A quantidade de meses pode variar.

HEURÍSTICA DO OLHAR. Fixe seu olhar em um objeto e ajuste sua velocidade, de modo que o ângulo do olhar permaneça constante. Uma heurística para navegação rápida e frugal, como aterrissar suavemente, apanhar bolas e interceptar objetos.

ILUSÃO DE CERTEZA. A crença de que um evento é uma certeza absoluta quando não é. A ilusão pode ter benefícios, como um efeito tranquilizador, mas também tem um custo, como suicídio após falso positivo para HIV. Às vezes é uma imposição social. Por exemplo, para ser aceito como membro de um grupo o pleiteante pode ser obrigado a compartilhar ilusões de certeza relativas a valores morais e políticos.

ILUSÃO DO PERU. A ilusão do *risco calculável* (ou ilusão do peru) toma a incerteza por riscos conhecidos ou calculáveis. O resultado é uma ilusão de certeza. Entre outros fatores, deriva da convicção equivocada de que todo problema deve ser resolvido com a teoria da probabilidade, como a regra de Bayes.

ILUSÃO DO RISCO ZERO. Sempre que os riscos conhecidos são confundidos com certeza absoluta, ocorre a *ilusão do risco zero*.

IMITAÇÃO SOCIAL DO MEDO. O princípio psicológico de "temer o que seu grupo social teme" nos capacita a aprender sobre perigos sem vivenciá-los em primeira mão. Ele nos protege quando a experiência pessoal talvez fosse letal. Ao mesmo tempo, também pode nos fazer ter medo das coisas erradas.

INCERTEZA. Incerteza significa que alguns riscos são desconhecidos. A distinção clássica entre riscos conhecidos ("risco") e riscos desconhecidos ("incerteza") é atribuída ao economista Frank Knigth. A incerteza, tal como empregada aqui, refere-se a mais do que probabilidades desconhecidas ("ambiguidade"); ela pode se estender ao conhecimento de todas as alternativas e consequências. A incerteza exige ferramentas além da teoria da probabilidade, como regras do polegar inteligentes. A otimização (descobrir a melhor linha de conduta) é por definição inatingível em um mundo incerto; assim, a meta é encontrar um curso de ação robusto, que tenha boas chances de sobreviver no futuro desconhecido.

INSTINTOS. Ver *Intuição*.

INTUIÇÃO. É um juízo (1) que vem à tona de forma súbita na consciência, (2) cujos motivos subjacentes ainda não estão completamente claros para nós, mas (3) tem força suficiente para influenciar nossa decisão. Seguir os instintos não é capricho nem sexto sentido, tampouco clarividência ou voz divina. É uma forma de inteligência inconsciente.

LEI DE FRANKLIN. Nada é certo, exceto a morte e os impostos. Um lembrete de que em toda conduta humana a incerteza é onipresente, devido a erros humanos e técnicos, conhecimento limitado, imprevisibilidade, tapeação e uma série de outras causas.

LINGUAGEM DUPLA. Um truque para fazer o benefício de uma medicação (ou tratamento) parecer maior e seus danos, menores. Normalmente, os benefícios são relatados em riscos relativos (números grandes), e os danos em riscos absolutos (números pequenos). Por exemplo, considere um remédio que reduz a mortalidade por AVC de dois para um em cada cem pacientes, mas aumenta a mortalidade de câncer de um a dois em cada cem pessoas. Linguagem dupla significa informar que a medicação reduz a mortalidade por AVC em 50%, enquanto aumenta a mortalidade por câncer em apenas um em cem casos, ou 1%. Outra forma de linguagem dupla é informar o benefício de fazer o exame em determinado hospital em termos de taxas de sobrevivência crescentes (que são números grandes, mas enganosos) e o da concorrênca em termos de taxas de mortalidade (que são nú-

GLOSSÁRIO

meros pequenos, mas corretos). A linguagem dupla não é usada só em anúncios; já foi identificada em um em cada três artigos nos principais periódicos médicos.

MAXIMIZAÇÃO. Determinar o melhor valor; ou seja, o máximo (ou mínimo) de uma curva. Em um mundo de riscos desconhecidos, porém, não é possível calcular esse melhor. Tratar a incerteza como se fosse um risco conhecido (a ilusão do peru) pode levar a soluções frágeis e a fracasso. A alternativa é *satisficing*; ou seja, tentar encontrar uma alternativa que atenda a um nível de aspiração ou, em outras palavras, seja bom o suficiente. Ver *Satisficing* e *Heurística*.

MEDO DE RISCO CATASTRÓFICO. É fácil fazer as pessoas temerem situações reais ou imaginárias em que muitos morrem subitamente, como nos ataques de Onze de Setembro. Devido a um padrão evolucionário de medo e fuga, elas tendem a evitar tais situações. Por outro lado, é difícil fazer as pessoas temerem situações em que uma quantidade igual de gente morre de forma distribuída ao longo do ano, como em acidentes de trânsito ou por tabagismo. O medo de risco catastrófico talvez tenha sido uma adaptação na história humana, quando nossos ancestrais viviam em pequenos grupos, e a morte súbita de uma parte substancial do bando ameaçava a sobrevivência dos demais.

MELHOR OPÇÃO. Uma heurística para inferir qual dentre duas alternativas tem o melhor valor em algum critério. Consiste de três blocos de construção. Regra da busca: procurar indicadores por ordem de validade. Regra da parada: pare a busca quando o primeiro indicador que permite uma decisão é encontrado. Regra da decisão: inferir que o objeto com maior valor como indicador tem o valor mais elevado como critério.

MENOS É MAIS. O fenômeno aparentemente paradoxal de que usar menos informação, menos cômputo ou menos tempo pode levar a juízos melhores. Observe que menos é mais não significa que é melhor não ter informação nenhuma, mas que chega um ponto em que mais informação (cômputo) prejudica, mesmo quando é gratuita. Pela *permuta precisão-esforço*, o efeito menos é mais não deveria existir. Isso é verdade em um mundo de riscos conhecidos, mas não em um mundo de riscos parcialmente desconhecidos. A heurística pode levar a menos é mais; para quando e por que acontece, ver o *Dilema viés-variância*.

NÍVEL DE ASPIRAÇÃO. Uma regra de parada que define quando uma alternativa é boa o bastante e a procura pode ser dada por encerrada. Por exemplo, no caso do *satisficing*, a pessoa determina o nível de aspiração e então escolhe a primeira alternativa que o atende. Ver *Satisficing*.

NÚMERO NECESSÁRIO PARA TRATAR (NNT). Uma medida transparente do benefício de um tratamento. Por exemplo, considere pacientes com alto risco de enfermidades cardiovasculares que tomam Lipitor para baixar o colesterol durante quatro anos. Estudos mostram que, de cada cem pacientes, um foi poupado de AVC. Aqui o NNT para salvar uma vida é cem. Em outras palavras, 99% dos pacientes não extraem benefício nenhum do medicamento. A redução do risco absoluto é um em cem, que é o inverso do NNT. O NNT deixa bem transparente quantos pacientes se beneficiam de um medicamento ou tratamento.

PORCENTAGENS. Frequências relativas multiplicadas por cem são chamadas de porcentagens. Sua faixa fica entre zero e cem, enquanto a faixa de probabilidades e frequências relativas fica entre zero e um. A maioria acha mais fácil falar em termos de porcentagens. Considere a afirmação "Cerca de 80% das norte-americanas que eram fumantes antes de engravidar continuam a fumar durante a gravidez". Compare isso com "A norte-americana tem probabilidade de 0,8 de continuar a fumar durante a gravidez". A declaração da probabilidade causa estranhamento e é menos transparente para o público em geral. Por isso as porcentagens são usadas em todo o livro.

PREVALÊNCIA. Ver *Taxa-base*.

GLOSSÁRIO

PROBABILIDADE A POSTERIORI. A probabilidade de um evento após nova evidência; ou seja, a probabilidade a priori atualizada. Também é chamada de probabilidade pós-exame. Pode ser calculada a partir da probabilidade a priori usando a *regra de Bayes* e, de forma mais intuitiva, usando *frequências naturais*.

PROBABILIDADE CONDICIONAL. A probabilidade de que um evento A ocorra dado um evento B, em geral descrito como p(A|B). Um exemplo de probabilidade condicional é a probabilidade de um teste de primeiro trimestre positivo informando que o feto tenha síndrome de Down, que gira em torno de 0,90. A probabilidade P(A), por exemplo, não é uma probabilidade condicional. Probabilidades condicionais são notoriamente mal compreendidas, e de duas maneiras diferentes. Uma é confundir a probabilidade de A *dado* B com a probabilidade de A *e* B; outra é confundir a probabilidade de A dado B com a probabilidade de B dado A. Podemos reduzir essa confusão substituindo probabilidades condicionais por frequências naturais. Ver *Frequências naturais*.

PROBABILIDADE. Medida que quantifica a incerteza associada a um evento. Uma probabilidade é um número entre 0 e 1. Se um evento A não pode acontecer, a probabilidade $P(A)$ é 0; se o evento é uma certeza, $P(A)$ é 1; de outro modo, os valores de $P(A)$ ficam entre 0 e 1. Para um conjunto de eventos, A e B, mutuamente exclusivos e exaustivos, as probabilidades dos eventos individuais somam 1.

PROBABILIDADES A PRIORI. A probabilidade de um evento antes de novas evidências. A regra de Bayes especifica como as probabilidades a priori são atualizadas à luz de novas evidências. Taxas-base são muitas vezes usadas como probabilidades a priori.

PROBABILIDADES DE EVENTO ÚNICO. Uma probabilidade associada a um evento singular para o qual nenhuma classe de referência é especificada. Probabilidades de evento único podem levar a mal-entendidos, porque as pessoas tendem a escolher diferentes classes de referência. Por exemplo, com base em um relatório da FDA, a Mayo Clinic advertiu que os antidepressivos são cada vez mais comercializados para crianças: "A análise mostrou que crianças tomando antidepressivos tinham uma chance aproximada de 4% de desenvolver pensamentos ou comportamentos suicidas, enquanto no grupo de controle (placebo) foi de 2%". O que significa para a criança ter 4% de chance de pensamentos ou comportamento suicidas? Alguns pais acreditam que:

1. o filho tem pensamentos suicidas 4% do tempo,
2. 4% dos comprimidos falham, levando a pensamentos suicidas ou
3. 4% das crianças tomando antidepressivos desenvolveram pensamentos suicidas.

O que a FDA pretendia dizer era (3), mas os pais não dispõem de informações que lhes permitam ir além de apenas fazer suposições. Esse erro de comunicação pode ser evitado usando frequências em vez de probabilidades de evento único, porque as frequências trabalham com uma classe de referência (como nas opções 1-3, comprimidos, ou crianças).

PROJETO. Uma das três interpretações de probabilidade (além de *frequências relativas* e *graus de convicção*). Nessa interpretação, a probabilidade tem a ver com a construção, não com a contagem (como no caso das frequências relativas). Por exemplo, caça-níqueis eletrônicos são programados para cumprir uma determinada probabilidade de ganhos. O projeto também é chamado de propensão. Em termos históricos, a questão de como algo está originalmente projetado chegou à teoria das probabilidades pela via dos jogos de azar, como no caso de dados e roletas e o modo como são projetados.

PRONTIDÃO BIOLÓGICA. Permite o aprendizado vicário do que é perigoso quando a experiência pessoal seria letal. Um objeto (ou situação) pronto foi perigoso em algum momento na história humana, como cobras, aranhas e escuridão. Se a criança observa outra pessoa com medo de um objeto pronto, o medo é adquirido num único contato. Por exemplo, em muitas espécies, o medo de cobras venenosas não é inato, mas o conceito de cobra vem pronto, e o medo de cobras é adquirido ao

GLOSSÁRIO

ver outra pessoa com medo. Esse aprendizado rápido não ocorre com objetos que não vêm biologicamente prontos, como armas. Em ambientes modernos onde o objeto não oferece mais perigo, a prontidão biológica pode nos fazer temer as coisas erradas.

PROPENSÕES. Ver *Projeto*.

QUADRO DE FATOS. Uma tabela para a comunicação transparente do risco, resumindo as evidências científicas para um remédio, tratamento ou método de imagem. O quadro mostra os prós e os contras para as pessoas com e sem tratamento. Todos os números estão em frequências simples. Quadros de fatos não usam estatísticas enganosas, como riscos relativos, linguagem dupla e taxas de sobrevivência em cinco anos para exames de imagem.

QUADRO DE ÍCONES. Uma ferramenta visual para a comunicação transparente do risco, resumindo as evidências científicas a respeito de uma medicação, tratamento ou método de exames de imagem. Um quadro de ícones mostra dois grupos de indivíduos: os que se submetem a tratamento e os que não o fazem (controle). Cada indivíduo está representado por um ícone indicando os benefícios e desvantagens. Os quadros de ícones não se valem de estatísticas enganosas, como riscos relativos, linguagem dupla e taxas de sobrevivência em cinco anos para exames de imagem. Eles são transparentes como quadros de fatos, apenas visualmente mais atraentes. Quadros de fatos são mais adequados para doenças raras ou efeitos pequenos que não necessitariam milhares de ícones. Ver *Quadro de fatos*.

REDUÇÃO DA MORTALIDADE. Uma medida do benefício de um tratamento em termos de vidas salvas. A redução da mortalidade pode ser representada de muitas formas, que incluem a redução do risco, a redução do risco absoluto e a expectativa de vida aumentada. No contexto dos exames de imagem, as taxas de mortalidade são a estatística apropriada, não as taxas de sobrevivência. Ver *Taxa de sobrevivência*.

REDUÇÃO DE RISCO ABSOLUTO. Uma medida da eficácia de um tratamento em termos do número absoluto de pessoas salvas ou perdidas. Por exemplo, se um tratamento reduz o número de pessoas que morrem de uma doença de seis para quatro em cada mil, a redução do risco absoluto é de duas em mil, ou 0,2%.

REDUÇÃO DE RISCO RELATIVO. Uma medida dos benefícios de um tratamento em termos da quantidade relativa de pessoas salvas ou perdidas. Por exemplo, se um tratamento reduz a quantidade de pessoas que morrem de seis para quatro a cada mil, então a redução de risco relativo é 33,3%. A divulgação dos riscos relativos é popular porque os números parecem maiores do que na redução de risco absoluto (que seria de duas em mil ou 0,2%). Os riscos relativos não comunicam o tamanho do risco em termos absolutos e portanto são com frequência mal compreendidos. Por exemplo, se um tratamento reduz a mortalidade de seis para quatro em *10 mil*, a redução do risco relativo continua a mesma (33,3%), embora a redução do risco relativo tenha decrescido para 0,02 pontos percentuais.

REGRA DE BAYES. Uma regra para atualizar a probabilidade de hipóteses à luz de nova evidência. Sua origem é atribuída ao reverendo Thomas Bayes. Para o caso simples de uma hipótese binária (H e não H, como câncer e não câncer) e dados D (como um exame positivo), a regra é:
$$p(H|D) = p(H)p(D|H)/[p(H)p(D|H) + p(\text{não } H)p(D|\text{não } H)]$$
onde $p(D|H)$ é a probabilidade a posteriori, $p(H)$ é a probabilidade a priori, $p(D|H)$ é a probabilidade de D dado H e $p(D|\text{não } H)$ é a probabilidade de D dado não H.

Muitos têm dificuldade em compreender essa regra. Mas há ajuda. O interessante é que o cálculo de $p(H|D)$ fica mais intuitivo quando a informação é transmitida em frequências naturais, não em probabilidades. Para frequências naturais, a regra é:
$$p(H|D) = a/(a + b)$$
onde *a* é o número de casos D e H, e *b* o número de casos D e não H. Ver *Frequências naturais*.

GLOSSÁRIO

REGRA DE SUCESSÃO. A probabilidade de que algo aconteça outra vez se aconteceu *n* vezes antes é igual a (n+1)/(n+2). A regra pode ser derivada da regra de Bayes admitindo-se probabilidades a priori iguais.

REGRA DO POLEGAR. Ver *Heurística*.

RESULTADO DE EXAME POSITIVO. Em geral, má notícia. Possível sinal de que uma doença foi encontrada.

RESULTADO DE TESTE/EXAME NEGATIVO. Em geral uma boa notícia. Ou seja, nenhum sinal de doença foi encontrado.

RISCO. Se a incerteza associada a um evento pode ser quantificada com base nas observações empíricas ou no conhecimento causal (projeto), a incerteza é chamada de risco. As frequências relativas e as probabilidades são maneiras de expressar os riscos. Contrariamente ao uso cotidiano do termo, um risco não necessita ser associado a danos ou prejuízos; pode se referir a um evento positivo, neutro ou negativo. A distinção clássica entre riscos conhecidos ("risco") e riscos desconhecidos ("incerteza") é atribuída ao economista Frank Knight. Ver *Incerteza*.

SATISFICING. Heurística para escolher uma única alternativa (como uma casa ou um cônjuge) dentre um grande conjunto de objetos. Um nível de aspiração é determinado, e a busca é interrompida quando o primeiro objeto que atende a essa expectativa é encontrado. O nível de aspiração pode cair conforme passa o tempo e a alternativa boa o bastante ainda não foi encontrada.

SENSIBILIDADE. A sensibilidade de um exame é a porcentagem de indivíduos que são corretamente classificados como tendo a doença. Formalmente, a sensibilidade é a *probabilidade condicional* P(positivo|doença) de um resultado positivo dada a presença de doença. A sensibilidade e a taxa de falsos negativos somam 100%. A sensibilidade também é chamada de taxa de acertos.

SÍNDROME DAC. Um problema fundamental no sistema de saúde para o qual todo paciente deve estar alerta. Muitos médicos: (1) praticam a medicina defensiva (D), (2) não compreendem estatísticas de saúde (A de analfabetismo matemático) ou (3) são orientados mais pelo lucro do que pela ética profissional (C dos conflitos de interesse). Os três dilemas andam de mãos dadas, resultando em procedimentos médicos que não são a melhor opção, *sobrediagnóstico* e *sobretratamento* prejudiciais para os pacientes.

SOBREDIAGNÓSTICO. O sobrediagnóstico é a detecção de uma pseudodoença. Por exemplo, exames de imagem podem detectar cânceres que atendam à definição patológica de câncer, mas que nunca progridem a ponto de causar sintomas no paciente. Haja vista que o progresso tecnológico leva a técnicas de imagem mais sensíveis, o sobrediagnóstico se tornou um problemão no sistema de saúde. Ele aumenta a quantidade de exames desnecessários, a ansiedade e os custos. É um dos dois motivos (o outro sendo *viés de antecipação diagnóstica*) para as taxas de sobrevivência em cinco anos serem uma informação enganosa no contexto dos exames de imagem: a detecção de pseudodoença incha as estatísticas de sobrevivência em cinco anos. Ver *Taxas de sobrevivência*.

SOBRETRATAMENTO. O sobretratamento é uma consequência do *sobrediagnóstico*. Significa cirurgia desnecessária, radioterapia ou outras intervenções para condições clínicas que tecnicamente são moléstias, mas sem relevância clínica. Não oferece nenhum benefício, apenas possíveis prejuízos para o paciente. O sobretratamento é motivado pela *síndrome DAC*.

TAXA DE FALSOS NEGATIVOS. A proporção de exames negativos entre grávidas ou pessoas enfermas é chamada de taxa de falsos negativos. É normalmente expressa como uma probabilidade condicional ou porcentagem. Por exemplo, a mamografia tem uma taxa de falso negativo de 5% a 20%, dependendo da idade; ou seja, 5% a 20% das mulheres com câncer de mama recebem um resultado de exame nega-

GLOSSÁRIO

tivo. A taxa de falsos negativos e a sensibilidade (taxa de acerto) de um exame somam 100%.

TAXA DE FALSOS POSITIVOS. A proporção de exames positivos entre pessoas sem determinada doença é chamada de taxa de falsos positivos. É normalmente expressa como uma probabilidade condicional ou percentagem. Por exemplo, a mamografia apresenta uma taxa de falsos positivos de 5% a 10%, a depender da faixa etária; ou seja, 5% a 10% de mulheres sem câncer de mama mesmo assim recebem um resultado positivo. A taxa de falsos positivos e a especificidade (a probabilidade de resultado negativo sem nenhuma doença) de um exame somam 100%. As taxas dos dois erros são interdependentes: diminuir a taxa de falsos positivos de um exame aumenta a taxa de falsos negativos e vice-versa.

TAXA DE SOBREVIVÊNCIA. Uma medida do benefício de um tratamento: taxa de sobrevivência em cinco anos = número de pacientes diagnosticados com câncer que continuam vivos cinco anos após o diagnóstico dividido pelo número de pacientes diagnosticados com câncer. No contexto das imagens, as mudanças nas taxas de sobrevivência são enganosas quanto aos benefícios, pois não correspondem a mudanças nas taxas de mortalidade. Os motivos são viés da antecipação diagnóstica e sobrediagnóstico. Não obstante, muitas instituições anunciam os exames com as taxas de sobrevivência, tapeando o público acerca de sua utilidade. Ver *Viés da antecipação diagnóstica* e *Sobrediagnóstico*.

TAXA-BASE. A taxa-base de um atributo (ou evento) em uma população é a proporção de indivíduos que manifesta esse atributo (como ter câncer de mama). Também conhecida como prevalência.

TOMADA DE DECISÃO DEFENSIVA. Uma pessoa ou grupo classifica a opção A como a melhor, mas escolhe uma opção inferior B como autoproteção para o caso de algo dar errado. Essa é a postura defensiva (D) da síndrome DAC, um dilema-chave na saúde moderna. Ver *Síndrome DAC*.

PREPARADOS PARA O RISCO

VIÉS DE ANTECIPAÇÃO DIAGNÓSTICA. Um dos motivos para as taxas de sobrevivência serem enganosas quanto aos benefícios dos exames de imagem (o outro é o *sobrediagnóstico*). Mesmo que o momento do óbito não se altere com o exame — ou seja, nenhuma vida é salva ou prolongada —, a detecção precoce antecipa o momento do diagnóstico e resulta assim em taxas de sobrevivência aumentadas.

NOTAS

1. AS PESSOAS SÃO BURRAS? [pp. 11-28]

1. Bagehot, "Wink, Wink", *The Economist*, 26 jul. 2008.
2. A revista científica *Nature* cobriu o debate entre os que acreditam que as pessoas são basicamente um caso perdido para lidar com o risco e outros com uma visão mais positiva da natureza humana, como eu (Bond, 2009). Pelo lado pessimista, o economista Richard Thaler (1991, p. 4) afirmou que "as ilusões mentais devem ser consideradas a regra, não a exceção", o cientista cognitivo Massimo Piatelli-Palmarini (1991, p. 35), que "nossa espécie é uniformemente cega para probabilidades", o biólogo evolucionário Stephen Jay-Gould (1992, p. 469), que "nossa mente não foi constituída (seja qual for o motivo) para operar pelas regras da probabilidade" e o economista Dan Ariely (2008), que "somos não só irracionais, como também *previsivelmente irracionais* — que nossa irracionalidade acontece do mesmo modo, repetidamente", enquanto o psicólogo Daniel Kahneman (2011, p. 417) foi ainda mais longe e atribuiu as ilusões mentais a um "Sistema 1" biologicamente antigo que "não é prontamente educável". Não concordo com esse cenário desolador. As ilusões cognitivas não estão programadas em nossos circuitos. Há ferramentas simples para lidar com o risco e a incerteza que podem ser aprendidas bem depressa por qualquer um (Gigerenzer, 2000, 2008; Gigerenzer et al., 2012). Mais sobre isso neste livro.
3. Paulos, 1988. Qual a verdadeira chance de chover no fim de semana? Se os dois eventos são independentes, a probabilidade de chover no fim de semana é 0,75

317

PREPARADOS PARA O RISCO

ou, expressa em porcentagens, 75%. Para chegar a esse número, primeiro calculamos a probabilidade de que não vai chover no sábado (0,5) e a multiplicamos pela probabilidade de que não choverá no domingo (0,5), que é 0,25 (25%). Essa é a probabilidade de que não choverá em um dia ou outro. A probabilidade de que *choverá*, portanto, é de 75%. Para simplificar, expressarei probabilidades em termos de porcentagem no restante deste livro.

4. Gigerenzer, Hertwig et al., 2005.

5. Porém os meteorologistas nem sempre concordam. Por exemplo, em 2003, o Real Instituto Meteorológico Holandês explicou confusamente o que significa probabilidade de chuva usando a interpretação da "região" junto com a interpretação do "grau de certeza dos meteorologistas":

> Se a chance excede os 90%, podemos contar com chuva em todas as regiões na Holanda.
> Quanto mais elevada a porcentagem, mais certeza tem o meteorologista de que vai chover.

Alguns exemplos:

10%-30%	quase nenhuma	quase em nenhum lugar
30%-70%	possível	alguns lugares
70%-90%	uma chance razoável	quase todas as regiões

Como Robert Mureau, do instituto holandês, explicou: "Temos ciência do fato de que as probabilidades não são muito bem compreendidas pelo público em geral. Nós mesmos não temos sido muito claros sobre as definições da terminologia tampouco, o que pode ter causado ainda mais confusão" (Gigerenzer, Hertwig et al., 2005, p. 627).

6. Furedi, 1999. Esse pânico ocorreu em 1995.

7. Ver Gigerenzer, Wegwarth e Feufel, 2010.

8. Gigerenzer, 2004, 2006. Gaissmaier e Gigerenzer (2012) oferecem uma análise regional das fatalidades de trânsito. O caso de Justin Klabin é descrito em seu livro *9/11: A Firefighter's Story* (2003, Imprintbooks) e citado em Ripley, 2009, p. 35. Na Reunião Anual da Sociedade para Análise do Risco, 6-8 dez. 2009, Robert G. Ross observou que os picos em acidentes fatais na figura 1.2 seguem os alertas de terrorismo após o Onze de Setembro.

9. Daveed Gartenstein-Ross, "Bin Laden's 'War of a Thousand Cuts' Will Live on". *The Atlantic*, 3 maio 2011.

10. Paul Slovic (1987) propôs o termo *"dread risk"* ["risco catastrófico"] para situações percebidas como apavorantes e de potencial catastrófico e além do nosso controle e com uma distribuição desigual dos riscos e benefícios. Uso o termo no sentido mais restrito aplicado ao texto.

11. De forma consistente com essa explicação, jovens adultos relatam maior medo de incidentes (doença, acidente em fábrica ou terremoto) capazes de matar cem pessoas do que capazes de matar dez, mas o medo permanece igual para incidentes que causem cem ou mil mortes. Esse limite psicológico em torno de cem é característico em medo de mortes, mas não se aplica a perdas monetárias, onde tememos perder antes mil do que cem (Galesic e Garcia-Retamero, 2012).

318

NOTAS

12. Joseph Stiglitz, *Frankfurter Allgemeine Zeitung*, 10 set. 2011, p. 19.
13. Schneider, 2010.
14. O paternalismo "rígido" à moda antiga afirmava que as pessoas são egoístas e precisam ser guiadas para servir aos melhores interesses da sociedade, como obedecer às leis e pagar impostos. Em *Nudge*, Thaler e Sunstein (2008) propuseram uma versão de paternalismo "suave" que dê um leve "empurrãozinho" nas pessoas para tomarem decisões que lhes dizem respeito. Embora o paternalismo moderado não use força, é mais radical do que o paternalismo rígido em presumir que as pessoas não sabem o que é melhor para elas (Rebonato, 2012). Segundo o novo argumento, como as pessoas têm ilusões cognitivas sistemáticas, o paternalismo é necessário para mudar seu comportamento. Mas esse argumento não é correto: vieses cognitivos *não* subentendem paternalismo (Berg e Gigerenzer, 2007). Mais importante, baixas capacidades cognitivas não estão inscritas em nossos genes, mas são em grande parte consequência da falta de ambiente intelectualmente estimulante, inclusive nas escolas. Consequentemente, o QI baixo, com frequência tido como inato, pode ser substancialmente melhorado pelo treinamento (Nisbett, 2009). Por que, por exemplo, crianças nascidas antes de 15 de setembro têm QI mais elevado do que as nascidas depois? A resposta é que a maioria dos países tem uma data-limite de matrícula escolar por volta de 15 de setembro, ou seja, as crianças nascidas depois têm de esperar mais um ano para entrar no sistema educacional. Esse fato tornou possível conduzir um experimento natural. Quando a inteligência de crianças que tiveram a vantagem de ser quase um ano mais velhas quando começaram a escola foi comparada com a inteligência dos que tiveram a vantagem de um ano extra de escola, verificou-se que um ano de escola valia quase o dobro do que ser um ano mais velha (p. 42).
15. Kant, 1784. O Iluminismo ainda permanece em grande parte uma tarefa para o futuro.
16. Mill, 1869; Berlin, 1967.

2. A CERTEZA É UMA ILUSÃO [pp. 29-56]

1. Gigerenzer, Gaissmaier et al., 2007.
2. Gigerenzer, 2002, pp. 11-3.
3. Dijksterhuis et al., 1996; Neuberg e Newsom, 1993.
4. Dewey, 1929.
5. Apud Sherden, 1998, p. 259.
6. Tetlock, 2005.
7. Gigerenzer, Swijtink et al., 1989. Sobre a revolução probabilística, ver Krüger, Daston e Heidelberger, 1987; Krüger, Gigerenzer e Morgan, 1987. Altamente recomendado é o site de David Spiegelhalter sobre pensamento estatístico: <http://understanding-uncertainty.org>.

PREPARADOS PARA O RISCO

8. Permitam-me corrigir de imediato um equívoco disseminado sobre a natureza da heurística. Segundo a visão de heurísticas e vieses (por ex., Kahneman, 2011), nosso pensamento pode ser explicado por dois sistemas, descritos por uma lista de características opostas. O Sistema 1 é considerado inconsciente, funciona por heurísticas e comete erros. Por outro lado, o Sistema 2 é consciente, opera por regras lógicas e estatísticas e parece não cometer erros. Esse cenário não corresponde aos fatos. Primeiro, toda heurística que estudamos pode ser usada de forma inconsciente *e* consciente. Segundo, a heurística não é a fonte geral de erros, mas pode levar a *mais* inferências corretas do que métodos lógicos ou estatísticos (por ex., figuras 6.3 e 6.4). Heurísticas e erros, portanto, não estão alinhados. A visão de dois sistemas negligenciou a distinção entre risco e incerteza: métodos estatísticos são exigidos para lidar com riscos conhecidos, as heurísticas, para lidar com a incerteza. Em vez de perder nosso tempo criticando heurísticas, precisamos estudar sua racionalidade ecológica; ou seja, descobrir quando funcionam e quando não funcionam (Gigerenzer et al., 2011; Todd et al., 2012).

   Ao contrário dessa visão negativa, as regras do polegar sempre tiveram uma conotação positiva em áreas que lidam com a incerteza, como inteligência artificial e comportamento animal. Originalmente, o termo grego "heurística" queria dizer "descobrir". O matemático de Stanford G. Polya (1954) fazia distinção entre heurística e pensamento analítico. Por exemplo, o pensamento heurístico é indispensável para descobrir uma prova matemática, enquanto o pensamento analítico é necessário para verificar as etapas de uma demonstração. Polya apresentou Herbert Simon à heurística, em cujo trabalho me baseio.

9. A distinção entre risco e incerteza é atribuída a Frank Knight, economista da Universidade de Chicago (Knight, 1921, seção I.I.26). Alguns estudiosos rejeitam a distinção entre risco e incerteza argumentando que sempre é possível formar probabilidades subjetivas, permitindo à incerteza ser reduzida a risco. Não acho que essa seja uma forma de pensar muito frutífera, e tampouco Jimmy Savage, pai da teoria da decisão bayesiana moderna, a quem essa visão reducionista é costumeiramente atribuída. Savage (1954) restringiu sua teoria a "mundos pequenos"; ou seja, tarefas bem definidas em que tudo é conhecido, como loterias. Mas ele achou que seria "completamente ridículo" (p. 16) aplicar sua teoria a mundos grandes, mesmo para questões simples como planejar um piquenique familiar ou jogar uma partida de xadrez. Pessoalmente, vejo mente como uma caixa de ferramentas adaptativa com muitos recursos, incluindo regras do polegar e regras de Bayes, cada um com seu propósito. Embora seja um belo sonho pensar que todo problema envolva probabilidades, isso equivale a usar um martelo para fazer qualquer conserto em casa.

10. Gigerenzer, Swijtink et al., 1989.

11. Daston, 1988, capítulo 6.

12. *The Charlie Rose Show*, 11 fev. 2009. Os pilotos também consideraram o aeroporto de Teterboro, mas concluíram que não conseguiriam chegar lá. Os relatos dos passageiros são de Firman & Quirk, 2009.

NOTAS

13. A regra funciona quando a bola já está voando pelo ar; caso contrário pode ser facilmente ajustada. Ver Gigerenzer 2007, capítulo 1. A mesma regra ajuda marinheiros a evitar colisões: *Fixe o olhar no outro barco. Se o ângulo do olhar permanece constante, vire rapidamente.*

14. Por exemplo, Kahneman, 2011. Às vezes dizem que para Kahneman o copo da racionalidade está meio vazio, e que para Gigerenzer o copo está meio cheio. Um é pessimista, o outro, um otimista. Essa caracterização ignora o mais importante. Diferimos a respeito do que é o copo da racionalidade, antes de mais nada. Kahneman e seus seguidores abordam a lógica ou a teoria da probabilidade como uma norma de racionalidade geral, "cega para o conteúdo". A seu modo de ver, heurísticas nunca podem ser mais precisas, apenas mais rápidas. Mas isso só é verdade em um mundo de riscos conhecidos. Em um mundo incerto, as heurísticas simples muitas vezes se saem melhor. A verdadeira questão a ser pesquisada é compreender por que e quando. As respostas que sabemos hoje estão baseadas no dilema viés-variância (capítulo 5; Gigerenzer e Brighton, 2009) e no estudo geral da racionalidade ecológica (Todd, Gigerenzer e ABC Research Group, 2012).

15. Ver Gigerenzer, Hertwig e Pachur, 2011; Hertwig, Hoffrage e ABC Research Group, 2013.

16. Gigerenzer, Todd e ABC Research Group, 1999; Todd, Gigerenzer e ABC Research Group, 2012.

17. A citação galesa é de Akerlof e Shiller, 2009, p. 14.

18. Stine, 1996, pp. 333-8. Uso o termo "HIV" aqui para HIV-1, que é o tipo mais comum no mundo todo, enquanto o HIV-2 raramente é encontrado fora da África Ocidental.

19. Munro, 2004.

20. Essa prevalência corresponde à de mulheres norte-americanas que foram doadoras de sangue pela primeira vez para a Cruz Vermelha: Centros para Controle e Prevenção de doenças: <http://www.cdc.gov/hiv/topics/testing/resources/reports/hiv_prevalence/low-risk.htm> (acesso em: 3 nov. 2012).

21. Gigerenzer, 2002, capítulo 7. Em 2013, testamos profissionais que lidam com pacientes de aids e constatamos a mesma ilusão de certeza entre a maioria deles. As duas árvores na figura 2.5 usam "frequências naturais", o que ajuda os profissionais e pacientes a compreender de forma intuitiva a regra de Bayes (ver capítulo 9). Testes de HIV ilustram nossos limites em calcular os riscos com precisão: a taxa de falsos positivos (bem como a taxa de verdadeiros positivos, i.e., a sensibilidade) varia entre diferentes testes, e ambas as taxas parecem igualmente dependentes da prevalência de HIV na população.

22. Disponível em: <www.idph.state.il.us/aids/materials/10questions.htm>.

23. Para casos de falsos positivos em testes de HIV, ver Gigerenzer, 2002, capítulos 1 e 7; o caso do trabalhador da construção é relatado nas pp. 231-2.

24. Taleb e Blyth, 2001. A ideia originada com Bertrand Russell em *The Problems of Philosophy* (1912), capítulo 6, sobre indução. Acresci a análise formal em termos da regra de sucessão. Essa regra é uma versão especial da regra de Bayes (Gigerenzer, 2002, p. 212).

PREPARADOS PARA O RISCO

25. Apud Makridakis et al., 2009, p. 796.
26. Os cálculos de value at risk aqui estão baseados no pressuposto de uma distribuição normal. Ver Haldane, "Why Banks Failed the Stress Test". Discurso proferido em 2009. Disponível em: <https://www.bankofengland.co.uk/-/media/boe/files/speech/2009/why-banks-failed-the-stress-test.pdf?la=en&hash=954CEDF5D72A-21C25EA13BF9DC16F0125B889E1E>.
27. Stiglitz, 2010, p. 243; grifo meu. A despeito do insight de Stiglitz, a maioria dos estudos sobre tomada de decisão, incluindo em neuroeconomia, investiga o comportamento em mundos de risco, não de incerteza. As lindas cores dos estudos com neuroimagens nos mostram um cérebro reagindo a riscos conhecidos, não ao mundo real da incerteza (Volz e Gigerenzer, 2012). Tal devoção a loterias e jogatina social é desconcertante, uma vez que poucos pesquisadores são chegados a jogos de azar. O motivo parece ser o desejo de usar a matemática da otimização. Para uma análise filosófica dos limites da ideia de otimização em uma sociedade humana, ver Nida-Rümelin, 2011.
28. Leibniz, 1690, 1951.
29. Ver Sherden, 1998, pp. 174-5, também para a citação sobre as lâmpadas, e o Süddeutsche Zeitung (T. Fromm, Für die Zukunft nur das Beste, 28 jan. 2011) sobre Daimler. Sobre Aiken, que é frequentemente citado fora de contexto, ver Cohen, 1998.

3. TOMADA DE DECISÃO DEFENSIVA [pp. 57-82]

1. Carta de Max Wertheimer para Albert Einstein, 1934. Ver também Luchins e Luchins, 1979; a anedota do carro velho está nas pp. 186-7. O texto foi traduzido diretamente do original e varia da tradução de Luchins e Luchins.
2. Einstein escreveu em alemão: "*Erst durch Rechnung* merkte ich, dass für den Herunterweg keine Zeit mehr verfügbar bleibt! [...] Solche Witzchen zeigen einem, wie blöd man ist!". Carta de Albert Einstein a Max Wertheimer. Albert Einstein Duplicate Archive, Princeton University Library.
3. Goldstein e Gigerenzer, 2002. A história da serendipidade está em Gigerenzer e Goldstein, 2011.
4. Mervyn King: "What Fates Impose: Facing Up to Uncertainty". The Eighth British Academy Annual Lecture, 2004.
5. Kohn, 2000.
6. Emanuel, 2008, p. 2.
7. Dez fatos sobre segurança dos pacientes (2012): <www.who.int/features/factfiles/patient_safety/en/index.html>.
8. Relatado no artigo de Atul Gawande, "The Checklist", *New Yorker*, 10 dez. 2007.
9. Pronovost et al., 2006.
10. Gawande, 2009.
11. Folheto de Aktionsbündnis Patientensicherheit: Aus Fehlern lernen, 2008.

NOTAS

12. Gigerenzer e Goldstein, 2011.
13. Domenighetti et al., 1993.
14. Trunkey, 2010, p. 421. Sobre a remoção profilática de ovários, ver Larson, 2011.
15. Steurer et al., 2009.
16. Studdert et al., 2005.
17. Brenner, 2010; Picano e Matucci-Cerinic, 2011.
18. Brenner, 2010; Brenner e Hall, 2007; Schwartz, 2007. Os sobreviventes da bomba atômica foram expostos a radiação no corpo todo, ao passo que uma tomografia computadorizada visa um órgão específico. Há pouca evidência de que o risco de câncer para um órgão específico seja substancialmente aumentado pela exposição de outros órgãos à radiação. Para efeitos de comparação, a dose média absorvida pela pessoa média de fontes naturais, como radônio em casa, é aproximadamente 3 mSv.
19. Berrington de González et al. (2009) estimaram 72 milhões de tomografias nos Estados Unidos em 2007, e os números têm subido ano a ano.
20. Brenner e Hall, 2007. A estimativa está baseada em um levantamento ad hoc feito durante um painel de debate em uma reunião de radiologistas pediátricos. Lin (2010) apresenta estimativas similares de que uma em cada três a quatro tomografias e ressonâncias magnéticas eram desnecessárias.
21. American Dental Association e U.S. Department of Health and Human Services 2004.
22. TAP Study Group, 2001.

4. POR QUE TEMOS MEDO DE MORRER DE CAUSAS IMPROVÁVEIS? [pp. 83-99]

1. LeDoux, 1996.
2. Os pronto-socorros americanos atendem cerca de 1300 pessoas por ano em razão a acidentes com iluminações natalinas, resultando em cerca de dez mortes e mais de 15 milhões de dólares em prejuízos e danos. Por isso, em 2007 a Comissão de Segurança de Produtos dos Estados Unidos ordenou o *recall* de árvores de Natal artificiais pelo perigo de superaquecimento e choques elétricos. Mesmo antes, em 2000, a Walgreens recolheu árvores natalinas com luzes de fibras ópticas porque superaqueciam e pegavam fogo. Risco zero não existe. (Estatísticas alemãs: Feuerwehr und Rettungsdienst Landeshauptstadt Düsseldorf, 2001, disponível em: <www.duesseldorf.de/feuerwehr/pdf/alle/histbra.pdf>.)
3. Para esse e os relatos seguintes, incluindo referências, ver Quigley, 1996.
4. Apud Quigley, 1996, p. 187.
5. T. Gigerenzer, "Teaching the Foreign Teacher How to Travel". *The Caravan*, jan. 2011.
6. Levantamento da Associated Press e Ipsos, out. 2008. Uma pesquisa Gallup em 2005 relatou número similar de 32%, bem como o de que 28% dos canadenses acreditam em casas mal-assombradas.

323

PREPARADOS PARA O RISCO

7. Gaskell et al., 2006. Essa crença permaneceu estável ao longo dos anos. Eurobarômetros a partir de 1996 mostram uma proporção de 35%-36% constante que acredita que tomates comuns não têm genes.
8. Payer, 1996.
9. Nisbett, 2003, p. 12.
10. Leeman, Fischler e Rozin, 2011.
11. Seligman, 1970.
12. Öhman e Mineka, 2001.
13. Yamamoto, 1979.
14. Muris et al., 1997.
15. Para esse e os estudos seguintes, ver Twenge et al., 2010.

PARTE II — COMO ESTAR PREPARADO PARA O RISCO [p. 101]

1. Essa citação breve tem uma longa história. No clássico *How to Lie with Statistics* (Huff, 1959), há a seguinte epígrafe: "O pensamento estatístico um dia será tão necessário para a cidadania eficiente quanto a capacidade de ler e escrever". A citação é atribuída a Wells, mas não diz de onde foi tirada. Na verdade, centenas de autores a utilizaram sem citar a fonte. Quando fiz o mesmo em meu livro *Calculated Risks* (edição britânica: *Reckoning with Risk*), acrescentei uma nota de rodapé explicando que não conseguira encontrá-la (Wells escreveu mais de cem livros) e que a citação podia ser apócrifa. Como resposta, recebi várias cartas, incluindo um artigo de J. W. Tankard (1979) afirmando que a previsão de Wells dizia respeito ao papel da matemática, não da estatística, e que os estatísticos podem tê-la distorcido para promover sua própria causa. Tankard cita Wells como defensor de uma "formação sólida em matemática", que escreveu: "Tão necessário quanto a capacidade de cálculo e de pensar em médias, máximas e mínimas, é hoje ser capaz de ler e escrever" (pp. 30-1). Tankard também cita Lovat Dickson, um dos biógrafos de Wells, que não conseguia se lembrar de outro lugar em seus escritos que lidasse especificamente com estatísticas.

   Quando eu começava a aceitar essa versão dos fatos, recebi a carta de um bibliotecário britânico, Geoffrey Hunt, com um exemplar de *World Brain*, de Wells (1938; 1994). E lá estava: "Um certo treinamento elementar no método estatístico está se tornando tão necessário para quem vive no mundo atual quanto ler e escrever" (p. 141). Isso comprova a essência, ainda que não as palavras exatas, da popular citação.

5. CUIDE DO SEU DINHEIRO [pp. 103-25]

1. DiPrete, 2007. DiPrete observa que o fraseado das questões era ambíguo.
2. Baseado no ConsensusEconomics, 2001-2010. Alguns bancos mudaram de nome. Para evitar confusão, uso o nome atual.

NOTAS

3. Orrell, 2010.
4. Disponível em: <www.abendblatt.de/wirtschaft/article95679/DAX-Prognose>.
5. Twain, 1894, capítulo 13.
6. Sherden, 1998, p. 96. Para o caso de Elaine Garzarelli, ver Malkiel, 2007, p. 143.
7. Taleb, 2004.
8. Törngren e Montgomery, 2004.
9. Markowitz entrevistado por Bruce Bower, 2011, p. 26. Markowitz usou 1/n para seu fundo TIAA/CREF e dividiu o dinheiro igualmente entre ações e títulos de renda fixa. O estudo relatado aqui usa 1/n para ações somente.
10. DeMiguel, Garlappi e Uppal, 2009. As condições sob as quais 1/n é superior a métodos de otimização continuam motivo de debate; ver Kritzman, Page e Turkington, 2010.
11. Gigerenzer e Brighton, 2009; Gigerenzer, Hertwig e Pachur, 2011; Haldane, 2012.
12. A ideia principal é que o erro total ao fazer uma previsão consiste de três componentes:

    $Erro\ total = viés^2 + variância + ruído.$

    Ruído (em outras palavras, informação sem sentido ou enganosa, como a medição incorreta de algo) é o componente com o qual somos obrigados a conviver, enquanto as duas outras fontes de erro podem ser influenciadas. O viés é a diferença entre a estimativa média e o estado real, e variância é a variabilidade de estimativas individuais (com base em amostras diferentes) em torno da estimativa média. Por exemplo, 1/n não tem parâmetros livres, e portanto tem apenas vieses (faz a mesma alocação, independentemente das amostras específicas). Para detalhes, ver Geman, Bienenstock e Doursat, 1992; Gigerenzer e Brighton, 2009.
13. Vitouch et al., 2007. O nome do entrevistador foi mudado. Os bancos austríacos são obrigados por lei a investir 40:60 em ações e títulos de renda fixa, respectivamente, o que é a base dos juros que pagam além do prêmio.
14. Goldstein e Taleb, 2007.
15. Monti et al., 2012.
16. Buffett, em sua carta de diretor para os acionistas da Berkshire Hathaway Inc., 21 fev. 2002, impresso em Berkshire Hathaway Inc., 2002 Annual Report, p. 14.
17. Lewis, 2010.
18. E. L. Andrews. "Greenspan Concedes Error on Regulation", *New York Times*, 23 out. 2008.
19. Em uma coluna para o *New York Post* intitulada "The Only Useful Thing Banks Have Invented in 20 Years is the ATM", 13 dez. 2009.
20. Monti et al., 2012.
21. Mandelbrot e Taleb, 2005, p. 100.

6. LIDERANÇA E INTUIÇÃO [pp. 126-45]

1. Ver Gigerenzer e Selten, 2001, e Gigerenzer, Hertwig e Pachur, 2011, para uma versão acadêmica da tomada de decisão sob incerteza.

325

PREPARADOS PARA O RISCO

2. Mintzberg, 2009, p. 19.
3. Maidique, 2012. Ele é hoje o diretor executivo do Center for Leadership na FIU. A discussão a seguir está baseada nesse artigo.
4. Bingham e Eisenhardt, 2011.
5. Para os interessados em tecnicalidades: o modelo Pareto/DBN (distribuição binomial negativa) presume que, embora clientes ativos façam compras segundo um processo Poisson com taxa de compra λ, o tempo de vida do cliente tem uma duração exponencialmente distribuída com uma taxa de abandono μ e que, entre clientes, as taxas de compra individuais e as taxas de abandono estão distribuídas segundo distribuições gama. Para mais detalhes, ver Wübben e Wangenheim, 2008.
6. Wübben e Wangenheim, 2008. Para o comércio de CDs, o hiato foi de seis meses.
7. Czerlinski et al., 1999. A regra da melhor opção é um procedimento sequencial que compara duas opções sobre o indicador mais válido e, caso sejam diverentes, ignora todos os outros indicadores e toma a decisão. Se as opções não diferem, o mesmo processo é repetido com o segundo melhor indicador, e assim por diante, até que uma decisão possa ser tomada. Para uma comparação entre regras simples e métodos não lineares complexos, ver Gigerenzer e Brighton, 2009.

7. LAZERES E PRAZERES [pp. 146-63]

1. "Ask Marilyn", *Parade*, 9 set. 1990, p. 15, e 2 dez., p. 25. O problema de Monty Hall foi proposto inicialmente em Steve Selvin, 1975. Ver também Krauss e Wang, 2003. As seguintes passagens baseiam-se no artigo de John Tierney para o *New York Times*: "Behind Monty Hall's Doors: Puzzle, Debate and Answer?", 21 jul. 1991.
2. Em seu livro *Inevitable Illusions* (1994), Piatelli-Palmarini destacou o problema de Monty Hall como a ilusão cognitiva em que "até as mentes mais ágeis e bem treinadas caem na armadilha" (p. 161).
3. Compare essa solução com a solução-padrão em termos de probabilidades usando a regra de Bayes. Pegue a situação em que a pessoa escolhe primeiro a porta 1 e depois Monty abre a porta 3 e mostra uma cabra. Aqui, queremos saber a probabilidade $p(\text{Carro1}|\text{Monty3})$ de que o carro esteja atrás da porta 1 depois que Monty abriu a porta 3:

$$p(\text{Carro1}|\text{Monty3}) = p(\text{Carro1})p(\text{Monty3}|\text{Carro1})/[p(\text{Carro1})p(\text{Monty3}|\text{Carro1}) + p(\text{Carro2})$$
$$p(\text{Monty3}|\text{Carro2}) + p(\text{Carro3})p(\text{Monty3}|\text{Carro3})] = \frac{1}{3} \times \frac{1}{2} / [\frac{1}{3} \times \frac{1}{2} + \frac{1}{3} \times 1 + \frac{1}{3} \times 0] = \frac{1}{3}.$$

Ou seja, a probabilidade de que o carro esteja atrás da porta 1 permanece inalterada e assim a probabilidade de que esteja atrás da porta 2 aumentou para 2/3. As probabilidades $p(\text{Carro1})$, $p(\text{Carro2})$ e $p(\text{Carro3})$ são chamadas de probabilidades a priori e $p(\text{Carro1}|\text{Monty3})$ probabilidade a posteriori. A probabilidade condicional $p(\text{Monty3}|\text{Carro1}|)$ de que Monty abra a porta 3 se o carro está atrás da porta 1 é de 1/2 porque Monty tem escolha entre as portas 2 e 3 e supostamente escolhe de forma aleatória. A probabilidade condicional $p(\text{Monty3}|\text{Carro2})$ de que Monty abra

NOTAS

a porta 3 se o carro está atrás da porta 2 é 1 porque Monty não tem escolha, dado que não pode abrir a porta 1. Por fim, p(Monty3|Carro3) é zero porque Monty não pode mostrar o carro para o competidor. Essa quantidade de explanação e cálculo ilustra por que as pessoas tendem a ficar confusas quando pensam em termos de probabilidades condicionais.

4. O pressuposto pode ficar fragilizado pelo seguinte: Monty nem sempre abre a porta, e sim faz a proposta em função da porta escolhida pela pessoa. As entrevistas nos parágrafos seguintes estão relatadas em Friedman, 2004.

5. Dan Friedman e Aadhi Nakhoda, Monty Hall Problem, 2008.

6. Esse problema da carta também é conhecido como problema da caixa de Bertrand. É o equivalente lógico do problema de Monty Hall e do problema dos Três Prisioneiros (Gigerenzer, 2002). Como funcionam as frequências naturais é explicado em mais detalhes no capítulo 9.

7. Esta seção e a seguinte estão baseadas em Bennis et al., 2012. As máquinas "digitais" descritas aqui já estão se tornando coisa do passado, sendo substituídas por telas animadas que muitas vezes têm cinco tambores e muito mais combinações para ganhar. Os prêmios em fichas e moedas também foram substituídos por vales impressos em muitos cassinos, de modo que em breve novas maneiras de manipular a experiência subjetiva podem emergir.

8. Beilock et al., 2004.

9. Galesic et al., 2014. Sobre escolhas rápidas e frugais de comida, ver Todd e Minard, 2014.

10. Schwartz et al., 2002.

8. NO CORAÇÃO DO ROMANCE [pp. 164-81]

1. Darwin, 1887; 1969, pp. 232-3. Para uma análise mais detalhada sobre o processo decisório de Darwin, ver também Gigerenzer e Todd, 1999, pp. 7-15.

2. Ver Gigerenzer, Hertwig e Pachur, 2011.

3. Billari et al., 2007.

4. Benjamin Franklin foi cientista, estadista e uma das maiores figuras do Iluminismo. Sua "álgebra moral" é uma versão primitiva do utilitarismo moderno. Em sua ética, o libertino e o ébrio não são diferentes de outras pessoas, a não ser por não calcularem seus riscos corretamente. Franklin, 1779.

5. Finkel et al., 2012.

6. Franklin, 1745.

7. Bearden, Rapoport e Murphy, 2006.

8. Miller, 2000.

9. Todd, Billari e Simao, 2005; Todd e Miller, 1999.

10. Gigerenzer, Galesic e Garcia-Retamero, 2013.

11. Apud Gigerenzer, 2007, pp. 70-1.

12. Ortmann et al., 2008; Barber e Odean, 2001.

PREPARADOS PARA O RISCO

13. Becker, 1991.
14. Hertwig, Davis e Sulloway, 2002.
15. Gigerenzer e Galesic, 2012.
16. Consultamos 73 adultos entre sessenta e 77 anos (Gigerenzer e Galesic, 2012).

9. O QUE OS MÉDICOS PRECISAM SABER [pp. 182-212]

1. O Trabant (apelidado de Trabi) é um carrinho da Alemanha Oriental com status cult. É um museu ambulante que devolve a alegria de dirigir à maneira antiga, com sua trepidação e seu motor barulhento.
2. Donner-Banzhoff et al., 2011, p. 227.
3. Steinman et al., 2001.
4. Ver Gøtzsche e Nielsen, 2011.
5. Bramwell et al., 2006; Ghosh e Ghosh, 2005; Hoffrage e Gigerenzer, 1998; Hoffrage, Lindsey et al., 2000; Labarge et al., 2003. Para uma visão geral, Gigerenzer, Gaissmaier et al., 2007. Por exemplo, a maioria (67%-82%) dos 1361 médicos suíços de todas as especialidades selecionaram um valor preditivo positivo de 95%-99,9%, independentemente da prevalência da doença e até quando não era fornecida informação alguma sobre a prevalência (Agoritsas et al., 2011).
6. Young et al., 2002.
7. Como no caso da maioria das descobertas científicas, não se sabe ao certo quem descobriu a regra de Bayes. Segundo a lei do epônimo de Stigler, nenhuma descoberta científica recebe o nome de seu descobridor original. Em uma irônica investigação, Stigler (1983) concluiu que as chances são de três para um de que o cego Nicholas Saunderson, não Thomas Bayes, descobriu a regra de Bayes. Com a idade de 29 anos, Saunderson foi titular da prestigiosa cadeira lucasiana de matemática em Cambridge, que pertencera a Newton. Há também uma interpretação pouco educada da lei de Stigler: "Toda descoberta científica é batizada com o nome do último indivíduo mesquinho demais para dar o crédito a quem o precedeu" (Stigler, 1980). Bayes não pode ser acusado de um comportamento tão antiético, uma vez que nunca publicou seu tratado. O estatístico eminente Ronald Fisher o congratulou postumamente por não a publicar, uma vez que a seus olhos a regra de Bayes era absolutamente inútil na ciência (ver Gigerenzer, Swijtink et al., 1989).

   Frequências naturais, como as probabilidades condicionais, referem-se a eventos compartilhados, como nove pessoas que testam positivo e têm a doença, e não devem ser confundidas com frequências simples, como a de que uma em cem pessoas tem uma doença. Sobre a diferença entre frequências naturais e frequências relativas, ver Hoffrage e Gigerenzer, 1998; e Gigerenzer, 2011.
8. A afirmação remonta a Kahneman e Tversky (1972), que disseram: "Em sua avaliação da evidência, o homem aparentemente não é um bayesiano conservador: ele nada tem de bayesiano" (p. 450). Em seu livro *Nudge*, Thaler e Sunstein avançam

328

NOTAS

um programa "libertário" de paternalismo que visa corrigir essa e outras ilusões cognitivas "inevitáveis".

9. Kurz-Milcke et al., 2008.
10. Siegrist, Cousin e Keller, 2008, figura 1. Hoje há exames de sangue não invasivos (LifeCodexx) que não trazem risco de aborto, mas, como qualquer procedimento laboratorial, não são perfeitos, e o problema de interpretar o que significa um resultado positivo permanece em essência igual.
11. Bramwell et al., 2006. Em uma determinada amostra de mulheres e obstetras, 5% partilhavam dessa ilusão de certeza. Embora exames invasivos tampouco sejam uma certeza, uma maioria de mulheres suíças que estavam grávidas ou já haviam dado à luz acreditava que era (Siegrist et al., 2008).
12. Siegrist et al., 2008.
13. Bramwell et al., 2006. Eles receberam uma taxa de falsos positivos de 1%, o que não corresponde aos dados disponíveis. Para evitar a confusão, uso a taxa de 5% aqui. Os autores também usaram 10 mil grávidas para a versão da frequência natural, não mil como aqui. Esses números grandes complicam os cálculos desnecessariamente.
14. Hewlett e Waisbren, 2006.
15. Gurian et al., 2006.
16. McManus et al., 1998.
17. Garcia-Retamero e Galesic, 2012.
18. Chen, 2007.
19. Sirovich e Welch, 2004.
20. Good Stewardship Working Group, 2011.
21. Gibson e Singh, 2010, p. 136.
22. Kattah et al., 2009.
23. Bachmann et al., 2003.
24. Uma árvore rápida e frugal com n atributos binários (ou questões) tem $n + 1$ saídas, enquanto uma árvore completa tem $2n$ saídas (Martignon et al., 2011). Para materiais de ensino sobre a regra do tornozelo e outras regras rápidas e frugais, ver <www.ohri.ca/emerg/cdr>.
25. Graham et al., 2001.
26. Hale, 1996.
27. Krogsboll et al., 2012.

10. QUEM DECIDE SOBRE SUA SAÚDE É VOCÊ [pp. 213-52]

1. Apud Michael Dobbs, "Rudy Wrong on Cancer Survival Chances", *Washington Post*, 30 out. 2007. Giuliani aparentemente usou dados do ano 2000, quando 49 britânicos a cada mil foram diagnosticados com câncer de próstata, 28 dos quais morreram em cinco anos — cerca de 44%. Números mais recentes (que diferem dos citados por Giulinai) são a sobrevivência em cinco anos de 98% nos Estados Unidos versus 71% na Grã-Bretanha.

PREPARADOS PARA O RISCO

2. Cerca de 26 mortes por câncer de próstata a cada mil diagnósticos entre norte-americanos versus 27 a cada mil na Grã-Bretanha (Shibata e Whittemore, 2001).

3. O coeficiente da correlação é exatamente 0,0 (Welch et al., 2000). A taxa de sobrevivência em cinco anos é definida como o número de pacientes vivos cinco anos após o diagnóstico dividido pelo número de pacientes diagnosticados. A taxa de mortalidade, por outro lado, é definida como o número de pessoas que morreram de câncer dividido por *todas* as pessoas no grupo (não só os que foram diagnosticados). As figuras 10.1 e 10.2 são adaptadas de Gigerenzer, Gaissmaier et al., 2007.

4. Os cientistas começaram a descobrir mecanismos biológicos que detêm a progressão do câncer (Folkman e Kalluri, 2004; Mooi e Peeper, 2006).

5. U.S. Preventive Services Task Force, 2012. Exames de câncer de próstata. <www.uspreventiveservicestaskforce.org>.

6. Essas estimativas grosseiras estão baseadas em autópsias (Delongchamps et al., 2006) e variam entre as populações. Observe que as estimativas baseadas em taxas de incidência são mais baixas e menos confiáveis, pois não incluem homens com câncer menos grave ou não detectado ou os que não realizaram exames.

7. Steimle, 1999, p. 1189.

8. O quadro de ícones sobre Djulbegovic et al., 2010. Arkes e Gaissmaier (2012) fornecem uma versão com mil pessoas. Para simplificar, diferenças não significativas estão representadas pelo mesmo número. Todos os números são "aproximados". Os quadros de ícones são particularmente eficazes para pessoas com pouca alfabetização matemática (Galesic et al., 2009).

9. Schroeder et al., 2012.

10. Welch et al., 2011, p. 50.

11. Harris e Lohr, 2002.

12. Ablin, "The Great Prostate Mistake", *New York Times*, 10 mar. 2010, p. A27. Ao contrário dos exames de rotina, o exame de PSA é usado em outros contextos, como para verificar a volta da doença após um tratamento para câncer de próstata.

13. Stiftung Warentest, 2004.

14. Enserink, 2010, p. 1738.

15. Wegwarth et al., 2012.

16. Ver Welch et al., 2011, capítulo 5.

17. Wegwarth et al., 2011. Ao contrário da amostra norte-americana, os médicos alemães foram uma amostra de conveniência.

18. Welch et al., 2011, p. 156.

19. Cartaz de campanha da ACS da década de 1980: <http://comedsoc.org/Breast_Cancer_Screening.htm?m=66&=447>.

20. "Why Should I Have a Mammogram?", folheto do Arkansas Department of Human Services e da Arkansas Foundation of Medical Care.

21. Quadros de fatos foram desenvolvidos e testados por dois pesquisadores brilhantes da faculdade de medicina de Dartmouth, Lisa Schwartz e Steven Woloshin. Ver Schwartz et al., 2009; e Schwartz e Woloshin, 2011.

NOTAS

22. Baseado na revisão de Cochrane feita por Gøtzsche e Nielsen, 2011. Os autores fizeram a distinção entre estudos (adequadamente randomizados) e subótimos. Os melhores estudos encontraram apenas uma redução absoluta não significativa de 0,3 mortes de câncer de mama em cada mil mulheres, enquanto os estudos subótimos encontraram uma redução de 2,1 em mil. Favorecendo os melhores estudos, os autores estimaram uma redução geral de 0,5 em mil. Minha estimativa mais generosa no quadro de fatos é uma em mil, que é a metade (arredondada) de reduções relatadas pelos estudos melhores e subótimos. Isso também é consistente com Nyström (2002), que relatou uma redução de 5,0 a 3,9 mortes de câncer de mama em mil mulheres. O tamanho da redução varia ligeiramente de estudo para estudo. Com frequência se disse que a moderna tecnologia e o novo tratamento salvam mais vidas e que essas estimativas são excessivamente pessimistas. Entretanto, os benefícios na verdade ficam menores quanto mais recente o estudo e quanto melhor o equipamento de mamografia. Os custos totais para exames de câncer mamário nos Estados Unidos giram em torno de 3 bilhões de dólares e na Alemanha, entre 300 milhões e 400 milhões de euros anuais, ou 0,1% do gasto total com o sistema de saúde (<www.news.doccheck.com/de/article>).
23. Schwartz, Woloshin e Welch, 2009.
24. Schwartz e Woloshin, 2011.
25. Ehrenreich, 2010.
26. Gigerenzer, Gaissmaier et al., 2007.
27. Knaul e Frenk, 2010.
28. Postado por Gary Schwitzer em <healthnewsreview.org>. "What Doctors Don't Know and Journalists Don't Convey About Screening May Harm Patients", 8 mar. 2012. A Wikipedia menciona outras fontes de financiamento em seu verbete sobre a Susan Komen for the Cure. Ver também Woloshin e Schwartz, 2012.
29. Deutsche Krebshilfe em seu folheto de 2007 Brustkrebs (pp. 15-6).
30. Gigerenzer, Mata e Frank, 2009.
31. Estudo coberto pelo quadro de ícones: quando olhamos para todos os estudos, até esse pequeno efeito desaparece. Para pecar por excesso de conservadorismo, contei ambos os "0 em 1000" e "1 em 1000" como estimativas realistas para exames de PSA na figura 10.7.
32. Hoffman et al., 2010.
33. Ver Woloshin et al., 2008, p. 129; Gigerenzer, Gaissmaier et al., 2007, tabela 1.
34. Nass-Griegoleit et al., 2009. A base para a confusão está na terminologia médica, em que os exames de imagens são chamados de "prevenção secundária".
35. Rampura, Hapani e Wu, 2011.
36. Begley, 2012. Sobre as causas da falta de reprodução, ver Ioannidis, 2005.
37. Baseado em Woloshin et al., 2008.
38. Falar em linguagem dupla ocorre não só no marketing, mas, antes disso, nos periódicos médicos. Nos três principais periódicos médicos, *British Medical Journal* (BMJ), *Journal of the American Medical Association* (JAMA) e *The Lancet*, a

PREPARADOS PARA O RISCO

linguagem dupla foi usada em um de cada três artigos entre 2004 e 2006 (Sedrakyan e Shih, 2007). Sobre a linguagem dupla para o tamoxifeno, ver Schwartz et al., 1999.

39. Brandt, 2007.
40. Hecht, Kassie e Hatsukami, 2009.
41. Willyard, 2011.
42. Doll et al., 2004.
43. Apud Proctor, 2012.
44. Proctor, 2012.
45. Essas recomendações estão em grande parte baseadas no relatório do World Cancer Research Fund/American Institute for Cancer Research: "Food, Nutrition, Physical Activity, and the Prevention of Cancer: A Global Perspective". Washington, DC: AICR, 2007.
46. Para adultos, o IMC é uma medida grosseira. Na verdade, antes de 1998, o limite era diferente nos Estados Unidos: apenas homens com 28 e mulheres com 27 ou mais eram considerados com sobrepeso. Ao ser baixado, o limite fez 25 milhões de norte-americanos que eram "normais" serem subitamente considerados com "sobrepeso". Estudos relataram que os classificados como "normais" com um IMC de 18,5 a 25 tinham um risco de mortalidade ligeiramente maior do que os rotulados como "sobrepeso", enquanto abaixo de 18,5 e acima de 35 tinham o risco mais elevado (Orpana et al., 2008; Flegal et al., 2005). Para os homens, um IMC em torno de 26 estava associado ao risco de morte mais baixo. Para mulheres, o risco mais baixo foi entre 23 e 24. Assim, os milhões que ficaram com sobrepeso da noite para o dia parecem ser os que podem relaxar e voltar a comer.
47. Willyard, 2011.
48. Liu et al., 2011.
49. Schütze et al., 2011.
50. Frankfurter Allgemeine Zeitung, 4 jun. 2011.
51. Longnecker et al., 1995.
52. Brenner e Elliston 2004; Brenner e Hall, 2007.
53. Holmes et al., 2005. Ver também Tengs et al., 1995.
54. Gigerenzer e Muir Gray, 2011

11. BANCOS, VACAS E OUTRAS COISAS PERIGOSAS [pp. 253-72]

1. Reinhart e Rogoff, 2009, tabela A.3.1. Apud Admati e Hellwig, 2013.
2. Ver Admati e Hellwig, 2013. Parte da seguinte análise foi baseada em seu excelente livro.
3. O seguinte está baseado em Haldane, 2012.
4. Orrell, 2010.
5. Apud Posner, 2009, p. 287.

NOTAS

6. Bancos usam a alavancagem de muitas outras maneiras além da descrita aqui. A razão de alavancagem é em geral calculada como Dívida/Patrimônio Líquido. Há diferentes maneiras de calcular, mas não vou tratar disso aqui.
7. "Risk Off", discurso de A. G. Haldane em 18 ago. 2011, p. 4. Disponível em: <www. bankofengland.co.uk/publications/speeches/default.aspx>.
8. Ver Haldane, 2012. A razão de alavancagem não pondera riscos, nem mesmo do modo grosseiro como Basileia I faz; assim é uma versão de 1/n.
9. Admati e Hellwig, 2013.
10. Admati e Hellwig, 2013, nota de rodapé 24.
11. Renn, 2007.
12. Ortwin Renn, "Riskante Wahrnehmung", comentário convidado em *Der Tages spiegel* (31 jan. 2010). A história sobre a encefalopatia espongiforme bovina em ovelhas na próxima seção está baseada em lorde Krebs, comunicação pessoal, jul. 2012.
13. Krämer, 2011, p. 178.
14. Doshi, 2009. A conclusão de que o Tamiflu reduz complicações foi baseada em um único artigo que revisou os dez estudos. Todos eles foram financiados pela Roche, a fabricante do Tamiflu. Um fato interessante é que a conclusão positiva foi baseada em estudos inéditos entre os dez, enquanto os dois estudos publicados não mostraram benefício nenhum. Quando Peter Doshi e a Cochrane Collaboration repetidamente tentaram obter os dados não publicados a fim de verificar a afirmação, a Roche tampouco respondeu ou mandou dados incompletos contendo um monte de inconsistências. No começo de 2013, a Roche ainda não revelara os dados. Como reação, o *British Medical Journal* anunciou que não publicaria mais estudos se os dados não estivessem disponibilizados para outros pesquisadores.
15. Jefferson et al., 2012.
16. Cohen e Carter, 2010.
17. Cohen e Carter, 2010.
18. Bomlitz e Brezis, 2008.

12. REVOLUCIONE A ESCOLA [pp. 275-93]

1. Ripley, 2009, p. 49.
2. Bond, 2009.
3. Beck, 1992.
4. Multmeier, 2012 e Zhu e Gigerenzer, 2006. Para estudos anteriores com adultos e arranjos de ícones, ver Cosmides e Tooby, 1996.
5. Para uma visão geral da relação entre analfabetismo matemático e saúde ruim, ver Reyna e Brainerd, 2007. Sobre a confusão de advogados e juízes quanto a provas envolvendo amostras de DNA, ver Gigerenzer, 2002.
6. Da mesma forma, costumava-se dizer que o aprendizado de latim ajudava a aprender outras línguas românicas. No entanto os alunos que aprenderam francês primeiro

PREPARADOS PARA O RISCO

cometeram menos erros ao aprender espanhol do que alunos que aprenderam latim primeiro. O latim tampouco melhora a inteligência do teste; seu único benefício parece ser melhores aptidões gramaticais com a língua materna (Haag e Stern, 2003).

7. Kurz-Milcke et al., 2008, 2011; Zhu e Gigerenzer, 2006.

8. Sahlberg, 2011. Os críticos alegam que a Finlândia é pequena demais para servir de modelo para outros países, embora por volta de trinta estados nos Estados Unidos tenham uma população próxima disso ou menor.

9. Berg e Søreide, 2011.

10. Disponível em: <www.sciencekids.de>.

11. Estou no momento trabalhando em um programa de alfabetização em risco para crianças pequenas na Holanda com a Sociedade do Câncer Holandesa.

12. Wobker et al., 2012. Note que no momento do estudo os bancos alemães primeiro aplicaram os pagamentos mensais aos juros, não ao princípio. A Organização para a Cooperação e o Desenvolvimento Econômico lançou uma *clearinghouse* para programas de educação financeira: <www.financialeducation.org>.

13. Turkle, 2011, p. 171.

14. Sorrel, "Padded Lamposts Cause Fuss in London", 10 mar. 2008. Disponível em: <www.wired.com/gadgetlab/2008/03/padded-lamposts/>.

15. Kammerl et al., 2012.

16. Strayer et al., 2006.

17. Zimmerman et al., 2007.

18. Ophir et al., 2009.

19. Apud Egidi e Marengo, 2004, p. 335. Sobre sociedade digital, ver também Schirrmacher, 2009.

20. Hair et al., 2007.

REFERÊNCIAS BIBLIOGRÁFICAS

ADMATI, A.; HELLWIG, M. *The Bankers' New Clothes: What's Wrong with Banking and What to Do About It.* Princeton, NJ: Princeton University Press, 2012.

AGORITSAS, T.; COURVOISIER, D. S.; COMBESCURE, C.; DEOM, M.; PERNEGER, T. V. "Does Prevalence Matter to Physicians in Estimating Post-Test Probability of Disease? A Randomized Trial". *Journal of General Internal Medicine*, n. 26, pp. 373-8, 2011.

AKERLOF, G. A.; SHILLER, R. J. *Animal Spirits.* Princeton, NJ: Princeton University Press, 2009.

AMERICAN DENTAL ASSOCIATION, U.S. DEPARTMENT OF HEALTH AND HUMAN SERVICES. *The Selection of Patients for Dental Radiographic Examinations.* Relatório de 2004. Disponível em: <www.fda.gov/downloads/Radiation-EmittingProducts/RadiationEmittingProducts andProcedures/MedicalImaging/MedicalX-Rays/ucm116505.pdf>.

ARIELY, D. *Predictably Irrational.* Londres: HarperCollins, 2008.

ARKES, H. R.; GAISSMAIER, W. "Psychological Research and the Prostate-Cancer Screening Controversy. *Psychological Science*, n. 23, pp. 547-53, 2012.

BACHMANN, L. M.; KOLB, E.; KOLLER, M. T.; STEURER, J.; TER RIET, G. "Accuracy of Ottawa Ankle Rules to Exclude Fractures of the Ankle and Mid-Foot: Systematic Review". *British Medical Journal*, n. 326, pp. 417-9, 2003.

BARBER, B. M.; ODEAN, T. "Boys Will Be Boys: Gender, Overconfidence, and Common Stock Investment". *The Quarterly Journal of Economics*, n. 1, pp. 261-92, 2001.

BEARDEN, J. N.; RAPOPORT, A.; MURPHY, R. O. "Sequential Observation and Selection with Rank-Dependent Payoffs: An Experimental Test of Alternative Decision Rules". *Management Science*, n. 52, pp. 1437-49, 2006.

BECK, U. *Risk Society: Toward a New Modernity*. Trad. de M. Ritter. Londres: Sage, 1992. [Obra original publicada em 1986.]

BECKER, G. S. *A Treatise on the Family*. Cambridge, MA: Harvard University Press, 1981.

BEGLEY, C. G. "In Cancer Science, Many 'Discoveries' Don't Hold Up". *Reuters*, 28 mar. 2012. Disponível em: <https://www.reuters.com/article/us-science-cancer/in-cancer-science-many-discoveries-dont-hold-up-idUSBRE82R12P20120328>.

BEILOCK, S. L.; BERTENTHAL, B. I.; MCCOY, A. M.; CARR, T. H. "Haste Does Not Always Make Waste: Expertise, Direction of Attention, and Speed versus Accuracy in Performing Sensorimotor Skills". *Psychonomic Bulletin and Review*, n. 11, pp. 373-9, 2004.

BENNIS, W. M.; KATSIKOPOULOS, K. V.; GOLDSTEIN, D. G.; DIECKMANN, A.; BERG, N. "Designed to Fit Minds: Institutions and Ecological Rationality". In: TODD, P. M.; GIGERENZER, G.; ABC RESEARCH GROUP. *Ecological Rationality: Intelligence in the World*. Nova York: Oxford University Press, 2012, pp. 409-27.

BERG, M.; SØREIDE, K. "Prevention: Will an Aspirin a Day Keep the Colorectal Cancer Away?". *Nature Reviews Clinical Oncology*, n. 8, pp. 130-1, 2001.

BERG, N.; GIGERENZER, G. "Psychology Implies Paternalism? Bounded Rationality May Reduce the Rationale to Regulate Risk Taking". *Social Choice and Welfare*, n. 28, pp. 337-59, 2007.

BERLIN, I. "Two Concepts of Liberty". In: QUINTON, A. (Org.). *Political Philosophy*. Oxford: Oxford University Press, 1967, pp. 141-52.

BERRINGTON DE GONZÁLEZ, A.; MAHESH, M.; KIM, K. P.; BHARGAVAN, M.; LEWIS, R.; METTLER, F.; LAND, C. "Projected Cancer Risk from Computed Tomography Scans Performed in the United States in 2007". *Archives of Internal Medicine*, n. 169, pp. 2071-7, 2009.

BILLARI, F. C.; PRSKAWETZ, A.; FENT, T.; APARICIO DIAZ, B. "The 'Wedding-Ring': An Agent-Based Marriage Model Based on Social Interaction". *Demographic Research*, n. 17, pp. 59-82, 2007.

BINGHAM, C. B.; EISENHARDT, K. M. "Rational Heuristics: The 'Simple Rules' that Strategists Learn from Process Experience". *Strategic Management Journal*, n. 32, pp. 1437-64, 2011.

BOMLITZ, L. J.; BREZIS, M. "Misrepresentation of Health Risks by Mass Media". *Journal of Public Health*, n. 30, pp. 202-4, 2008.

BOND, M. "Risk School". *Nature*, n. 461, pp. 1189-92, 2009.

BOWER, B. "Simple Heresy". *Science News*, n. 179, pp. 26-9, 4 jun. 2011.

BRAMWELL, R.; WEST, H.; SALMON, P. "Health Professionals' and Service Users' Interpretation of Screening Test Results: Experimental Study". *British Medical Journal*, n. 333, pp. 284-6, 2006.

BRANDT, A. M. *The Cigarette Century*. Nova York: Basic, 2007.

BRENNER, D. J. "Slowing the Increase in the Population Dose Resulting from CT Scans". *Radiation Research*, n. 174, pp. 809-15, 2010.

_____; ELLISTON, C. D. "Estimated Radiation Risk Potentially Associated with Full-Body CT Screening". *Radiology*, n. 232, pp. 735-8, 2004.

REFERÊNCIAS BIBLIOGRÁFICAS

BRENNER, D. J.; HALL, E. J. "Computed Tomography — An Increasing Source of Radiation Exposure". *New England Journal of Medicine*, n. 357, pp. 2277-84, 2007.

CHEN, X.-Y. "Defensive Medicine or Economically Motivated Corruption?: A Confucian Reflection on Physician Care in China Today". *Journal of Medicine and Philosophy*, n. 32, pp. 635-48, 2007.

CHOU, R. et al. "Screening for HIV: A Review of the Evidence for the U.S. Preventive Services Task Force". *Annals of Internal Medicine*, n. 143, pp. 55-73, 2005.

COHEN, D.; CARTER, P. "WHO and the Pandemic flu 'Conspiracies'". *British Medical Journal*, n. 340, pp. 1274-9, 2010.

COHEN, I. B. "Howard Aiken on the Number of Computers Needed for the Nation". *IEEE Annals of the History of Computing*, n. 20, pp. 27-32, 1998.

COSMIDES, L.; TOOBY, J. "Are Humans Good Intuitive Statisticians After All?: Rethinking Some Conclusions from the Literature on Judgment under Uncertainty". *Cognition*, n. 58, pp. 1-73, 1996.

COVEY, J. "A Meta-Analysis of the Effects of Presenting Treatment Benefits in Different Formats". *Medical Decision Making*, n. 27, pp. 638-54, 2007.

CZERLINSKI, J.; GIGERENZER, G.; GOLDSTEIN, D. G. "How Good Are Simple Heuristics?". In: GIGERENZER, G.; TODD, P. M.; ABC RESEARCH GROUP. *Simple Heuristics that Make Us Smart*. Nova York: Oxford University Press, 1999, pp. 97-118.

DASTON, L. J. *Classical Probability in the Enlightenment*. Princeton, NJ: Princeton University Press, 1998.

DELONGCHAMPS, N. B.; SING, A.; HAAS, G. P. "The Role of Prevalence in the Diagnosis of Prostate Cancer". *Cancer Control*, n. 13, pp. 158-68, 2006.

DEMIGUEL, V.; GARLAPPI, L.; UPPAL, R. "Optimal versus Naive Diversification: How Inefficient Is the 1/N Portfolio Strategy?". *Review of Financial Studies*, n. 22, pp. 1915-53, 2009.

DEWEY, J. *The Quest for Certainty*. Nova York: Minton, Balch and Co., 1929.

DIJKSTERHUIS, A.; VAN KNIPPENBERG, A.; KRUGLANSKI, A. W.; SCHAPER, C. "Motivated Social Cognition: Need for Closure Effects on Memory and Judgments". *Journal of Experimental Social Psychology*, n. 32, pp. 254-70, 1996.

DIPRETE, T. A. "Is This a Great Country?". *Research in Social Stratification and Mobility*, n. 25, pp. 89-95, 2007.

DJULBEGOVIC, M.; BEYTH, R. J.; NEUBERGER, M. M.; STOFFS, T. L.; VIEWEG, J.; DJULBEGOVIC, B.; DAHM, P. "Screening for Prostate Cancer: Systematic Review and Metaanalysis of Randomized Controlled Trials". *British Medical Journal*, n. 341, c4543, 2010.

DOLL, R.; PETO, R.; BOREHAM, J.; SUTHERLAND, I. "Mortality in Relation to Smoking: 50 Years' Observations on Male British Doctors". *British Medical Journal*, n. 328, p. 1519, 2004.

DOMENIGHETTI, G.; CASABIANCA, A.; GUTZWILLER, F.; MARTINOLI, S. "Revisiting the Most Informed Consumer of Surgical Services: The Physician-Patient". *International Journal of Technology Assessment in Health Care*, n. 9, pp. 505-13, 1993.

DONNER-BANZHOFF, N.; BASTIAN, H.; COULTER, A.; ELWYN, G.; JONITZ, G.; KLEM-PERER, D.; LUDWIG, W. D. "How Can Better Evidence Be Delivered?". In: GIGEREN-ZER, G.; MUIR GRAY, J. A. (Orgs.). *Better Doctors, Better Patients, Better Decisions*. Cambridge, MA: MIT Press, 2011, pp. 215-32.

DOSHI, P. "Neuraminidase Inhibitors: The Story Behind the Cochrane Review". *British Medical Journal*, n. 330, pp. 1348-51, 2009.

EGIDI, M.; MARENGO, L. "Near-Decomposability, Organization, and Evolution: Some Notes on Herbert Simon's Contribution". In: AUGIER, M.; MARCH, J. J. (Orgs.). *Models of a Man: Essays in Memory of Herbert A. Simon*. Cambridge, MA: MIT Press, 2004.

EHRENREICH, B. *Bright-Sided: How Positive Thinking Is Undermining America*. Nova York: Picador, 2010.

EINSTEIN, A. "Letter to Max Wertheimer". Albert Einstein Archive, Princeton University Library, s.d.

EMANUEL, E. J. *Healthcare, Guaranteed: A Simple, Secure Solution for America*. Nova York: Public Affairs, 2008.

ENSERINK, M. "What's Next for Disease Eradication?". *Science*, v. 330, pp. 1736-39, 24 dez. 2010. doi: 10.1126/science.330.6012.1736.

FINKEL, E. J.; EASTWICK, P. W.; KARNEY, B. R.; REIS, H. T.; SPRECHER, S. "Online Dating: A Critical Analysis from the Perspective of Psychological Science". *Psychological Science in the Public Interest*, n. 13, pp. 3-66, 2012.

FIRMAN, D.; QUIRK, K. *Brace for Impact*. Deerfield Beach, FL: Health Communications, Inc., 2009.

FLEGAL, K. M.; GRAUBARD, B. I.; WILLIAMSON, D. F.; GAIL, M. H. "Excess Deaths Associated with Underweight, Overweight, and Obesity". *Journal of the American Medical Association*, n. 293, pp. 1861-7, 2005.

FOLKMAN, J.; KALLURI, R. "Cancer Without Disease". *Nature*, n. 427, p. 787, 2004. doi: 10.1038/427787a.

FRANKLIN, B. "Letter to a Friend" (Filadélfia, 25 jun. 1745). Disponível em: <www.bibliomania.com/2/9/77/124/21473/1/frameset.html>.

_____. "Letter to Jonathan Williams" (Passy, 8 abr. 1779). In: SMYTH, A. H. (Org.). *The Writings of Benjamin Franklin*. Nova York: Macmillan, 1779. v. II, pp. 281-2.

FRIEDMAN, D. "Monty Hall's Three Doors: Construction and Deconstruction of a Choice Anomaly". *American Economic Review*, n. 88, pp. 933-46, 2004.

FRIEDMAN, D.; NAKHODA, A. *Monty Hall Problem*. Learning and Experimental Economics Projects of Santa Cruz (LEEPS), Universidade de Santa Cruz, ago. 2008. Disponível em: <leeps.ucsc.edu/misc/page/monty-hall-puzzle>.

FUREDI, A. "The Public Health Implications of the 1995 'Pill Scare'". *Human Reproduction Update*, n. 5, pp. 621-6, 1999. doi: 10.1093/humupd/5.6.621.

GAISSMAIER, W.; GIGERENZER, G. "9/11, Act II: A Fine-Grained Analysis of Regional Variations in Traffic Fatalities in the Aftermath of the Terrorist Attacks". *Psychological Science*, n. 23, pp. 1449-54, 2012.

REFERÊNCIAS BIBLIOGRÁFICAS

GALESIC, M.; GARCIA-RETAMERO, R. "The Risks We Dread: A Social Circle Account". *PLoS ONE*, n. 7, 2012. e32837.

_____; _____; GIGERENZER, G. "Using Icon Arrays to Communicate Medical Risks to Low-Numeracy People". *Health Psychology*, n. 28, pp. 210-6, 2009.

_____; _____; _____. *Maximizing and Satisficing: Personality Trait or Adaptive Strategies?* Manuscrito. Max Planck Institute for Human Development: Berlim, 2014.

GARCIA-RETAMERO, R.; GALESIC, M. "Doc, What Would You Do if You Were Me?: On Self-Other Discrepancies in Medical Decision Making". *Journal of Experimental Psychology: Applied*, n. 18, pp. 38-51, 2012.

GASKELL, G.; ALLANSDOTTIR, A.; ALLUM, N.; CORCHERO, C.; FISCHLER, C.; HAMPEL, J. et al. "Europeans and Biotechnology in 2005: Pattern and Trends". *Eurobarometer*, 64.3, 2006.

GAWANDE, A. *The Checklist Manifesto*. Nova York: Metropolitan, 2009.

GHOSH, A. K.; GHOSH, K. "Translating Evidence-Based Information into Effective Risk Communication: Current Challenges and Opportunities". *Journal of Laboratory and Clinical Medicine*, n. 145, pp. 171-80, 2005. doi: 10.1016/j.lab.2005.02.006.

GIBSON, R.; SINGH, J. P. *The Treatment Trap*. Chicago, IL: Dee, 2010.

GIGERENZER, G. *Adaptive Thinking: Rationality in the Real World*. Nova York: Oxford University Press, 2000.

_____. *Calculated Risks: How to Know When Numbers Deceive You*. Nova York: Simon and Schuster, 2002.

_____. "Dread Risk, September 11, and Fatal Traffic Accidents". *Psychological Science*, n. 15, pp. 286-7, 2004. doi: 10.1111/j.0956-7976.2004.00668.x.

_____. "Out of the Frying Pan into the Fire: Behavioral Reactions to Terrorist Attacks". *Risk Analysis*, n. 26, pp. 347-51, 2006. doi: 10.1111/j.1539-6924.2006.00753.x.

_____. *Gut Feelings: The Intelligence of the Unconscious*. Nova York: Viking, 2007.

_____. *Rationality for Mortals: How People Cope with Uncertainty*. Nova York: Oxford University Press, 2008.

_____. "What Are Natural Frequencies?: Doctors Need to Find Better Ways to Communicate Risk to Patients". *British Medical Journal*, v. 343, d6386, 2011.

_____; BRIGHTON, H. "Homo Heuristicus: Why Biased Minds Make Better Inferences". *Topics in Cognitive Science*, n. 1, pp. 107-43, 2009.

_____; FIEDLER, K.; OLSSON, H. "Rethinking Cognitive Biases as Environmental Consequences". In: TODD, P. M.; GIGERENZER, G.; ABC RESEARCH GROUP. *Ecological Rationality: Intelligence in the World*. Nova York: Oxford University Press, 2012, pp. 80-110.

_____; GAISSMAIER, W.; KURZ-MILCKE, E.; SCHWARTZ, L. M.; WOLOSHIN, S. "Helping Doctors and Patients to Make Sense of Health Statistics". *Psychological Science in the Public Interest*, n. 8, pp. 53-96, 2007.

_____.; GALESIC, M. "Why do Single Event Probabilities Confuse Patients?". *British Medical Journal*, v. 344, e245, 2012. doi: 10.1136/bmj.e245.

339

GIGERENZER, G.; GALESIC, M.; GARCIA-RETAMERO, R. "Stereotypes About Men's and Women's Intuitions: A Study of Two Nations". *Journal of Cross Cultural Psychology*, 2013. doi: 10.1177/0022022113487074.

_____; GOLDSTEIN, D. G. "The Recognition Heuristic: A Decade of Research". *Judgment and Decision Making*, n. 6, pp. 100-21, 2011.

_____; HERTWIG, R.; VAN DEN BROEK, E.; FASOLO, B.; KATSIKOPOULOS, K. V. "'A 30% Chance of Rain Tomorrow': How Does the Public Understand Probabilistic Weather Forecasts?". *Risk Analysis*, n. 25, pp. 623-9, 2005.

_____; _____; PACHUR, T. (Orgs.). *Heuristics: The Foundations of Adaptive Behavior*. Nova York: Oxford University Press, 2011.

_____; MATA, J.; FRANK, R. "Public Knowledge of Benefits of Breast and Prostate Cancer Screening in Europe". *Journal of the National Cancer Institute*, n. 101, v. 17, pp. 1216-20, 2009. doi: 10.1093/jnci/djp237.

_____; MUIR GRAY, J. A. (Orgs.). *Better Doctors, Better Patients, Better Decisions: Envisioning Health Care 2020*. Cambridge, MA: MIT Press, 2011.

_____; SELTEN, R. *Bounded Rationality: The Adaptive Toolbox*. Cambridge, MA: MIT Press, 2001.

_____; SWIJTINK, Z.; PORTER, T.; DASTON, L.; BEATTY, J.; KRÜGER, L. *The Empire of Chance: How Probability Changed Science and Everyday Life*. Cambridge: Cambridge University Press, 1989.

_____; TODD, P. M.; ABC RESEARCH GROUP. *Simple Heuristics that Make Us Smart*. Nova York: Oxford University Press, 1999.

_____; WEGWARTH, O.; FEUFEL, M. "Misleading Communication of Risk: Editors Should Enforce Transparent Reporting in Abstracts". *British Medical Journal*, n. 341, pp. 791-92, 2010. doi: 10.1136/bmj.c4830.

GOLDSTEIN, D. G.; GIGERENZER, G. "Models of Ecological Rationality: The Recognition Heuristic". *Psychological Review*, n. 109, pp. 75-90, 2002. doi: 10.1037/0033-295X.109.1.75.

_____; TALEB, N. N. "We Don't Quite Know What We Are Talking About When We Talk About Volatility". *Journal of Portfolio Management*, n. 33, pp. 84-6, 2007.

GOOD STEWARDSHIP WORKING GROUPS. "The 'Top 5' Lists in Primary Care". *Archives of Internal Medicine*, n. 171, pp. 1385-90, 2011.

GØTZSCHE, P. C.; NIELSEN, M. "Screening for Breast Cancer with Mammography". *Cochrane Database of Systematic Reviews*, n. 1, 2011. Artigo CD001877. doi: 10.1002/14651858.CD001877.pub4.

GOULD, S. J. *Bully for Brontosaurus: Further Reflections in Natural History*. Nova York: Penguin, 1992.

GRAHAM, I. D.; STIELL, I. G.; LAUPACIS, A. et al. "Awareness and Use of the Ottawa Ankle and Knee Rules in 5 Countries: Can Publication Alone Be Enough to Change Practice?". *Annals of Emergency Medicine*, n. 37, pp. 259-66, 2001.

GURIAN, E. A.; KINNAMON, D. D.; HENRY, J. J.; WAISBREN, S. E. "Expanded Newborn Screening for Biomedical Disorders: The Effect of a False-Positive Result". *Pediatrics*, n. 117, pp. 1915-21, 2006.

REFERÊNCIAS BIBLIOGRÁFICAS

HAAG, L.; STERN, E. "In Search of the Benefits of Learning Latin". *Journal of Educational Psychology*, n. 95, pp. 174-8, 2003.

HAIR, M.; RENAUD, K. V.; RAMSAY, J. "The Influence of Self-Esteem and Locus of Control on Perceived Email-Related Stress". *Computers in Human Behavior*, n. 23, pp. 2791-803, 2007.

HALDANE, A. G. "The Dog and the Frisbee". Discurso, Jackson Hole, 31 ago. 2012. Disponível em: <www.bankofengland.co.uk/publications/Pages/speeches/2012/596. aspx>.

HALE, W. R. "Can the Ottawa Ankle Decision Rules be Applied in the United States?". *Western Journal of Medicine*, n. 164, p. 363, 1996.

HARRIS, R.; LOHR, K. N. "Screening for Prostate Cancer: An Update of the Evidence for the U.S. Preventive Services Task Force". *Annals of Internal Medicine*, n. 137, pp. 917-29, 2002.

HECHT, S. S.; KASSIE, F.; HATSUKAMI, D. K. "Chemoprevention of Lung Carcinogenesis in Addicted Smokers and Ex-Smokers". *Nature Reviews Cancer*, n. 9, pp. 476-88, jul. 2009.

HERTWIG, R.; DAVIS, J. N.; SULLOWAY, F. "Parental Investment: How an Equity Motive Can Produce Inequality". *Psychological Bulletin*, n. 128, pp. 728-45, 2002.

_____; HOFFRAGE, U.; ABC RESEARCH GROUP. *Simple Heuristics for a Social World*. Nova York: Oxford University Press, 2013.

HEWLETT, J.; WAISBREN, S. E. "A Review of the Psychosocial Effects of False-Positive Results on Parents and Current Communication Practices in Newborn Screening". *Journal of Inherited Metabolic Disease*, n. 29, pp. 677-82, 2006.

HOFFMAN, R. M.; LEWIS, C. L.; PIGNONE, M. P.; COUPER, M. P.; BARRY, M. J.; ELMORE, J. G. et al. "Decision Making Processes for Breast, Colorectal, and Prostate Cancer Screening: The DECISIONS Survey". *Medical Decision Making*, n. 30, pp. 53S-64S, 2010.

HOFFRAGE, U.; GIGERENZER, G. "Using Natural Frequencies to Improve Diagnostic Inferences". *Academic Medicine*, n. 73, pp. 538-40, 1998. doi: 10.1097/00001888-199805000-00024.

HOFFRAGE, U.; LINDSEY, S.; HERTWIG, R.; GIGERENZER, G. "Communicating Statistical Information". *Science*, v. 290, pp. 2261-2, 2000. doi: 10.1126/science.290.5500.2261.

HOLMES, M. D.; CHEN, W. Y.; FESKANICH, D.; KROENKE, C. H.; COLDITZ, G. A. "Physical Activity and Survival After Breast Cancer Diagnosis". *Journal of the American Medical Association*, n. 293, pp. 2479-86, 2005.

HUFF, D. *How to Lie With Statistics*. Nova York: Norton, 1959.

IOANNIDIS, J. P. A. "Why Most Published Research Findings Are False". *PLoS Medicine*, n. 2, pp. 696-701, 2005.

JEFFERSON, T.; JONES, M. A.; DOSHI, P.; DEL MAR, C. B.; HENEGHAN, C. J.; HAMA, R.; THOMPSON, M. J. "Neuraminidase Inhibitors for Preventing and Treating Influenza in Healthy Adults and Children". *Cochrane Database of Systematic Reviews*, n. 1, 2012. Artigo CD008965. doi: 10.1002/14651858.

KAHNEMAN, D. *Thinking, Fast and Slow*. Londres: Allen Lane, 2011.

_____; TVERSKY, A. "Subjective Probability: A Judgment of Representativeness". *Cognitive Psychology*, n. 3, pp. 430-54, 1972.

KAMMERL, R.; HIRSCHÄUSER, L.; ROSENKRANZ, M.; SCHWINGE, C.; HEIN, S.; WARTHERG, L. *EXIF-Excessive Internetnutzung in Familien*. Berlim: Bundesministerium für Familie, Senioren, Frauen und Jugend, 2012.

KANT, E. "Beantwortung der Frage: Was ist Aufklärung?". *Berlinische Monatsschrift, Dezember-Heft*, pp. 481-94, 1784.

KATTAH, J. C.; TALKAD, A. V.; WANG, D. Z.; HSIEH, Y.-H; NEWMAN-TOKER, D. E. "HINTS to Diagnose Stroke in the Acute Vestibular Syndrome". *Stroke*, n. 40, pp. 3504-10, 2009.

KNAUL, F.; FRENK, J. "Latin America's Silent Breast Cancer Epidemic". Harvard School of Public Health, Gabinete do Reitor. Disponível em: <http://134.174.190.199/administrative-offices/deans-office/julio-frenk-dean/silent-breast-cancer-epidemic/index.html>.

KNIGHT, F. *Risk, Uncertainty and Profit*. Boston, MA: Houghton Mifflin, 1921.

KOHN, L. T.; CORRIGAN, J. M.; DONALDSON, M. S. (Orgs.). *To Err Is Human: Building a Safer Health System*. Washington, DC: National Academy Press, 2000.

KRÄMER, W. *Die Angst der Woche: Warum wir uns vor den falschen Dingen fürchten*. Munique: Piper, 2011.

KRAUSS, S.; WANG, X. T. "The Psychology of the Monty Hall Problem: Discovering Psychological Mechanisms for Solving a Tenacious Brain Teaser". *Journal of Experimental Psychology: General*, n. 132, pp. 3-22, 2003.

KRITZMAN, M.; PAGE, S.; TURKINGTON, D. "In Defense of Optimization: The Myth of 1/N". *Financial Analysis Journal*, n. 66, pp. 31-9, 2010.

KROGSBØLL, L. T.; JØRGENSEN, K. J.; GRØNHØJ LARSEN, C.; GØTZSCHE, P. C. "General Health Checks in Adults for Reducing Morbidity and Mortality from Disease". *Cochrane Database of Systematic Reviews*, n. 10, 2012. Artigo CD009009. doi: 10.1002/14651858. CD009009.pub2.

KRÜGER, L.; DASTON, L.; HEIDELBERGER, M. (Orgs.). *The Probabilistic Revolution*. Cambridge, MA: MIT Press, 1987. v. 1: *Ideas in History*.

KRÜGER, L.; GIGERENZER, G.; MORGAN, M. S. (Orgs.). *The Probabilistic Revolution*. Cambridge, MA: MIT Press, 1987. v. II: *Ideas in the Sciences*.

KRUGLANSKI, A.; GIGERENZER, G. "Intuitive and Deliberate Judgments are Based on Common Principles". *Psychological Review*, n. 118, pp. 97-109, 2011.

KURZ-MILCKE, E.; GIGERENZER, G.; MARTIGNON, L. "Transparency in Risk Communication: Graphical and Analog Tools". *Annals of the New York Academy of Sciences*, n. 1128, pp. 18-28, 2008.

_____. "Risiken durchschauen: Graphische und analoge Werkzeuge". *Stochastik in der Schule*, n. 31, pp. 8-16, 2011.

LABARGE, A. S.; MCCAFFREY, R. J.; BROWN, T. A. "Neuropsychologists' Ability to Determine the Predictive Value of Diagnostic Tests". *Clinical Neuropsychology*, n. 18, pp. 165-75, 2003.

REFERÊNCIAS BIBLIOGRÁFICAS

LARSON, C. A. "Evidence-Based Medicine: An Analysis of Prophylactic Bilateral Oophorectomy at Time of Hysterectomy for Benign Conditions". *Current Oncology*, n. 18, pp. 13-15, 2011.

LEDOUX, J. E. *The Emotional Brain*. Nova York: Simon and Schuster, 1996.

LEE, C. I.; HAIMS, A. H.; MONICO E. P.; BRINK, J. A.; FORMAN, H. P. "Diagnostic CT Scans: Assessment of Patient, Physician, and Radiologist Awareness of Radiation Dose and Possible Risk". *Radiology*, n. 231, pp. 393-8, 2004.

LEEMAN, R. F.; FISCHLER, C.; ROZIN, P. "Medical Doctors' Attributes and Beliefs About Diet and Health Are More Like Those of Their Lay Countrymen (France, Germany, Italy, UK, e U.S.A) than Those of Doctors in Other Countries". *Appetite*, n. 56, pp. 558-63, 2011.

LEIBNIZ, G. W. "The Horizon of Human Doctrine". In: WIENER, P. P. (Org.). *Selections*. Nova York: Scribner's Sons, 1961. [Obra original publicada em 1690.]

LEWIS, M. *The Big Short*. Nova York: Norton, 2010.

LIN, E. C. "Radiation Risk from Medical Imaging". *Mayo Clinic Proceedings*, n. 85, pp. 1142-6, 2010.

LIU, Y.; HU, F.; LI, D. "Does Physical Activity Reduce the Risk of Prostate Cancer?". *European Urology*, n. 60, pp. 1029-44, 2011.

LONGNECKER, M. P.; NEWCOMB, P. A.; MITTENDORF, R.; GREENBERG, E. R.; CLAPP, R. W.; BOGDAN, G. F. et al. "Risk of Breast Cancer in Relation to Lifetime Alcohol Consumption". *Journal of the National Cancer Institute*, n. 87, pp. 923-9, 1995.

LUCHINS, E. H.; LUCHINS, A. S. "Introduction to the Einstein-Wertheimer Correspondence". *Methodology and Science*, v. 12, pp. 165-202, 1979.

MACDONALD, K. L.; JACKSON, J. B.; BOWMAN, R. J.; POLESKY, H. F.; RHAME, F. S.; BALFOUR, H. et al. "Performance Characteristics of Serologic Tests for Human Immunodeficiency Virus Type 1 (HIV-1) Antibody Among Minnesota Blood Donors. Public Health and Clinical Implications". *Annals of Internal Medicine*, n. 110, pp. 617-21, 1989.

MAIDIQUE, M. "The Leader's Toolbox: A Deconstruction of High-Stakes CEO Decision Making". Apresentação de pôster em reunião da Society of Judgment and Decision making, Seattle. Disponível em: <onlineappsdev.fiu.edu/lead/news/article/38>.

MAKRIDAKIS, S.; HOGARTH, R. M.; GABA, A. "Forecasting and Uncertainty in the Economic and Business World". *International Journal of Forecasting*, n. 25, pp. 794-812, 2009.

MALKIEL, B. G. *A Random Walk down Wall Street*. Nova York: Norton, 2007.

MANDELBROT, B.; TALEB, N. N. "How Finance Gurus Get Risk All Wrong". *Fortune*, pp. 99-100, 11 jun. 2005.

MARTIGNON, L.; VITOUCH, O.; TAKEZAWA, M.; FORSTER, M. R. "Naive and Yet Enlightened: From Natural Frequencies to Fast and Frugal Trees". In: GIGERENZER, G.; HERTWIG, R.; PACHUR, T. (Orgs.). *Heuristics: The Foundations of Adaptive Behavior*. Nova York: Oxford University Press, 2011, pp. 134-50.

MCCOLLOUGH, C. H. "Defending the Use of Medical Imaging". *Health Physics*, n. 100, pp. 318-21, 2011.

MCMANUS, I. C.; RICHARDS, P.; WINDER, B. C.; SPROSTON, K. A. "Clinical Experience, Performance in Final Examinations, and Learning Style in Medical Students: Prospective Study". *British Medical Journal*, n. 316, pp. 345-50, 1998.

MILL, J. S. *On Liberty*. Londres: Longman, Roberts and Green, 1869.

MILLER, G. *The Mating Mind: How Sexual Choice Shaped the Evolution of Human Nature*. Londres: William Heinemann, 2000.

MINTZBERG, H. *Managing*. San Francisco: Berrett-Koeler, 2009.

MONTI, M.; MARTIGNON, L.; PELLIGRA, V.; GUGLIEMETTI, C. *The Insurance by My Side: Better Risk Assessment for Smarter Insurance Decisions* (CAREFIN Working Paper No. 3/2011). Milão: Università Commerciale Luigi Bocconi, 2012.

MOOI, W. J.; PEEPER, D. S. "Oncogene-Induced Cell Senescence-Halting on the Road to Cancer". *New England Journal of Medicine*, n. 355, pp. 1037-46, 2006.

MULTMEIER, J. *Representations Facilitate Bayesian Reasoning: Computational Facilitation and Ecological Design Revisited*. Tese de doutorado. Berlim: Free University, 2012.

MUNRO, E. "A Simpler Way to Understand the Results of Risk Assessment Instruments". *Children and Youth Services Review*, n. 25, pp. 873-83, 2004.

MURIS, P.; MERCKELBACH, H.; MEESTERS, C.; VAN LIER, P. "What Do Children Fear Most Often?". *Journal of Behavior Therapy and Experimental Psychiatry*, n. 28, pp. 263-7, 1997.

NASS-GRIEGOLEIT, I.; SCHULTZ-ZEHDEN, B.; KLUSENDICK, M.; DIENER, J.; SCHULTE, H. "Studie belegt hohe Akzeptanz des Mammographie-Screenings bei Frauen: Ergebnisse der ersten repräsentativen Studie in Deutschland". *Frauenarzt*, n. 50, pp. 494-501, 2009.

NEUBERG, S. L.; NEWSOM, J. T. "Personal Need for Structure: Individual Differences in the Desire for Simple Structure". *Journal of Personality and Social Psychology*, n. 65, pp. 113-31, 1993.

NIDA-RÜMELIN, J. *Die Optimierungsfalle*. Munique: Irisiana, 2011.

NISBETT, R. E. *The Geography of Thought: How Asians and Westerners think differently... and Why*. Nova York: Free Press, 2003.

_____. *Intelligence and How to Get It*. Nova York: Norton, 2009.

NYSTRÖM, L. "Long-Term Effects of Mammography Screening: Updated Overview of the Swedish Randomized Trials". *Lancet*, n. 359, pp. 909-19, 2002.

ÖHMAN, A.; MINEKA, S. "Fears, Phobias, e Preparedness: Toward an Evolved Module of Fear and Fear Learning". *Psychological Review*, n. 108, pp. 483-522, 2001.

OPHIR, E.; NASS, C.; WAGNER, A. D. "Cognitive Control in Media Multitaskers". *Proceedings of the National Academy of Sciences of the United States of America*, n. 106, pp. 15 583-7, 2009.

ORPANA, H. M; BERTHELOT, J. M.; KAPLAN, M. S.; FRENY, D. H.; MCFARLAND, B.; ROSS, N. A. "BMI and Mortality: Results from a National Longitudinal Study of Canadian Adults". *Obesity*, n. 18, pp. 214-8, 2008.

ORRELL, D. *Economyths*. Londres: Icon, 2010.

REFERÊNCIAS BIBLIOGRÁFICAS

ORTMANN, A.; GIGERENZER, G.; BORGES, B.; GOLDSTEIN, D. G. "The Recognition Heuristic: A Fast and Frugal Way to Investment Choice?". In: PLOTT, C. R.; SMITH, V. L. (Orgs.). *Handbook of Experimental Economics Results*. Amsterdam: North--Holland, 2008. v. 1, pp. 993-1003.

PAULOS, J. A. *Innumeracy: Mathematical Illiteracy and Its Consequences*. Nova York: Vintage, 1998.

PAYER, L. *Medicine and Culture*. Nova York: Holt, 1996.

PETO, J. "Cancer Epidemiology in the Last Century and the Next Decade". *Nature*, n. 411, pp. 390-95, 2001.

PIATELLI-PALMARINI, M. "Probability Blindness: Neither Rational nor Capricious". *Bostonia*, pp. 28-35, mar.-abr. 1991.

_____. *Inevitable Illusions: How Mistakes of Reason Rule our Minds*. Nova York: Wiley, 1994.

PICANO, E.; Matucci-Cerinic, M. "Unnecessary Radiation Exposure from Medical Imaging in the Rheumatology Patient". *Rheumatology*, n. 50, pp. 1537-9, 2011.

POLYA, G. *Mathematics and Plausible Reasoning*. Princeton, NJ: Princeton University Press, 1954. v. 1.

POSNER, R. A. *A Failure of Capitalism*. Cambridge, MA: Harvard University Press, 1009.

PROCTOR, R. N. "The History of the Discovery of the Cigarette-Lung Cancer Link: Evidentiary Traditions, Corporate Denial, Global Toll". *Tobacco Control*, n. 21, pp. 87-91, 2012.

PRONOVOST, P.; NEEDHAM, D.; BERENHOLTZ, S.; SINOPOLI, D.; CHU, H.; COSGROVE, S. et al. "An Intervention to Decrease Catheter-Related Bloodstream Infections in the ICU". *New England Journal of Medicine*, n. 355, pp. 2725-32, 2006.

QUART, A. *Branded: The Buying and Selling of Teenagers*. Cambridge, MA: Perseus, 2003.

QUIGLEY, C. *The Corpse: A History*. Londres: McFarland, 1996.

RAMPURA, V.; HAPANI, S.; WU, S. "Treatment-Related Mortality with Bevacizumab in Cancer Patients: A Meta-Analysis". *Journal of the American Medical Association*, n. 305, pp. 487-94, 2011.

REBONATO, R. *Taking Liberties: A Critical Examination of Libertarian Paternalism*. Basingstoke: Palgrave Macmillan, 2012.

RENN, O. "Die Multidisziplinarität des Themas Risiko". In: BERLIN-BRANDENBUR-GISCHE AKADEMIE DER WISSENSCHAFTEN (Org.). *Risiko*. Berlim, 2007, pp. 71-5.

REYNA, V. F.; BRAINERD, C. J. "The Importance of Mathematics in Health and Human Judgment: Numeracy, Risk Communication, and Medical Decision Making". *Learning and Individual Differences*, n. 17, pp. 147-59, 2007.

RIPLEY, A. *The Unthinkable: Who Survives When Disaster Strikes — and Why*. Nova York: Three Rivers, 2009.

SAHLBERG, P. *Finnish Lessons: What Can the World Learn from Educational Change in Finland?*. Nova York: Teachers College Press, 2011.

SAVAGE, L. J. *The Foundations of Statistics*. Nova York: Dover, 1954.

SCHIRRMACHER, F. *Payback*. Munique: Blessing, 2009.

SCHNEIDER, S. "Homo Economicus — or More Like Homer Simpson?". *Deutsche Bank Research*, 29 jun. 2010. Disponível em: <www.dbresearch.com>.

SCHROEDER, F. H. et al. "Prostate-Cancer Mortality at 11 Years of Follow-Up". *New England Journal of Medicine*, n. 366, pp. 981-90, 2012.

SCHÜTZE, M. "Alcohol Attributable Burden of Incidence of Cancer in Eight European Countries Based on Results from Prospective Cohort Study". *British Medical Journal*, n. 342, d1584, 2011.

SCHWARTZ, B.; WARD, A.; MONTEROSSO, J.; LYUBOMIRSKY, S.; WHITE, K.; LEHMAN, D. R. "Maximizing versus Satisficing: Happiness Is a Matter of Choice". *Journal of Personality and Social Psychology*, n. 83, pp. 1178-97, 2002.

SCHWARTZ, D. T. "Counter-Point: Are We Really Ordering Too Many CT Scans?". *Western Journal of Emergency Medicine*, n. 9, pp. 120-2, 2007.

SCHWARTZ, L. M.; WOLOSHIN, S. "The Drug Facts Box: Making Informed Decisions About Prescription Drugs Possible". In: GIGERENZER, G.; MUIR GRAY J. A. (Orgs.). *Better Doctors, Better Patients: Envisioning Health Care 2020*. Cambridge, MA: MIT Press, 2011.

_____;_____; WELCH, H. G. "Risk Communication in Clinical Practice: Putting Cancer in Context". *Monograph of the National Cancer Institute*, n. 25, pp. 124-33, 1999.

_____. "Using a Drug Facts Box to Communicate Drug Benefits and Harms". *Annals of Internal Medicine*, n. 150, pp. 516-27, 2009.

SCHWARTZ, L. M.; WOLOSHIN, S.; FOWLER, F. J.; WELCH, H. G. "Enthusiasm for Cancer Screening in the United States". *Journal of the American Medical Association*, n. 291, pp. 71-8, 2004.

SEDRAKYAN, A.; SHIH, C. "Improving Depiction of Benefits and Harms: Analyses of Studies of Well-Known Therapeutics and Review of High-Impact Medical Journals". *Medical Care*, n. 45, pp. 523-8, 2007.

SELIGMAN, M. E. P. "On the Generality of the Laws of Learning". *Psychological Review*, n. 77, pp. 406-18, 1970.

SELVIN, S. "A Problem in Probability". Carta ao editor. *American Statistician*, n. 29, p. 67, 1975.

SHAH, N. B.; PLATT, S. L. "ALARA: Is There a Cause for Alarm?: Reducing Radiation Risk from Computed Tomography Scanning in Children". *Current Opinion in Pediatrics*, n. 20, pp. 243-7, 2008.

SHERDEN, W. A. *The Fortune Sellers*. Nova York: Wiley, 1998.

SHIBATA, A.; WHITTEMORE, A. S. "Re: Prostate Cancer Incidence and Mortality in the United States and the United Kingdom". *Journal of the National Cancer Institute*, n. 9, pp. 1109-10.

SIEGRIST, M.; COUSIN, M.-E.; KELLER, C. "Risk Communication, Prenatal Screening, and Prenatal Diagnosis: The Illusion of Informed Decision Making". *Journal of Risk Research*, n. 11, pp. 87-97, 2008.

REFERÊNCIAS BIBLIOGRÁFICAS

SIROVICH, B. E.; WELCH, H. G. "Cervical Cancer Screening Among Women Without a Cervix". *Journal of the American Medical Association*, n. 291, pp. 2990-3, 2004.

SLOVIC, P. "Perception of Risk". *Science*, n. 236, pp. 280-5, 1987. doi: 10.1126/science. 3563507.

SMITH-BINDMAN, R.; LIPSON, J.; MARCUS, R.; KIM, K.-P.; MAHESH, M.; GOULD, R. et al. "Radiation Dose Associated with Common Computed Tomography Examinations and the Associated Lifetime Attributable Risk of Cancer". *Archives of Internal Medicine*, n 169, pp. 2078-86, 2009.

STEIMLE, S. "UK's Tony Blair Announces Crusade to Fight Cancer". *Journal of the National Cancer Institute*, n. 91, p. 1189, 1999.

STEINMAN, M.; SHLIPAK, M. G.; MCPHEE, S. J. "Of Principles and Pens: Attitudes and Practices of Medical House Staff Toward Pharmaceutical Industry Promotions". *American Journal of Medical Genetics*, n. 110, pp. 551-7, 2001.

STEPHEN, A. E.; SEGEV, D. L.; RYAN, D. P.; MULLINS, M. E.; KIM, S. H.; SCHNITZER, J. J.; DOODY, D. P. "The Diagnosis of Acute Appendicitis in a Pediatric Population: To CT or Not to CT". *Journal of Pediatric Surgery*, n. 38, pp. 367-71, 2003.

STEURER, J.; HELD, U.; SCHMIDT, M.; GIGERENZER, G.; TAG, B.; BACHMANN, L. M. "Legal Concerns Trigger Prostate-Specific Antigen Testing". *Journal of Evaluation in Clinical Practice*, n. 15, pp. 390-2. doi: 10.1111/j.1365-2753.2008.01024.x.

STIFTUNG WARENTEST. "Urologen im Test: Welchen Nutzen hat der PSA-Test?". *Stiftung Warentest*, pp. 86-9, fev. 2004.

STIGLER, S. M. "Stigler's Law of Eponymy". *Transactions of the New York Academy of Sciences*, n. 39, pp. 147-57, 1980.

_____. "Who Discovered Bayes' Theorem?". *American Statistician*, n. 37, pp. 290-6, 1983.

STIGLITZ, J. E. *Freefall: America, Free Markets, and the Sinking of the World Economy*. Nova York: Norton, 2010.

STINE, G. J. *Acquired Immune Deficiency Syndrome: Biological, Medical, Social, and Legal Issues*. 2 ed. Englewood Cliffs, NJ: Prentice Hall, 1996.

STRAYER, D. L.; DREWS, F. A.; CROUCH, D. J. "Comparing the Cell-Phone Driver and the Drunk Driver". *Human Factors*, n. 48, pp. 381-91, 2006.

STUDDERT, D. M.; MELLO, M. M.; SAGE, W. M.; DESROCHES, C. M.; PEUGH, J.; ZAPERT, K.; BRENNAN, T. A. "Defensive Medicine Among High-Risk Specialist Physicians in a Volatile Malpractice Environment". *Journal of the American Medical Association*, n. 293, pp. 2609-17, 2005.

_____; _____; GAWANDE, A. A.; GANDHI, T. K.; KACHALLA, A.; YOON, C. et al. "Claims, Errors, and Compensation Payments in Medical Malpractice Litigation". *New England Journal of Medicine*, n. 354, pp. 2024-33, 2006.

TALEB, N. N. *Fooled by Randomness: The Hidden Role of Chance in Life and in the Markets*. Londres: Thomson, 2004.

_____; BLYTH, M. "The Black Swan of Cairo". *Foreign Affairs*, n. 90, pp. 33-9.

TANKARD, J. W. "The H. G. Wells Quote on Statistics: A Question of Accuracy". *Historia Mathematica*, n. 6, pp. 30-3, 1979.

TAP STUDY GROUP. "Photodynamic Therapy of Subfoveal Choroidal Neovascularization in Age-Related Macular Degeneration with Verteporfin". *Archives of Ophthalmology*, n. 119, pp. 198-207, 2001.

TENGS, T. O.; ADAMS, M. E.; PLISKIN, J. S.; SAFRAN, D. G.; SIEGEL, J. E.; WEINSTEIN, M. C.; GRAHAM, J. D. "Five-Hundred Life-Saving Interventions and their Costeffectiveness". *Risk Analysis*, n. 15, pp. 369-90, 1995.

TETLOCK, P. E. *Expert Political Judgment*. Princeton, NJ: Princeton University Press, 2005.

THALER, R. H. *Quasi Rational Economics*. Nova York: Russell Sage Foundation, 1991.

_____; SUNSTEIN, C. R. *Nudge*. New Haven, CT: Yale University Press, 2008.

TODD, P. M.; BILLARI, F. C.; SIMÃO, J. "Aggregate Age-at-Marriage Patterns from Individual Mate-Search Heuristics". *Demography*, n. 42, pp. 559-74, 2005.

_____; GIGERENZER, G.; ABC RESEARCH GROUP. *Ecological Rationality: Intelligence in the World*. Nova York: Oxford University Press, 2012.

_____; MILLER, G. F. "From Pride and Prejudice to Persuasion: Satisficing in Mate Search". In: GIGERENZER, G.; TODD, P. M.; ABC RESEARCH GROUP. *Simple Heuristics that Make Us Smart*. Nova York: Oxford University Press, 1999, pp. 287-308.

_____; KNUTSON, B.; MINARD, S. L. "Simple Heuristics for Deciding What to Eat". In: PRESTON, S.; KRINGELBACH, M.; KNUTSON, B. (Orgs.). *Interdisciplinary Science of Consumption*. Cambridge, MA: MIT Press, 2014.

TÖRNGREN, G.; MONTGOMERY, H. "Worse than Chance?: Performance and Confidence Among Professionals and Laypeople in the Stock Market". *Journal of Behavioral Finance*, n. 5, pp. 148-53, 2004.

TRUNKEY, D. D. "Health Care Reform: What Went Wrong". *Annals of Surgery*, n. 252, pp. 417-25, 2010.

TU, X. M.; LITVAK, E.; PAGANO, M. "Issues in Human Immunodeficiency Virus (HIV) Screening Programs". *American Journal of Epidemiology*, n. 136, pp. 244-55, 1992.

TURKLE, S. *Alone Together*. Nova York: Basic, 2011.

TWAIN, M. *Pudd'nhead Wilson*. Nova York: Bantam Classics, 2005. [Obra original publicada em 1894.]

TWENGE, J. M.; GENTILE, B.; DEWALL, N.; MA, D.; LACEFIELD, K.; SCHURTZ, D. R. "Birth Cohort Increases in Psychopathology Among Uoung Americans, 1938-2007". *Clinical Psychology Review*, n. 30, pp. 145-54, 2010.

VAZQUEZ, F.; FEDERICO, P. *Bank Funding Structures and Risk* (IMF Working Paper 12/29). International Monetary Fund, 2012.

VITOUCH, O.; STRAUSS, S.; LADING, O. *Kognitive Täuschungen durch Prozentangaben: Der Fall der staatlich geförderten Pensionsvorsorge* (Final Report, OeNB Project No. 11109). Departmento de Psicologia, Uiversidade de Klagenfurt, 2007.

VOLZ, K. G.; GIGERENZER, G. "Cognitive Processes in Decision Under Risk Are Not the Same as in Decisions Under Uncertainty". *Frontiers in Decision Neuroscience*, n. 6, v. 105, 2006. doi: 10.3389/fnins.2012.00105.

WEGWARTH, O.; GAISSMAIER, W.; GIGERENZER, G. "Deceiving Numbers: Survival Rates and Their Impact on Doctors' Risk Communication". *Medical Decision Making*, n. 31, pp. 386-94, 2011. doi: 10.1177/0272989X10391469.

REFERÊNCIAS BIBLIOGRÁFICAS

WEGWARTH, O.; SCHWARTZ, L. M.; WOLOSHIN, S.; GAISSMAIER, W.; GIGERENZER, G. "Do Physicians Understand Cancer Screening Statistics?: A National Survey of Primary Care Physicians in the United States". *Annals of Internal Medicine*, n. 156, pp. 340-9, 2012.

WELCH, H. G.; _____; _____. "Are Increasing Five-Year Survival Rates Evidence of Success Against Cancer?". *Journal of the American Medical Association*, n. 283, pp. 2975-8, 2000.

_____. *Overdiagnosed: Making People Sick in the Pursuit of Health*. Boston: Beacon, 2011.

_____. *World Brain*. Londres: Adamantine, 1938; 1994.

WERTHEIMER, M. "Letter to Albert Einstein". Verão 1934. Albert Einstein Archive, Princeton University Library.

WILLYARD, C. "Lifestyle: Breaking the Cancer Habit". *Nature*, n. 471, pp. S16-S17, 2011.

WOBKER, I.; LEHMANN-WAFFENSCHMIDT, M.; KENNING, P.; GIGERENZER, G. *What do People Know About the Economy?: A Test of Minimal Economic Knowledge in Germany*. Manuscrito. Friedrichshafen: Universidade Zeppelin, 2012.

WOLOSHIN, S.; SCHWARTZ, L. M. "How a Charity Oversells Mammography". *British Medical Journal*, n. 345, e5132, 2012. doi: 10.1136/bmj.e5132.

_____; _____; WELCH, H. G. *Know Your Chances: Understanding Health Statistics*. Berkeley: University of California Press, 2008.

WÜBBEN, M.; WANGENHEIM, F. v. "Instant Customer Base Analysis: Managerial Heuristics Often 'Get It Right'". *Journal of Marketing*, n. 72, pp. 82-93, 2008. doi: 10.1509/jmkg.72.3.82.

YAMAMOTO, K. "Children's Ratings of the Stressfulness of Experiences". *Developmental Psychology*, n. 15, pp. 581-2, 1979.

YOUNG, J. M.; GLASZIOU, P.; WARD, J. E. "General Practitioners' Self Rating of Skills in Evidence Based Medicine: A Validation Study". *British Medical Journal*, n. 324, pp. 950-1, 2002.

ZHU, L.; GIGERENZER, G. "Children Can Solve Bayesian Problems: The Role of Representation in Mental Computation". *Cognition*, n. 98, pp. 287-308, 2006.

ZIMMERMAN, F. J.; CHRISTAKIS, D. A.; MELTZOFF, A. N. "Associations Between Media Viewing and Language Development in Children Under Age 2 Years". *Journal of Pediatrics*, n. 151, pp. 364-8, 2007.

CRÉDITOS DAS IMAGENS

1.1. Instituto Max Planck para o Desenvolvimento Humano

1.2. Gigerenzer

2.1. Gigerenzer

2.2. Bridgeman Art Library

2.3. Instituto Max Planck para o Desenvolvimento Humano

2.4. Instituto Max Planck para o Desenvolvimento Humano

2.5. Gigerenzer

3.1. Instituto Max Planck para o Desenvolvimento Humano

3.2. © 1995 Edward H. Adelson. As imagens do xadrez podem ser reproduzidas e distribuídas livremente. Disponível em: <http://web.mit.edu/persci/people/adelson/checkershadow_illusion.html>.

4.1. Instituto Max Planck para o Desenvolvimento Humano

5.1. Gigerenzer

5.2. Gigerenzer

5.3. Instituto Max Planck para o Desenvolvimento Humano

6.1. Gigerenzer

6.2. Gigerenzer

6.3. Gigerenzer

6.4. Gigerenzer

7.1. Instituto Max Planck para o Desenvolvimento Humano

7.2. Instituto Max Planck para o Desenvolvimento Humano

7.3. Gigerenzer

7.4. Instituto Max Planck para o Desenvolvimento Humano

7.5. Gigerenzer

8.1. Gigerenzer

8.2. Gigerenzer

9.1. Gigerenzer

9.2. Gigerenzer

9.3. Gigerenzer

9.4. Gigerenzer

9.5. Gigerenzer

10.1. Gigerenzer

10.2. Gigerenzer

10.3. Gigerenzer

10.4. Harding Center for Risk Literacy

10.5. Gigerenzer

10.6. Gigerenzer

10.7. Harding Center for Risk Literacy

10.8. Gigerenzer

10.9. Gigerenzer

10.10. Gigerenzer

11.1. Instituto Max Planck para o Desenvolvimento Humano

12.1. Instituto Max Planck para o Desenvolvimento Humano

12.2. Gigerenzer

ÍNDICE REMISSIVO

As páginas indicadas em itálico referem-se às ilustrações.

Ablin, Richard J., 222

aborto, 16-7, 19, 25

acidentes de trânsito, 23, 45; celulares e, 288-9; fatais, 20, *21*, 23, 83, 247, 251, 270, 290; medo de voar depois de Onze de Setembro e, *21*, 22, 24, 45

ações, mercado de ações, 30, 33, 35, 103-4, 107-10, 143; estratégias de investimento simples, 123-4; intuições sobre, 175; portfólio de variância média e, 112-3; quebra da Segunda-Feira Negra, 109, 256; quebra de 1929, 108; regra 1/n e, 111-6, 124, 142; volatilidade e, 118

Acordos de Basileia, 255

açúcar, 249

Adams, John, 293

Adler, Isaac, 245

advogados, 72-4

aids, 52, 247; modelos de computador na propagação de, 63; testes de HIV, 30, *31*, 46-7, 49, *50*, 148, 190

Aiken, Howard, 56

alavancagem, 258; definição, 299

álcool, 250, 284, 286

alfabetização em risco, 12; educação e *ver* educação; médicos e, 199, 201

alfabetização em saúde, 277, 284-6

alfabetização financeira, 277, 286-7

alimento, 89; de origem animal, 249; fast food, 249, 284-5; geneticamente modificado, 89-90, 93; riscos de câncer e, 249, 284; salgados, 249; temores sobre, 84, 89-90, 92; tomada de decisão em restaurantes, 159-63, *162*; vegetal, 249

al-Qaeda, 20, 22

amamentação, 250

amígdala, 83
amor, 172
analfabetismo matemático, 202, 223; definição, 299
Andersen, Hans Christian, 254-5
Andrews, Carol, 150
ansiedade: controle interno e, 97-9; *ver também* medo
AOL, 291
apostas em cassinos, 153-8, *157*
aprendizagem de línguas, 290
aranhas, medo de, 94, 96
armas, 84, 86, 93-4
assistindo televisão, 163
ataques de tubarão, 83
atividade física, 249, 284
Áustria, 116-9
Autorregulação Voluntária da Indústria Farmacêutica (FSA), 183-4
Avastin, 242
aversão ao risco, 13, 57; cultura *vs.* personalidade em, 93; definição, 300; investimentos financeiros e, 123

Babson, Roger, 108
bancos, sistema bancário, 253-63, 271; Acordos de Basileia e, 255; alavancagem e, 258-9; alfabetização financeira e, 286-7; capital, 260; confiança e, 118-22, 287; ilusão do peru e, 256-7; planos de aposentadoria oferecidos por, 116-21, *120*; produtos complexos e, 122-3; regulação dos, 260; value at risk e, 64, 256
Barclays, 261
Bayes, Thomas, 191, 312
beisebol, 34, 38, 42-3; médias de rebatidas em, 34, 37
Bell, Graham, 55
Berkshire Hathaway, 139

Berlim, 182-3
Biblioteca Cochrane, 210
bin Laden, Osama, 22
bioterrorismo, 271
Bismarck, Otto von, 83
Blair, Tony, 218
Bohr, Niels, 55
Boston Globe, 66
Brawley, Otis, 228
British Medical Journal, 18, 179, 268
Buffett, Warren, 122, 139
Burton, Richard, 29
Bush, Laura, 234

caçadores-coletores, 23
caça-níqueis, 155-8, *157*
caixa de ferramentas adaptativa, 44, 136-7, 145; definição, 300
Calculated Risks: How to Know When Numbers Deceive You (Gigerenzer), 19, 47, 49
Calvin e Haroldo, 57
Câmara Austríaca de Médicos, 200
Cambiasso, Esteban, 159
câncer, 229, 242; álcool e, 250, 284, 286; alfabetização em saúde e, 277, 284-6; cólon, 218; estilo de vida e meio ambiente e, 245-52, *246*, 284; obesidade, dieta e inatividade física e, 248-50, 284; pâncreas, 240; pulmão, 224, 247; remédios para, 242-3, 245; sobrediagnóstico de, 214, 216, 241; tabagismo e, 247-8
câncer cervical, exame do Papanicolau para, 203, 224, 241
câncer de mama: destinos de mortalidade por, 235-6, 241; em japonesas *vs.* havaianas, 245, *246*; Susan G. Komen for the Cure e, 236; taxas de sobrevivência para, 235-6

354

ÍNDICE REMISSIVO

câncer do estômago, 241, 249; em japoneses *vs.* havaianos, 245, *246*

câncer, exames de, 242, 284; definição,
301; fatos e ficção sobre, 240-1; para
câncer de mama, *ver* mamografia;
para o câncer de próstata, *ver* exame
para câncer de próstata

câncer, prevenção do, 240, 242-52; estilo de vida e mudanças no ambiente,
245-52

câncer, taxas de sobrevivência, 224-6,
229; para câncer de cólon, 218; para
câncer de mama, 235-6; taxas de mortalidade *vs.*, 218, 225, *226*

capital, 260

cara ou coroa, 172

cardápio, 159-61, *162*

carne, 249

carros, previsão sobre, 56

casamento: Darwin e, 164-6; Franklin e,
164-9, 172; maximização e, 165; pressão social e, 166; Problema do Dote e,
170; regras do polegar e, 165-6

Casanova, Giacomo, 178

casas mal-assombradas, 88

cassinos, 153-8, *157*

Centros de Controle e Prevenção de Doenças (cdc), 178-9

cérebro: ilusões cognitivas e, 60, 148, 199;
medo e, 83-4

certeza, 29-56, *37*; absoluta, 53; busca de,
33, 53, 55; falsa, 33; ilusão de, 29-33,
31, 46, 305; testes e, *31*, 32, 34; *ver
também* incerteza

China, 203

Chopin, Frédéric, 87

chuva, probabilidades de, 13-4, *15*, 25, 37,
39, 277

classe de referência, 14, 39, 80, 179-80;
definição, 300

cobras, medo de, 94-6

Cochrane Collaboration, 193, 272

cogumelos, 84

comitês de ética, 19

competência em riscos digitais, 277, 287-
92

compras, 161-3, *162*

computadores, 56

concepção física, 38, 310

Conferência de Investimentos Morningstar,
113

conferências de educação médica continuada (emc), 183-5, *187*, 189-90

confiança: clientes de banco e, 118-22,
287; em médicos, 118, 202

conflitos de interesse, 203-4; definição,
300; exame de psa e, 223, 227-8

Conselho de Bioética do Presidente, 19

controle interno, e ansiedade, 97-9

Copa do Mundo de futebol, 158

coração, 92

corporações, 260

crianças: distribuição do amor e tempo
dos pais para, 175-8; medos das, 94-6

criatividade, 63

crises, 11, 263; doença da vaca louca, 11,
263-6, 268, 270-1; gripe suína, 23,
263, 267-9, 271

crises financeiras, 11, 122, 256-9, 271; de
2008, 24, 52-3, 64, 81, 107, 123, 254,
256, 259

Cristóvão Colombo, 62

culturas de erro, 57, 135; definição, 300;
negativa, 64-70; positiva, 64-70, 81

Curie, Marie, 83

d'Aubigné, Françoise, 87

Daimler, Gottlieb, 56

Darwin, Charles, 173; casamento e, 164-6

Darwin, Emma Wedgwood, 165

355

decisões de contratação, 81-2, 136

Departamento de Saúde do Reino Unido, 213, 252

depressão, 97, 179

detecção precoce: definição, 301; *ver também* exames de câncer

Deutsche Bank, 261

Deutsche Krebshilfe, 237

Dewey, John, 33

diferenças culturais: aversão ao risco e, 93; nos diagnósticos médicos e tratamentos, 92-3; nos medos, 85-6

dilema viés-variância, 114-6; definição, 301

dinheiro, 103-25; alfabetização financeira e, 277, 286-7; confiança e, 118-22; especialistas financeiros e, 33, 104-11; mercado de ações e *ver* ações, mercado de ações; planos de aposentadoria, 116-21, *120*, *121*; produtos financeiros complexos, 122-3; taxas de câmbio e, 104-6, *105*, 108, 110; *ver também* bancos, sistema bancário

distribuição do amor e do tempo dos pais, 175-8

diversificação, 112; definição, 301

DNA: raios x e, 76; testes, 30, *31*, 198-9

doação de órgãos, 88

doença da vaca louca, 11, 263-71

doença de Creutzfeldt-Jakob, 265-7

Economist, 11

Edison, Thomas, 56

educação, 26, 275-93; na alfabetização em saúde, 277, 284-6; na alfabetização financeira, 277, 286-7; para competência em risco digital, 277, 287-92; ensinamento para a vida, 282-4; erros e, 61, 63; no pensamento estatístico, 277, 281; na psicologia do risco, 277;

nas regras do polegar, 277; resolução de problema no mundo real, 279, 282

Ehrenreich, Barbara, 234

Einstein, Albert, 58, 103, 126; métodos simples e, 114-6, 144

Elsevier, 211

e-mail, 291

Emerson, Ralph Waldo, 11

empresas familiares, 135

empresas farmacêuticas, 271; conferências de educação médica organizadas por, 183-5; suborno, 203

encefalopatia espongiforme bovina (doença da vaca louca), 11, 263-71

ensaios clínicos randomizados, 219, 224, 230, 241; definição, 301

enterrado vivo, 87-8

"Enterro prematuro, O" (Poe), 87

erro(s), 57-8; bons, 62-3, 302 (definição, 302); ilusão do xadrez e, 60, *61*; inteligência e, 59-63; médicos, 66-9; problema do carro e, 58-9; ruins, 63; tentativa e erro, 58, 94

Escola de Magia Ravenclaw, 278, 280, *281*

escola *ver* educação

escuro, medo de, 94, 96

especialistas, 13, 26, 33, 39; financeiros, 33, 104-11

especificidade, *191*, 315; definição, 302

esportes, 158-9

exame para câncer de próstata (PSA), 214, *215*, *217*, 218-25; anúncio com linguagem dupla para, 227, *228*; conflitos de interesse e, 222-3, 227-8; informação enganosa sobre, 238-40, *239*; quadro de ícones para, 218, *220*, 221-4, 230

exames laboratoriais, 30, 32; desnecessários, 75-6; DNA, 30, *31*, 198-9; especificidade de, *191*, 302, 315; fé cega em, 30-2, *31*; ferramentas para

356

ÍNDICE REMISSIVO

pensar sobre, 192-3; frequências naturais e, 186-91, *187*, *192*, 195-7, *196*; HIV, 30, *31*, 46-50, 148, 190; em mamografias *ver* mamografia; medo e, 190; Papanicolau, 203, 224, 241; pré-natal, 193-5, *196*; probabilidades condicionais e, 190, *191*; PSA *ver* exame para câncer próstata; raios X *ver* raios X; ressonância magnética, 202, 205; sensibilidade de, 186, 190, 194, 313, 315; tecnologia genética e, 197-9; tomografias *ver* tomografia computadorizada

Facebook, 287
faculdades médicas, 199-200, 202
falso negativo, 302; definição, 314; taxa de, *191*
falso positivo, 46-7, 51; definição, 302; taxa de, 48-9, *50*
fantasmas, 88
fast food, 249, 284-5
fígado, 92
Finlândia, 282
fobias, 94-5
Food and Drug Administration (FDA), 89; quadros de fatos e, 234; Tamiflu e, 267
Força-Tarefa de Serviços Preventivos dos Estados Unidos, 203, 212, 223, 234, 241
Fortuna, 34, *35*, 37
Franklin, Benjamin: casamento e, 164, 166-7, 169, 172; lei de, 32, 306
Franklin, Deborah, 167
Frenk, Julio, 235
frequência(s), 38; definição, 303; relativa(s), 191, 300
frequências naturais, 152; definição, 303; ensino, 278-9, *280*, *281*; exames e, 186-91, *187*, *192*, 195-7, *196*; Problema

de Monty Hall e, 148, 152, 190; vigaristas de rua e, 153, *154*
frequências relativas, 191; definição, 303
Freud, Sigmund, 178, 247
Fromm, Erich, 9
Fundação Arkansas de Assistência Médica, 230

Galesic, Mirta, 179
Galton, Francis, 144
Garzarelli, Elaine, 109
Gazzaniga, Mike, 19
Giuliani, Rudy, 213-4, 218-9, 221, 224-5
glossário, 299-316
governos, 271
Grande Depressão, 256
Grant, Jasmine, 66
graus de convicção, 38; definição, 304
gravidez, 16, 25; exames, 194-5, *196*; preservativos e, 178-9
Greenspan, Alan, 122
gripe, 23, 270
gripe aviária, 263, 269
gripe suína, 23, 263, 267-71
Guerra do Afeganistão, 24
Guerra do Iraque, 24
Guinness, livro dos recordes, 146
Gut Feelings: The Intelligence of the Uncounscious (Gigerenzer), 136

Hall, G. Stanley, 175
Hall, Monty, 146, *147*, 150, 152
Helmholtz, Hermann von, 60
Hernández, Edgar, 267
heurística de reconhecimento, 63, 71; definição, 304
heurística do olhar, 42-4; definição, 305
heurísticas, 42-5; de reconhecimento, 63, 71, 304 (definição, 304); do olhar, 42-4; *ver também* regras do polegar

357

HINTS, teste (Impulso da Cabeça, Nistagmo e Teste de Distorção), 205
histerectomias, 73, 204; Papanicolau e, 203
Hoffrage, Ultich, 193
hospitais: erros cometidos em, 65, 67, 69; infecções em, 67; na China, 203; *ver também* medicina
hotéis: conferências de educação médica em, 183-5; estrelas atribuídas a, 182-3; superstições de número e, 89

ícones, em problemas de frequência naturais, 278-9, *280*
Iluminismo, 27
ilusão de certeza, 29-33, *31*, 46; definição, 305
ilusão do peru (ilusão do risco calculável), 46, *47*, 51-2, 64, 152; bancos e, 256-7; definição, 305
ilusão do risco zero, 46-51, *47*, 54, 64; definição, 305
ilusão do tabuleiro xadrez, 60, *61*
ilusões cognitivas, 61, 148, 199
ilusões visuais, 60; tabuleiro de xadrez, 60, *61*
imitação social do medo: definição, 84-93, 305
impressões digitais, *31*, 32
incerteza, 29, 32, 34-6, *37*, 40-6; definição, 305; risco *vs.*, 45-6, 55, 142, 152; *ver também* certeza
inconscientes, inferências, 60
inconscientes, regras do polegar, 42-3, 136
índice DAX, 107-8, *109*
índice de massa corporal (IMC), 248
inferências, inconscientes, 60
inovação, 57
instintos *ver* intuição
Instituto Nacional do Câncer, 222

inteligência, 43-4; erros e, 59-61, 63; inconsciente (*ver também* intuição), 145
Internal-External Locus of Control Scale, questionário, 99
International Patient Decision Aid Standards Collaboration, 193
internet, 287, 289, 291
intervalo da última compra (hiato), 140-1, *142*; definição, 304
intuição (instintos), 43, 126-45, 151; ansiedade sobre a utilização, 129; caixa de ferramentas do líder e, 136-7; cara ou coroa e, 172; definição, 306; dissimulação ou evitando, 131-4, *133*; em mulheres *vs.* homens, 145, 173-5, *174*; equívocos sobre, 145; justificações racionais e, 128-9, 131; lógica e, 145; negócios familiares e, 135; racionalidade e, 145; sobre investimentos, 174; sobre parceiros românticos, 171, 173, *174*; tabu contra, 135; tomada de decisão defensiva e, 131-5, *133*; tomada decisão em grupo e, 128-9; usada pelos executivos, 127-8, *130*, 131-2

Japão, terremoto e tsunâmi no, 91
Jobs, Steve, 253
jogos: casino, 153-8, *157*; esportes, 158-9; *Let's Make a Deal*, 146-52, *147*; problema de Monty Hall e, 146-152, *147*, *149*; vigaristas de rua e, 152, *154*
Jogos Pan-Americanos, 137
Jonitz, Guenther, 182
JP Morgan Chase, 256, 261

Kaiser Foundation, 291
Kant, Immanuel, 27, 173
Kelvin, lorde, 56
Kerry, John, 218
King, Mervyn, 53, 258

ÍNDICE REMISSIVO

King, Willie, 66
Klabin, Justin, 21-2
Knaul, Felicia, 235
Kolb, Ben, 66
Krebs, John, 265, 268, 270

lâmpadas, 56
Laplace, Pierre-Simon, 51
Lardner, Dionysius, 56
Lehman, Betsy, 66
Lehman Brothers, 122
Lehmann, Jens, 158-9
Leibniz, Gottfried Wilhelm, 54
leite, cru, 89
Let's Make a Deal, 146-52, *147*
liberdade, 27; positiva, 27
líderes, liderança, 126-45; caixa de ferra-
    mentas para, 136-7, 145; natureza de,
    144; regras do polegar para, 137-8
linguagem dupla, 227-9; definição, 306
lógica, e intuição, 145
London Evening Standard, 18
Lucas, Robert, 256
Lufthansa, 64, 89
Luís xiv, 87

M. D. Anderson, 227, *228*
macacos, 95
Macmillan, Harold, 9
Maidique, Modesto, 136
mamografia, 30, *31*, 75, 90, 182, 185-91,
    187, *192*, 213, 229-241; informações
    enganosas sobre, 234-9, *239*; poten-
    ciais benefícios de, 231-2; potenciais
    danos de, *231*, 232-3; quadros de fatos
    para, 231-3
mapa astral, 30, *31*
Markowitz, Harry, 111, 113, 115
Martinho Lutero, 86
matemática, 281

Max Planck, Institutos, 137, 268
maximização, 159, 161, 163; casamento e,
    165; definição, 307
medicina, 182-212, 213-52; abordagem
    menos é mais em, 204-10; acesso à in-
    formação e, 210-1; câncer e *ver* câncer;
    check-ups regulares de saúde e, 209;
    conferências de educação médica con-
    tinuada e, 183-5, *187*, 189-90; conflitos
    de interesse e, 203-4; cultura do erro
    em, 65-70, 135; defensiva, 73-82, 203-
    4, 208; diferenças culturais na, 92-3;
    infecções hospitalares e, 67; médicos e
    a falta de compreensão de evidências,
    79-80; quadros de fatos para comuni-
    car informações *ver* quadros de fatos;
    quadros de ícones para comunicar in-
    formações *ver* quadros de ícones; sín-
    drome DAC e, 202-4, 209, 223, 314; so-
    brediagnóstico em, 214, 216, 226, 241
Medicine and Healthcare Products Regu-
    latory Agency (Reino Unido), 193
médicos: acesso à informação e, 210-1;
    conferências de educação médica con-
    tinuada, 183-5, *187*, 189-90; confiança
    em, 118, 202; faculdades de medicina
    e, 199-200, 202; falta de alfabetiza-
    ção para o risco entre, 199, 201; falta
    de compreensão das evidências entre,
    79; medicina defensiva praticada por,
    73-81, 202, 204, 208; realizar check-
    -ups regulares com, 209; *ver também*
    medicina
medo, 83-99; de alimentos geneticamente
    modificados, 89-90, 93; aprendendo
    perigos do passado dos outros e, 94-
    5; de armas, 84, 86, 93-4; cérebro e,
    83-4; de cobras e aranhas, 94, 96; de
    cogumelos, 84; controle interno e,
    97-9; em crianças, 94-6; de escuri-

359

dão, 94, 96; exames médicos e, 189; de fantasmas, 88; fobias, 94; garantias médicas e, 92; imitação social e, 84-93; em macacos, 95; de números de azar, 88-9; prontidão biológica e, 94-6, 310; de radiação, 90-1; de ser enterrado vivo, 87; de velas natalinas, 86, 88, 93

medo do risco catastrófico, 22-3, 25, 95, 263-4, 267, 271; definição, 307; mídia e, 269, 271

melhor opção, 143; definição, 307

menos é mais, 141-4, 142, 143; definição, 307

mercado imobiliário, 52

método contábil, 145

Mintzberg, Henry, 136

MMPI (Inventário de Personalidade Multifásica de Minnesota), 97-8

Monty Hall, problema de, 146-52, 147, 149, 190

Morgan Stanley, 122

Müller, Gerd, 159

multitasking, 290

Munro, Eileen, 48-9

Nalebuff, Barry, 149

namoro: sites on-line para, 168; ver também relacionamentos românticos

natal, velas, 86, 88, 93

Nature, 265, 276

New York Times, 234

Newsweek, 235

nível de aspiração, 161, 163, 171; definição, 308

Nixon, Richard, 242

Nizamuddin, Índia, 88

número necessário para tratar (NNT), 308

números de azar, 88-9

nuvem de cinzas vulcânicas, 11, 71

"O que é Iluminismo?" (Kant), 27

obesidade, 248-50, 277, 284-6

objetivos, internos vs. externos, 98

Odebrecht, Marcelo, 137

óleo de lamparina, 264

Onze de Setembro, ataques de, 19-24, 21, 45, 264

Organização Mundial da Saúde (OMS), 63, 66, 223; gripe suína e, 267-8, 270

Ottawa, Hospital, 206

pâncreas, cancer de, 240

pânico da pílula, 16, 18, 25, 39-40, 238

Papanicolau, 203, 224, 241

Pareto/ modelo DBN, 140-1, 142

paternalismo, 12, 61, 193, 276, 292; exames de câncer e, 219, 230, 233, 252

Paulson, Henry, 52

pensamento estatístico, 277, 281

percentagens, definição, 308

permuta precisão-esforço, 54

permutas, 166

personalidade: ansiedade e, 97-8; aversão ao risco e, 93

peso, 248

pílulas anticoncepcionais, 16, 18, 39-40, 238

Planck, Max, 273

planos de aposentadoria, 116-9, 120, 121

Poe, Edgar Allan, 87

ponte de safena, 204

portfólio da variância média, 111, 113

pré-natal, exames, 193-4, 196

preocupação dos pais, 24

preparado para o risco, 12, 27-8

preservativos, 178-9

pressão social para se casar, 167

prevalência (taxa-base), 315

previsões, 143

probabilidade a posteriori, 303, 312; definição, 309

ÍNDICE REMISSIVO

probabilidade a priori, 309

probabilidade(s), 37-8; concepção física e, 38, 310; frequência e, 38; graus de convicção e, 38; problema de Monty Hall e, 146-52, *147*, *149*, 190

probabilidades condicionais, 190, *191*; definição, 309

probabilidades de evento único, 14, 39-40, 80; definição, 309

problema da secretária, 170

problema do carro, 58-9

problema do dote, 170

problemas bayesianos, 277, *281*

problemas complexos, 26-7, 44-5, 55; análise complexa e, 140-1; dilema viés-variância e, 115-6

Programa de Alívio de Ativos Problemáticos (TARP), 259

Pronovost, Peter, 67-8

prontidão biológica, 93-6; definição, 310

propensões, 38

próstata, câncer de, 213-8, *215*, *217*, *218*, 240: Giuliani e, 213-4, 218-9, 221, 224-5; japoneses *vs.* havaianos, 245, *246;* sobrediagnóstico de, 214, 216; taxas de sobrevivência *vs.* taxas de mortalidade em, 218, 225-6; viés de antecipação diagnóstica e, 214, *215*

psicologia do risco, educação em, 277

Pudd'nhead Wilson (Twain), 108

quadros de fatos, 234, 241; definição, 311; para mamografias, 230, *231*, 232, 233

quadros de ícones, 218, 226, 229, 241, 252; definição, 311; para exame de câncer de próstata, 218, *220*, 221, 223, 225, 230

queijo, 89

racionalidade, e intuição, 145

radiação, 251; em mamografias *ver* mamografia; medo de, 90-1; raios x, 75-6, 91; em tomografias *ver* tomografia computadorizada

radiologia, 209

rádios, 56

raios x, 75-6, 91, 206, 208; em mamografias *ver* mamografia; regras do tornozelo de Ottawa e, 206-8, *207*

redução da mortalidade, definição, 311

registros médicos, 211

regra de Bayes, *154*, 191; definição, 301, 312

regra de sucessão, 51; definição, 313

regra do 1/n, 116, 299; em investimentos, 112-6, 124, 142; na distribuição do amor e do tempo dos pais, 176-8

regra do hiato (tempo desde a última compra), 140-1, *142*; definição, 304

regra dos 37%, 170-1

regra minimax, 151

regras do polegar, 45, 54, 163, 178; confiança, 118-22; emoções destrutivas e, 139; inconscientes, 42-3, 136; na educação, 277; na escolha de parceiro, 165-6, 169, 171; na liderança, 137-8; na tomada de decisão por motivo único, 166; sociais, 166, 169; testes, 139-40; *ver também* heurísticas

regras do tornozelo de Ottawa, 206-8, *207*

regressão múltipla, 141

relacionamentos românticos: intuições sobre, 172-5, *174*; preservativos e, 178-9; regras do polegar na escolha, 165-6, 169, 171; *ver também* casamento

Relatório da Comissão do Onze de Setembro, 20

ressonância magnética, 202, 205

restaurantes, 159-63, *162*

resultado de exame positivo: definição, 313; para HIV, 47, 49, *50*

361

revistas médicas, 211

revolução heurística, 45

Rheinische Post, 266

Richter, Charles, 33

risco, 35-40, *37*; comunicação do, 39-40; definição, 313; ilusão de risco calculável, *ver* ilusão de risco calculável; incerteza *vs.*, 45-6, 55, 142, 152; medo *ver* medo de risco catastrófico

riscos absolutos, 19, 25; pílulas anticoncepcionais e, 16, 18, 40; redução de, 299

riscos relativos, 19, 25; pílulas anticoncepcionais e, 17-8; redução de, 312

Robert Koch, Instituto, 271

Roche, 271

Rothmund, Matthias, 69

"roupa nova do imperador, A" (Andersen), 254

Sabedoria, 34, *35*

Sachs, Robert, 147

sars, 263, 271

satisficing, 160-1, *162*, 170, 172; definição, 313

Savant, Marilyn vos, 146-7, 149

Schumacher, E. F., 253

Schwartz, Lisa, 233

ScienceKids, 285

Segunda-Feira Negra, 109, 256

Selten, Reinhard, 127

Sêneca, 282

sensibilidade, 186, 190, 194, 315; definição, 313

serendipidade, 62

sexo: preservativos e, 178-9; problemas com, 179, 181

Shakespeare, William, 175

Simon, Herbert A., 45, 101

síndrome DAC, 202-4, 209, 223; definição, 314

síndrome de Down, 193-9, *196*

sistema de saúde *ver* medicina

Skiles, Jeffrey, 41

Smith, Tilly, 275

sobrediagnóstico, 214, 216, 226, 241; definição, 314

sobretratamento, 81, 204, 235; definição, 314

Sociedade Americana do Câncer, 229, 248, 252

Springer, 211

Stanton, Seabury, 139

Stata, Ray, 137

Stiglitz, Joseph, 53

Sullenberger, Chesley, 41

superstições, 88

suplementos dietéticos, 250

Susan G. Komen for the Cure, 236

System Think, 65

tabagismo, 247-8, 270, 284, 286

Taleb, Nassim, 51, 110

Tamiflu, 267, 271

tamoxifeno, 243, *244*

taxa de câmbio dólar-euro, 104-6, *105*, 108, 110

taxa de falsos positivos, definição, 315

taxa de sobrevivência, definição, 315

taxa-base, 315

taxas de câmbio, 103-6, *105*, 108-10, *109*

taxas de mortalidade por câncer, 241; de mama, 235, 237, 241; do cólon, 218; taxas de sobrevivência *vs.*, 218, 225, *226*

taxas de sobrevivência para o câncer, 224-6; de mama, 235-6; do cólon, 218; taxas de mortalidade *vs.*, 218, 225, *226*

Taylor, Elizabeth, 29

telefones, 55

tentativa e erro, 58, 94

ÍNDICE REMISSIVO

teoria da decisão, 131

terapia fotodinâmica, 78-81

terremotos, 33, 91, 275

terrorismo, 11, 20-4, *21*, 247; bioterrorismo, 271; erosão das liberdades civis e, 24

teste negativo, 47, 49, *191, 192, 196*

testemunhas, 38

testes de HIV, 30, *31*, 46-9, *50*, 148, 190

testes *ver* exames

Thorndike, E. L., 281

tomada de decisão defensiva, 57-82, 107; definição, 315; escolher a segunda melhor opção, 70-1, 81; evitar a responsabilidade e, 70; intuição e, 132-5, *133*; na contratação, 81-2; na medicina, 73-81, 202, 204, 208; procedimento antes do desempenho, 82

tomada de decisão por motivo único, 166

tomografia computadorizada, 75-6, 91, 202, 206, 224; câncer causado por, 251, 284

trens, *56*

trombose, 16, 18, 37, 40

tsunâmis, 91, 275

Twain, Mark, 108, 273

Universidade de Bielefeld, 127

US Airways, voo 1549 da, 40-4, 66

usinas nucleares, 23, 39, 90

value at risk, 64, *256*

variância, 115

velas natalinas, 86, 88, 93

viagens aéreas: cultura de erro em, 65, 69, 135; números de azar e, 89; nuvem de cinzas vulcânicas e, 71; temor pela segurança após ataques de Onze de Setembro, *21*, 22, 24, 45; voo 1549 da US Airways, 40-4, 66

viés de antecipação diagnóstica, 214, *215*, 226; definição, 316

vigaristas de rua, 152, *154*

Viniar, David, 53

vírus, 92

visão em retrospecto, 143

vitaminas, 250

voar *ver* viagens aéreas

Volcker, Paul, 124

voo 1549 da US Airways, 40-4, 66

Warnick, Lorin, 40

Washington, George, 87

Wegwarth, Odette, 237

Welch, Jack, 46

Wells, H. G., 101

Wertheimer, Max, 58

Western Journal of Medicine, 208

Whitehead, Alfred North, 291

Woloshin, Steve, 233

TIPOLOGIA Miller e Akzidenz
DIAGRAMAÇÃO Osmane Garcia Filho
PAPEL Pólen Soft, Suzano S.A.
IMPRESSÃO Gráfica Santa Marta, março de 2022

A marca FSC® é a garantia de que a madeira utilizada na fabricação do papel deste livro provém de florestas que foram gerenciadas de maneira ambientalmente correta, socialmente justa e economicamente viável, além de outras fontes de origem controlada.